크로스오버 씽킹

CROSSOVER CREATIVITY

크로스오버 씽킹

돈이 되는 아이디어의 비밀

데이브 트롯 지음 | 정윤미 옮김

CROSSOVER   CREATIVITY

21세기북스

서문

벤 다이어그램을 생각해 보라. 양극단은 그 자체로 지루하고 평범하며 예측 가능하다. 하지만 양극단을 같이 움직여서 서로 겹치게 하면 어떻게 될까? 겹치는 부분은 창의적인 부분으로서, 전기가 통하고 마법이 일어난다. 이 지점에서 서로 연결되지 않은 두 가지가 제3의 무언가, 즉 새로운 것을 만들어낸다. 서로 무관한 두 요소가 만나기 전에는 겹치는 부분이 존재하지 않았다. 그러다가 이전에 아무도 본 적이 없는 무언가가 새로 생겨난 것이다. 그것이 바로 크로스오버 씽킹이며, 이 책이 다루는 내용이다.

'크로스오버 씽킹'은 비교하고 낯설게 대조하고 상식을 파괴하여 새로운 결과를 추구한다. 그런 것이 모여서 아이디어가 나오기 때문이다. 그렇게 하려면 우리에게는 많은 입력 자료가 필요하며 다양한 관점을 소화해야 한다.

이는 유명한 음악 스튜디오와 자동차 생산 라인을 서로 교차시키는 것과 같다. 철조망을 사용해서 전화를 거는 것과도 같다. 코끼리를 질풍노도 시기의 십 대 청소년에게 비유하는 것과도 같다. 야한 만화책을 사용해서 군인을 가르치는 것과도 같다. 자신이 죽었다는 가짜 소문을 내서 자신을 널리 홍보하는 것과도 같다. 레이서를 취하게 만들어 경주에서 이기는 것과 같다. 포식자를 먹이로 바꾸는 것과 같다. 물고기 이름을 바꾸어서 사람들에게 맛있는 식재료로 제공하는 것과 같다. 축구 경기를 고대 그리스 신화에 빗대어 보도한 것과 같다. 주요 경쟁업체를 자사 제품을 대신 판매하는 도구로 이용한 것과 같다. F1 자동차를 중립 기어로 운전하여 그랑프리에서 우승한 것과 같다. 종이 클립을 집 한 채로 바꾼 것과 같다. 10센트를 기부해 달라고 요청하여 백만 달러를 모은 것과 같다. 성별을 바꾸려고 전투기 조종자에게 돈을 지불한 것과 같다. 볼 수도 읽을 수도 없는 책을 사는 것과 같다. 기본적인 숫자를 바꿔서 심금을 울리는 이야기를 완성하는 것과 같다. 위조지폐로 모조 예술 작품을 사들이는 것과 같다. 뜨개질, 양철 컵, 눈을 깜박거리는 방법을 사용해서 의사소통하는 것과 같다. 내면의 진실을 드러내기 위해 면도칼로 성경을 편집하는 것과 같다.

이런 사례를 보면 아이디어는 갑자기 불쑥 튀어나오는 것이 아님을 알 수 있다. 두 가지가 합쳐지면 새로운 것이 나온다. 새로운 아이디어란 기존의 어떤 것이 서로 겹칠 때 생기는 반응이기 때문이다. 다시 말해서 사고의 재조합에서 나오는 결과다.

우리는 그저 여러 가지 일을 합치거나 연결하면서 어떤 반응이 나오는지 지켜보면 된다. 우리가 연결하는 일이나 사건이 많아질수록 반응도 더 늘어난다. 반응이 늘어나면 그만큼 더 많은 아이디어를 얻게 된다. 우리는 서로 무관해 보이는 다양한 것들을 끌어모으고 서로 연결하기만 하면 된다.

그게 바로 크로스오버 씽킹이다.

목차

3장   남들이 다 쳐다보는 곳에 눈길을 주지 마라

4장   아이디어는 어디에서 시작되는가?

7장　뜬구름 같은 아이디어를
실감나게 표현하는 유일한 방법

8장　이것은 실수일까, 아이디어일까?

9장 　잘 팔리는 아이디어의 비밀

1장

낯설게 보라,
거꾸로 생각하라,
상식을 파괴하라

CROSSOVER
THINKING

01

포드 자동차 직원이
음반 회사 대표가 된 이유

1953년, 한 청년이 군 복무를 마치고 미국 디드로이트에 있는 포드 자동차 공장에 취직했다. 그는 평생 생산직에 머무를 생각이 없었기에, 작곡을 시작했다. 작곡한 노래 몇 곡이 큰 인기를 얻자, 낮에 다니던 일을 그만두고 전업 작곡가로 활동하기 시작했다. 하지만 그는 작업을 할 때 자기가 만든 노래에 대한 통제권을 빼앗기는 것이 영 탐탁지 않았다.

그래서 일을 더 크게 벌였다. 프로듀싱과 녹음 작업을 직접 한 다음, 녹음된 곡을 대형 음반사에 팔아서 앨범을 발표했다. 그러던 중 그는 '내 음반 회사를 만들어서 음반을 직접 제작하면 어떨까?'라는 생각을 하게 됐다. 1959년, 그는 자신의 이름을 내건 음반 회사를 통해 노래를 발표하기 시작했다. 이렇게 되자 수많은 젊은 아티스트가 그의 회사를 찾아왔다. 그는 경제적 여유가 있었기에 자기 집을 녹음용 스튜디오로 내주었다. 이제 작곡부터 음반 출시까지 모든 과정을 그가 직접 진두지휘하게 되었다.

하지만 그의 야망은 여기서 멈추지 않았다. 이번에는 포드 자동차 공장 생산 설비에서 배운 점을 음반 사업에 적용하면 좋겠다는 생각이 들었다. 자동차는 아무것도 없이 새시 하나에서 시작해 엔진, 변속기, 좌석, 차체, 바퀴와 운전대, 창문 등 다양한 부품을 연결하면 완벽하고 멋진 모습으로 완성된다. 그는 자신의 소속사에 있는 아티스트들이 그렇게 되기를 바랐다. 그냥 가수가 되는 것에 만족하지 않고 모든 면을 갖춘 엔터테이너로 성장하기를 원했다.

그는 다듬어지지 않았지만, 재능을 갖춘 사람들을 찾았다. 음반을 발매할 만한 목소리를 가진 것에 만족하지 않고, 그 사람들을 잘 교육하고 양성하여 사람들이 기꺼이 돈을 내고 보러 올 만한 공연을 연출할 생각이었다. 그래서 자동차 생산 설비에서 부품을 하나씩 추가하는 것과 비슷한 환경을 만들었다.

우선 노래 실력이 뛰어난 가수들을 모은 다음, 모리스 킹을 예술 개발 음악 감독으로 임명했다. 모리스 킹은 이들을 더 정교하고 품격 높은 수준으로 끌어올렸다. 그는 목소리가 멀리까지 들리게 발성하는 방법, 악구를 나누는 방법, 감정이나 표현 등을 적절히 혼합하는 방법을 가르쳤고, 음악 편곡도 했다. 그리고 미국의 안무가 촐리 앳킨스가 무대 동작을 본격적으로 가르쳤다. 이제 아티스트들은 가만히 서서 또는 앉아서 노래하는 수준을 벗어나 어떤 노래를 부르든 완벽한 안무로 멋진 공연을 할 수 있었다.

　최종 마무리 작업은 미국의 에티켓 강사 맥신 파웰이 맡았는데, 그는 옷차림, 스타일, 예절 교육을 가르쳤다. 가수들은 공연하는 방법뿐만 아니라, 말이나 대화, 심지어 식사할 때 우아하고 고상하게 행동하는 방법을 배웠다. 그래서 백악관이나 버킹엄 궁전에 초대받았을 때도 긴장하지 않고 여유로운 모습을 보였다. 포드 자동차 공장에서 생산 설비를 벗어날 때 완벽한 자동차가 되듯이, 이들도 여러 단계를 거쳐 흠잡을 것 없는 완벽한 아티스트의 모습을 갖추었다. 다른 소속사의 아티스트와는 감히 비교할 수 없는 수준에 오른 것이다.

　그의 음반사 직원은 450명이었으며 1960년부터 1970년까지 110번이나 10위 안에 드는 히트송을 발표했다. 이 젊은이의 이름은 베리 고디이며 그가 설립한 음반 회사는 모타운이었다. 베리 고디의 제작 라인에서 배출한 아티스트를 소개하자면, 스모키 로빈슨과 미러클스, 다이애나 로스와 슈프림스, 마이클 잭슨과 잭슨파이브, 포 탑스, 템테이션스, 마빈 게이, 스티비 원더, 라이오넬 리치, 타미 테렐, 글래디스 나이트 앤드 더 핍스, 알 그린, 아이슬리 브라더스, 메리 월슨, 에디 켄드릭스, 코모도스, 주니어 워커, 포인터 시스터스, 에드윈 스타 등 셀 수 없다. 이들 모두는 음반 산업의 통상적인 규율을 무시하고 자기만의 규칙을 만들어 냈기에 탄생할 수 있었다.

포드 자동차 생산 공장은 음반 산업과 전혀 다른 분야지만, 그는 거기서 배운 점을 과감하게 적용했다. 그는 음악 산업에서 남들이 말하는 방식을 따라야 한다고 생각하지 않았다. 하지만 우리는 그와 달리 남들이 말하는 방식에 맞춰서 모든 일을 하려는 경향이 있는 것 같다. 우리는 사람들에게 손가락질당할까 봐 정해진 틀에서 벗어나기를 두려워한다. 모든 사람이 생각하는 방식대로 하지 않으면 뭔가 잘못하는 것 같아서 마음이 편치 않다. 아주 사소한 것 하나까지 전부 다 사람들에게 승인받아야 마음이 편하므로 신나고 흥미진진한 결과를 얻어낼 생각은 아예 하지 않는다. 하지만 인생이나 직장은 학교가 아니다.

여기는 대학교나 시험장이 아니라는 걸 기억하기를 바란다.

02

와인 한 잔 더 하실래요?

대부분의 집마다 여러 종류의 와인글라스가 있을 것이다. 왜 그럴까? 그에 관해 물어보면 사람들은 와인 종류에 따라 다른 글라스가 필요하다고 대답할 것이다. 레드 와인은 좀 넓은 글라스에 담아야 향을 온전히 맡을 수 있고, 화이트 와인은 그보다 작고 길쭉한 모양의 글라스에 담아야 풍미가 더욱 올라간다. 실제로 많은 사람이 글라스의 모양에 따라 와인의 맛이나 풍미가 크게 달라진다고 이야기한다.

세월이 흐르면서 와인글라스의 모양은 계속 달라졌고, 사람들은 자기가 마시려는 와인의 종류에 가장 잘 어울리는 글라스를 사용했다. 하지만 이건 진실이 아니라 아주 교묘하고 영리한 마케팅 방식이다. 오스트리아 출신의 와인글라스 제조업자인 클라우스 리델에게서 많은 점을 배울 수 있다. 대다수의 마케팅 담당자와 달리, 리델은 '처음 시도하는 사람'과 '기존 소비자'에게 다가갈 때 어떤 차이를 둬야 하는지 잘 알고 있었다. 일반적인 마케팅 담당자는 조금도 미리 생각하지 않고 '처음 시도하는 사람'에게 말을 건다.

자기 브랜드나 상품의 장점을 이야기해주면서 새로운 소비자를 찾으려 하는 것이다. 하지만 시장이 이미 포화 상태라면 어떨까? 특히 사람들이 자주 구매하지 않는 내구성 제품 시장이라면 어떻게 해야 할까? 이미 모든 사람이 당신이 생산하는 제품을 갖고 있으며 더는 필요로 하지 않을 경우, 어떻게 그 시장을 키울 수 있을까? 클라우스 리델은 바로 그런 시장에 노크할 기회를 가장 먼저 찾아낸 사람이다.

1950년대까지 많은 사람이 한 종류의 와인글라스를 가지고 있었고, 손님이 오면 매번 같은 글라스에 화이트 와인, 레드 와인을 내주었다. 하지만 리델은 와인의 종류에 따라 글라스를 다르게 사용해야 한다는 개념을 처음으로 도입했다. 그는 글라스 한 세트로는 충분하지 않으며 와인 종류는 다양한데 늘 같은 글라스를 사용하는 건 적절치 않다고 지적했다.

그는 1958년 브뤼셀 세계 박람회에서 버건디 그랑 크뤼라는 글라스 제품을 선보였다. 그것은 피노 누아와 네비올로 포도 품종의 맛과 풍미를 높여주는 제품이었는데, 특히 부르고뉴, 바롤로, 바르바레스코 와인과 아주 잘 어울렸다. 특정 와인을 겨냥하여 글라스를 특별히 제작하는 것은 완전히 새로운 개념이었다. 이 제품은 금메달을 수상하고 뉴욕 현대 미술관에 소장되었다. 그 후 1961년 리델은 다양한 와인에 맞추어 제작한 최초의 와인글라스 라인을 출시했다. 그리고 1973년에는 소믈리에 시리즈를 선보였는데, 이는 세계 최초로 미식가를 위해 제작된 와인글라스였다.

리델 웹사이트에 가면 다음과 같은 설명을 볼 수 있다. '클라우스 리델은 특정한 포도 종을 고려하여 와인의 맛을 최고로 끌어올리고자 와인글라스를 설계하는데, 와인의 종류에 따라 글라스가 모두 다르게 출시된다. 그는 역사상 최초의 유리 용기 전문가 중 한 사람으로서 와인글라스의 모양에 따라 와인 맛이 달라진다는 점을 찾아냈다. 리델은 가장 먼저 와인의 종류에 맞는 글라스 모양을 발견, 개발했으며 이러한 글라스를 소비자 시장에 출시했다'.

리델은 1756년부터 내려온 가업을 맡고 있었다. 유리 제품 기업을 포기하고 '와인글라스 전문 업체'로 전환하는 것은 절대 쉽지 않았을 것이다. 당시에는 다양한 와인글라스가 아예 존재하지 않았다. 하지만 리델은 다른 유리 제품 업체와 경쟁하지 않고 독보적인 기업이 될 기회를 알아본 것이다. 사람들이 다양한 와인글라스가 필요하다고 생각하게 만들기만 하면 그 시장을 독점하는 것은 시간문제였다.

리델은 먼저 다양한 와인글라스 시장을 구축해야 했다. 와인글라스 한 세트면 충분하다고 생각하는 사람들에게 다양한 종류의 와인글라스를 판매해야 했는데 왜 한 세트만으로는 충분하지 않은지 이해시켜야 했다. 사람들은 와인이 복잡하고 난해하다고 생각하는 경향이 있다. 그래서 이해하기 어렵게 만들수록 리델에게는 유리해졌다. 클라우스 리델은 예전과 비교할 수 없는 복잡성을 도입하여 시장을 넓혔다. 그렇게 하려면 사람들이 와인 전문가의 반열에 진입한 것처럼 느끼게 만들어줘야 했다. 리델은 기존의 유리 제품 시장 뒤편에 새로운 시장을 만들었다. 와인을 마시는 경험을 새롭게 재구성한 것이 그의 비결이었다.

이렇게 리델은 진정으로 창의적인 사고를 보여주었다.

03

만드는 사람과
사용하는 사람의 차이

　1970년, 존 실리 브라운은 미국 캘리포니아대학교에서 고급 컴퓨팅 과학을 가르치는 교수였다. 그의 전공 분야는 인공지능이었다. 그는 제록스 팰로앨토 연구소(이하 PARC)에 매료되었는데, 그곳에서는 가장 진보적인 컴퓨터 연구 개발이 진행되고 있었다. PARC는 미래를 창조하는 곳이었지만, 아쉽게도 대중과의 연결고리가 없었다. 사람들은 여전히 컴퓨터가 무미건조하고 고도의 기술이 필요한 대상이며, 소수의 전문가만이 사용하는 것이라고 여겼다.

　브라운 교수는 PARC의 설립자이자 수석 과학자인 잭 골드먼과 대화하면서 일반인들의 이러한 생각에 대해 언급했다. 두 사람은 PARC와 미래에 관해 토론했고, 이야기를 마친 후에 골드먼은 브라운 교수에게 더 질문할 것이 있느냐고 했다. 그러자 브라운 교수는 말했다.

"딱 하나 묻고 싶은 게 있습니다. 왜 책상 위에 전화기가 두 대나 있습니까?"

골드먼은 대답했다.

"한 대는 오래전부터 사용해오던 것입니다. 그리고 다른 전화기는 우리 모두가 꼭 가져야 하는 새로 나온 것이죠. 모든 기능을다 갖추고 있지만 너무 복잡해요. 아직 시간이 없어서 사용법을 제대로 익히지 못했습니다. 그래서 중요한 통화를 할 때는 그냥 옛날전화기를 사용합니다."

이 말을 듣고 브라운 교수는 한 가지 중요한 점을 깨달았다. 그것은 바로 기술을 만드는 사람과 그 기술을 실제로 사용하는 사람사이에는 큰 차이가 있다는 것이다. PARC의 수석 과학자조차 새로운 기술을 배우는 것을 차일피일 미루고 있었다. 그것을 보고 브라운 교수는 뭔가 잘못되었다고 직감했다. 새로운 기술이 사용자위에 군림하고 있었기 때문이다. 경제학처럼 그런 식으로 해서는새로운 기술이 사람들에게 널리 사용될 수 없었다. 현실에서는 수요가 공급을 좌우했으나 그는 공급이 수요를 결정하게 만들려고했다. 브라운 교수는 이 과정에 인류학자, 사회학자, 심리학자를끌어들였다. 이런 전문가는 기술의 수혜자가 될 사람들의 입장을잘 고려해주었다. 그동안 이들의 관점을 무시했기에 단순한 것도복잡하게 만들고 있었다.

당시 제록스의 주요 수입원은 미국 거의 모든 사무실에 설치된 복사였다. 복사기에 문제가 생기면 제록스는 기술자를 보내 수리했다. 이러한 기술자가 방문하는 것은 시간이 오래 걸렸고, 기술자가 와서도 문제를 진단하는 동안 복사기를 쓸 수 없기 때문에 고객들은 불만이 많았다. 하지만 제록스에는 일 처리가 아주 빠르고 고객에게 인기가 많은 기술자가 있었다. 그는 '만능 해결사'라는 별명으로 알려져 있었다. 브라운 교수는 이 기술자에게 남들과 어떤 점이 다르냐고 물어보았다. 기술자는 되물었다.

"이 복사기에 '간헐적인 이미지 품질 문제'가 있다고 해보죠. 박사님은 어떻게 하실 겁니까?"

브라운 교수는 핸드북을 펼쳐보았다. 거기에는 이렇게 쓰여 있었다. '1,000장을 출력한 다음, 문제가 있는 것을 모두 가려낸다. 그다음에 원본과 문제가 있는 복사본을 비교한다'.

기술자는 설명했다.

"1장당 5초 속도로 1,000장을 출력하면 200분이 걸립니다. 약 3시간이죠. 게다가 종이와 잉크도 많이 낭비하게 됩니다."

브라운 교수는 기술자에게 그럼 핸드북대로 하지 않고 어떻게 대처하느냐고 질문했다. 그는 대답했다.

"저는 쓰레기통을 찾아서 그걸 엎어버려요. 거기에서 문제가 있는 복사본을 다 찾아냅니다. 문제가 있으니 사람들이 버린 거잖아요. 그 복사본과 원본을 비교하면 복사기의 문제점을 알아낼 수 있어요. 3시간 동안 인쇄하면서 엄청난 양의 종이와 잉크를 낭비할 필요가 없습니다."

10년 후, 스티브 잡스는 브라운 교수가 PARC에서 개발한 사고방식을 활용하여 컴퓨터 업계에 혁명을 일으켰다. 그는 기술이나 기술로 시도할 수 있는 일을 들여다본 것이 아니라, 사람을 먼저 연구했다. 그는 사람들이 뭘 원하는지 확인했다.

스티브 잡스는 사람들이 원하는 것과 필요로 하는 것을 제공하는 것이 핵심이라는 것을 정확히 꿰뚫어 본 것이다.

04

반창고가 남긴 교훈

21세인 에이미 스콧은 미국 유타수에서 8학년, 즉 7세 아동을 가르친다. 아이들은 학교생활이 처음이며, 그중 몇몇은 특수한 상황이라서 도움이 필요한 상태다. 에이미는 수업을 시작하기 전에 할 일이 있는데, 아이들에게 혹시 넘어져서 팔꿈치가 까진 사람이 있는지 물어본다. 모든 아이가 그렇다며 손을 번쩍 든다. 그러면 에이미는 그중 한 명에게 교실 앞으로 나와서 어떻게 된 일인지 말해보라고 한다. 그런 다음 아이에게 팔꿈치에 붙일 반창고를 준다. 아이들은 선생님이 친절하게 돌봐주며 합리적이라고 경험한다.

이제 에이미는 아이들에게 배가 아픈 사람이 있는지 물어본다. 이번에도 모든 아이가 손을 번쩍 든다. 에이미는 그중 한 명에게 교실 앞으로 나와서 어떻게 된 일인지 말해보라고 한다. 그런 다음 팔꿈치에 붙일 반창고를 준다. 아이들은 모두 의아하다는 표정을 짓는다. 배가 아픈데 팔꿈치에 붙일 반창고를 붙이는 게 도움이 될까?

에이미는 감기에 걸려서 재채기가 나는 학생이 있냐고 질문한다. 이번에도 모든 아이가 손을 번쩍 든다. 에이미는 그중 한 명에게 교실 앞으로 나와서 어떻게 된 일인지 말해보라고 한다. 그런 다음 팔꿈치에 붙일 반창고를 준다. 이쯤 되면 아이들은 몹시 혼란스러워한다. 재채기가 나는 데 반창고를 붙이라고?

이번에는 머리가 아픈 학생이 있는지 물어본다. 아이들이 모두 손을 번쩍 든다. 에이미는 그중 한 명에게 교실 앞으로 나와서 어떻게 된 일인지 말해보라고 한다. 그러고 나서 아이에게 팔꿈치에 붙일 반창고를 준다. 이제 아이들은 아주 힘든 표정을 짓는다. 머리가 아픈데 왜 반창고를 주는 걸까?

그제야 에이미는 아이들에게 반창고가 모든 문제에 대한 해결책이 될 수 없다고 설명한다. 사람은 저마다 다른 문제를 겪기 때문에 해결책도 다 달라야 하며 모든 사람이 똑같은 것을 필요로 하지 않다는 뜻이다. 에이미는 이 활동이 학급에 도움이 된다고 말한다. 단순하고 명확해서 모든 아이가 요점을 이해할 수 있는 것이다.

수업 중 어떤 아이가 당뇨병 때문에 달콤한 사탕을 먹어야 하는 상황이 생기는데, 그럴 때 특히 유용하다. 선생님이 해당 학생에게 사탕을 주면 다른 아이가 "저도 사탕 주시면 안 돼요?"라고 말한다. 그러면 에이미는 "반창고를 생각해 볼래?"라고 말해준다. 그 말을 들으면 모든 사람에게 같은 해결책이 필요한 것이 아니라는 교훈을 떠올릴 수 있다.

한번은 자폐를 앓는 학생이 노이즈 캔슬링 헤드폰을 사용해야 했다. 그 모습을 본 다른 아이가 자기도 헤드폰을 써보고 싶다고 했지만, 선생님은 '반창고'를 생각해 보라는 말 한마디로 아이를 설득할 수 있었다. 또 다른 아이는 ADHD 증후군 때문에 손가락을 돌리며 스트레스를 푸는 장난감인 피젯 스피너가 필요했는데, 그것을 본 다른 학생도 피젯 스피너를 달라고 했다. 하지만 선생님이나 다른 학생이 '반창고'라고 하자 모두가 고개를 끄덕였다. 한 사람만 다른 것을 받는 것이 물공평한 일은 아니라는 사실을 모두가 떠올린 것이다.

진정으로 공평한 것은 모두 같은 것을 가지는 게 아니라 각자 필요한 것을 가지는 것이다. 에이미는 의사소통에 능한 교사이다. 단순하고 인상적인 방식을 사용하며 재미를 가미할 줄 안다. 상대방이 쉽게 이해하고 기억하고 싶은 생각이 들게 만드는 것이 비결이다.

광고에 적용하자면, 광고가 끝나고 긴 시간이 흘러도 사람들이 반복하고 싶은 메시지를 만들어야 한다. 지루하면 사람들은 제품 사진이 아직 눈앞에 있는데도 그것을 머릿속에서 지워버린다. 광고 매체를 이용하려면 적잖은 비용을 내야 한다. 그런데 광고 매체를 떠나는 순간 잊히는 광고라면 돈 낭비에 지나지 않는다. 입소문을 타고 퍼지는 것은 뭔가 특별한 일이 아니라 기본적인 요구 조건으로 봐야 한다. 광고 메시지는 화면에서 사라지지 않고 소비자의 마음에 계속 남아야 한다. 개인적으로 우리가 의사소통을 좋아하는지 아닌지는 별로 중요하지 않다.

목표 시장에 메시지가 효과적으로 전달되었는지가 광고의 전부라고 해도 과언이 아니다.

05

그거 버리지 마세요

　호르헤 오돈은 아르헨티나 부에노스아이레스에서 정비소를 운영했다. 2006년, 정비공 중 한 명이 그에게 유튜브에서 배운 기술을 보여주었다. 빈 와인병 안에 굴러다니는 코르크 마개를 꺼내는 방법이었다.

　먼저 다른 정비공이 병을 흔들거나 뾰족한 것으로 코르크 마개를 찌르는 등 온갖 노력을 기울여보았으나 모두 허사였다. 유튜브에서 방법을 배웠다는 정비공이 나섰다. 그는 비닐봉지를 비틀어서 아주 길고 가늘게 만든 다음 와인병의 입구에 밀어 넣었다. 그리고 비닐봉지에 바람을 불어넣자, 봉지가 부풀어 올랐고 봉지에 밀려난 코르크 마개가 와인병 한쪽에 달라붙었다. 이때 비닐봉지를 천천히 잡아당기자, 비닐봉지에 코르크 마개가 붙어서 병 밖으로 빠져나왔다. 호르헤는 도저히 이런 결과를 상상할 수 없었다.

하지만 그의 예상과 달리 코르크 마개는 비닐봉지에 붙어서 병 밖으로 나왔다.

이건 그냥 사람들 앞에서 자랑하고 끝낼 것이 아니라 뭔가 더 유용한 방식으로 활용해야 한다는 생각이 들었다. 호르헤는 오랫동안 고민했다. '과연 이 원리를 어디에 적용해야 좋을까?' 그러던 어느 날 밤 침대에 앉아 있다가 아이를 낳는 여성을 떠올렸다. 당시 호르헤는 정확한 숫자는 몰라도 출산에 문제가 있다는 것은 알고 있었다. 실제 숫자는 다음과 같았다. 연간 1,370만 명이나 되는 여성이 출산으로 인한 다양한 합병증에 시달렸다. 560만 명의 아기가 사산되거나 태어난 직후에 사망했으며, 출산 중에 목숨을 잃는 여성도 26만 명이나 되었다.

선진국에서는 출산이 순조롭지 않으면 제왕절개술이라는 안전한 대책이 마련되어 있었다. 하지만 전 세계 대다수 나라에서는 포셉으로 아이를 당기거나 석션 컵을 사용할 수밖에 없었다. 포셉은 크고 둥근 집게인데 400년 동안 그 모양이 변하지 않고 사용되었다. 잘못 사용하면 심각한 출혈, 두개골 골절, 척추 손상을 유발할 우려가 있었다.

호르헤는 주방에서 항아리를 가져와서 딸아이의 인형으로 실험을 해보았다. 마침내 그는 비닐봉지를 집어넣어서 태아의 머리를 둘러싸게 한 다음 부드럽게 빼내는 방법을 찾아냈다(태아는 탯줄로 산소가 공급되므로 숨을 못 쉴까 봐 걱정할 필요는 없었다). 그는 친구를 통해 산부인과 의사를 만났다. 하지만 의사는 자동차 정비공의 말에 귀를 기울일 생각이 별로 없었다. 그래도 그 의사의 도움으로 부에노스아이레스 병원의 산부인과 최고 책임자를 만나게 되었다.

최고 책임자 역시 정비공의 말을 듣는 것에 회의적이었지만 부에노스아이레스에서 강연 중이던 세계보건기구의 메리알디 박사를 만날 수 있도록 주선했다. 메리알디 박사도 정비공을 만나는 것에 회의적이었으나 10분 정도 시간을 내주었다. 10분은 2시간으로 늘어났고, 메리알디 박사는 미국 디모인대학교에서 연구를 진행하기로 했다.

다보스에서 개최된 세계경제포럼에서 벡톤디킨슨이라는 의료기술업체는 이 제품 개발에 2천만 달러를 투자했다. 지금도 개발 중인 상태지만 호르헤는 이미 30명이나 되는 건강한 아기가 태어나는 모습을 눈으로 확인했다. 이것은 개발도상국에 선진국 가격의 25퍼센트 수준으로 판매될 예정이다.

이 모든 일은 정비공에 불과한 호르헤가 문제보다 해결책을 먼저 생각해냈기 때문에 일어났다. 메리알디 박사는 말한다.

"산부인과 의사는 포셉이나 진공 추출기를 더 개선하려고 노력했습니다. 하지만 분만 장애를 해결해 준 건 정비공이었습니다. 10년 전에는 불가능한 일이었죠. 그땐 유튜브가 없었으니, 호르헤가 어떤 동영상도 접하지 못했을 테니까요."

때로는 질문보다 답이 먼저 나오기도 한다. 존 웹스터의 사무실 벽에는 언젠가 사용할 훌륭한 기술이 잔뜩 전시되어 있었고, 그는 항상 그렇게 해 왔다. 영국이 기업인 찰스 사지는 창작하는 일을 하는 사람에게 자주 하는 말이 있다. 어떤 아이디어나 제안을 거부하면서도 "그거 버리지 마세요."라고 덧붙인다. 나중에 언젠가 그것이 사용될 수 있다고 생각하기 때문이다. 론 콜린스도 언젠가 사용할 생각으로 엽서와 책을 모으고 있다.

GGT에는 아이디어만 맞아떨어진다면 누구나 그 기술을 활용할 수 있는 비디오 기술이 가득 찬 책장이 있다. 존 웹스터와 함께 일하면서 배운 한 가지 모토를 소개하겠다. '아이디어를 찾기에 최적의 시기는 그 아이디어가 필요해지기 전이다'. 아트 디렉터이며 현대 광고의 선구자인 헬무트 크론도 이런 말을 했다.

"때로는 혁명을 먼저 일으키고 그 후에 혁명의 목적을 정한다."

06

꾸물거리면 지는 것이다

전 세계에는 324만 대의 현금 인출기ATM가 사용되고 있다. 현금 인출기는 영국에서 처음 등장했다. 당시에는 조사 및 개발을 담당하는 전자 엔지니어 팀이 따로 없었다. 하지만 존 셰퍼드 바론이라는 괴짜가 있었다. 그는 스코틀랜드 출신이었다. 1950년대는 은행에서 현금을 인출하고 싶어도 오후 3시면 은행 영업이 끝났다. 그래서 존은 자기 계좌에서 마음대로 돈을 인출할 수 없었다. 존은 이런 상황에 대해 불편을 느꼈고, 목욕하던 중에 아이디어가 하나 생각났다. 기계에서 초콜릿 바를 뽑을 수 있듯이, 기계에서 현금을 인출할 수 있으면 어떨까? 그는 이 아이디어를 발전시켰고, 바클레이즈 은행을 설득하는 데 성공했다.

그는 방사성 탄소-14가 들어 있는 수표처럼 생긴 종이 토큰을 사용했다(이것은 인체에 위험하지 않았다. 부작용이 생기려면 수표를 13만

6천 장 정도 삼켜야 했다). 존은 비밀번호를 6자리로 만들려 했지만, 그의 아내는 4자리를 기억하는 것이 편하다고 주징했다. 이 때문에 ATM 비밀번호는 4자리가 되었다. 그리고 인출 한도는 주말에 실컷 놀 수 있는 10파운드로 할 생각이었다.

1967년, 바클레이즈 은행 엔필드 지점에 ATM 기기가 등장했다. 처음으로 현금을 인출한 사람은 TV 시트콤 〈온 더 버시즈〉에서 버스 운전사 역을 맡았던 레그 바니였다. 나중에 존은 ATM을 발명한 공로를 인정받아 대영제국 4등 훈장을 받았다.

그러자 또 다른 스코틀랜드인 제임스 굿펠로우가 노발대발했다. 그는 자신이 ATM을 발명한 장본인이라고 주장했다. 존이 현금 인출기를 공개하기 1년 전에 굿펠로우는 이미 자신이 발명한 기계로 특허를 출원했다. 은행에서는 노동조합이 나서서 은행 직원의 토요일 오전 근무를 중단할까 봐 염려했다. 직장인들이 현금을 인출할 수 있는 시간은 토요일 오전밖에 없었기 때문이었다. 굿펠로우는 백만 명의 은행 고객을 위해 ATM을 2,000대나 준비해야 했다. 그리고 굿펠로우가 발명한 기계는 방사능 수표가 아니라 우리가 요즘 사용하는 플라스틱 카드를 사용하게 되어 있었다.

굿펠로우는 자신의 공로를 인정받지 못한 것에 대해 몹시 화가 나 있었다.

"사람들에게 공로를 인정받느냐는 중요하지 않습니다. 누가 먼저 만드느냐가 아니라 제대로 된 발명품을 만드는 게 정말 중요하니까요."

하지만 아시다시피 대중의 생각은 그렇지 않다. 알 리스와 잭 트라우트의 저서 《포지셔닝》에 따르면 대중은 모든 시장에 이분 법을 적용하므로 1위가 아니면 나머지는 다 똑같이 여긴다. 한마디로 대중은 모든 시장을 하나하나 자세히 들여다보지 않는 것이다.

실제로 오늘날 라이프니츠의 미적분학을 널리 사용하지만, 모든 사람은 아이작 뉴턴을 미적분학의 창시자로 기억하고 있다. 그뿐만 아니라 사람들의 기억 속에 입체파의 창시자는 브라크가 아니라 피카소로 입력되어 있다. 사람들은 전구를 발명한 사람이 조지프 스완이 아니라 에디슨이라고 믿는다. 라디오를 발명한 사람은 니콜라 테슬라가 아니라 마르코니로 알려져 있다. 게다가 컴퓨터 마우스, 스크롤다운 메뉴, 탁상출판을 창시한 사람이 스티브 잡스라고 생각한다. 스티브 잡스는 이 모든 아이디어를 팰로앨토 연구소에서 얻었다고 시인했지만, 사람들은 아랑곳하지 않는 것 같다. 그러니 굿펠로우가 큰 실수를 저지른 것이라고 해도 틀린 말이 아니다. ATM 기기를 발명했다는 인정을 받으려면, 일반 대중에게 자신의 주장을 널리 알렸어야 했다.

차별화가 이렇게 중요한 것이다. 차별화하지 않으면 우리는 그저 수많은 사람 중 한 명에 불과하다. 일상생활 속에는 사람들의 관심을 끌어보려는 경쟁이 수천 가지가 넘는 분야에서 일어난다. 그중 하나의 분야에서 자신을 명확히 드러내고 독특한 정체성을 인정받으려면 차별화를 반드시 거쳐야 한다.

소매업 분야에서 어맨다 월시는 다음과 같이 유명한 말을 남겼다.

"하나는 아주 훌륭하고 둘은 그럭저럭 참을만해요. 셋은 위협을 받게 되죠. 넷은 그냥 사람들에게 잊힙니다."

07

누가 꼭 그렇게
처리해야 한다고 했어?

●

    지난 6월 홍수를 겪고 보니, 목조로 된 온실이 다 망가져 버렸다. 2층으로 된 건물인데 납으로 된 지붕은 무게가 2톤 정도였다. 측량사에게 온실을 봐달라고 부탁했다. 그는 전부 다 교체할 수밖에 없다고 했다.

    나는 이렇게 응수했다.

    "지붕만 빼고 다 공사하면 되겠네요. 지붕은 아무 문제가 없잖아요."

    하지만 측량사의 생각은 달랐다.

    "아닙니다. 지붕도 바꿔야 해요. 2층짜리 목조 구조물을 다 교체하는데, 지붕을 지탱할 부분이 없거든요. 납 무게만 해도 2톤이나 되는데 말이죠. 지붕을 지탱할 방안을 찾는 것보다는 전부 다 허물고 새로 짓는 게 낫습니다."

그는 적어도 3주 이상이 걸리는 작업이며 비용도 꽤 많이 들 거라고 했다. 물론 집 뒤쪽을 항상 개방한다는 조건일 때만 가능하다고 했다. 그가 제시한 견적서의 엄청난 금액을 보고 나는 놀라 자빠질 뻔했다.

아는 사람에게 추천받는 것이 가장 좋은 방법이기에 다른 친구를 찾아갔다. 친구는 실력이 좋은 건축업자를 안다고 했고, 나는 견적을 보내달라고 부탁했다. 친구가 소개한 건축업자는 집으로 찾아와서 현장을 둘러보더니 이전 견적서의 절반 가격으로 공사를 할 수 있다고 했다. 나는 지붕을 떼어내는 것에 대해 어떻게 생각하는지 물어보았다.

건축업자는 말했다.

"그럴 필요 없어요. 지붕은 멀쩡하잖아요. 건드릴 필요가 없어요."

이번에는 3주나 집 뒤쪽을 계속 개방해야 하느냐고 물어보았다. 그는 말했다.

"아닙니다. 그럴 필요 없어요. 온실에 커다란 패널이 총 5개입니다. 한 번에 패널을 하나씩 교체하는데, 패널당 하루 정도 걸립니다. 공사할 동안 나머지 4개 패널이 지붕의 무게를 지탱할 겁니다. 그러니 집 뒤편을 계속 개방하실 필요도 없어요. 대략 1주일이면 공사를 다 끝낼 수 있습니다."

측량사는 그렇게 작업하면 안 된다고 했지만, 건축업자는 괜

찮다고 했다. 측량사는 "말도 안 되는 소리 하지 마시오. 난 20년째 이 일을 하고 있어요."라고 했다. 건축업자는 "글쎄요, 그렇다면 20년간 잘못된 방식으로 일을 해 온 거겠죠."라고 응수했다. 건축업자의 말을 들으니, 속이 시원했다. 우리는 건축업자에게 공사를 맡겼다.

그는 이튿날 아침 7시 반에 출근했다. 나는 "오늘 공사를 시작하는 건가요?"라고 물어보았다.

"아닙니다. 오늘은 준비 작업만 할 겁니다. 먼지가 많이 날 테니 큰 천이나 고무 매트로 다른 부분을 덮거나 나무 상자로 방어벽을 만들 거예요. 공사는 내일부터 본격적으로 시작합니다."

건축업자의 말대로 다음 날 인부 네 사람이 와서 기존의 온실을 철거하며, 하루에 패널 1개씩을 교체했다. 패널 하나를 떼어낸 자리에는 새 패널을 바로 설치했다. 지붕에는 전혀 문제가 없었으므로 교체할 필요가 없었다. 캐시는 인부들에게 차와 비스킷을 자주 대접했다. 그들은 잘 훈련된 팀이었다. 일하는 모습을 지켜보기만 해도 흐뭇했다. 그렇지만 가장 마음에 들었던 것은 '내가 이 일을 수십 년간 했다'라는 측량사의 말에 건축업자가 제대로 반박한 것이었다.

나는 건축업자의 말에서 창의성에 관해 배울 점이 많다고 생각한다. 측량사가 가버린 후에 건축업자는 나에게 말했다.

"틀에서 벗어난 생각을 할 수 있어야 하지 않을까요? 저런 사람은 실제로 손에 흙을 묻히면서 일하지 않아요. 공사장 인부가 아니니까요. 그저 자신에게 좋은 대로 엄청난 금액을 건적서에 써넣는 것만 잘할걸요?"

그 순간 나는 '정말 옳은 말이야. 이 사람 덕분에 창의성에 대해 한 수 배웠군'이라고 생각했다. 그리고 광고업계나 마케팅 일을 하는 사람들이 측량사와 비슷하다는 생각이 들었다. 그저 자신과 남들이 배운 대로 정해진 뻔한 답만 내놓기 때문이다. 그리고 그들은 다른 생각을 해본 적도 없이 관련 자격증을 취득했을 것이다. 그도 그럴 것이 한 번도 다르게 생각해 본 적이 없는 사람에게 일을 배웠기 때문이다. 결과적으로 이 건축업자와 달리 그들은 스스로 생각하는 힘이 없다. 나는 이렇게 생각해 보았다. 클라이언트로서 나는 측량사와 건축업자 중 누구를 고용할 것인가?

그리고 측량사와 건축업자 중 누구처럼 되고 싶은가?

08

때로는 우회하는 편이 낫다

1889년, 알몬 스트로거는 미국 미주리주 캔자스시티에서 장의사로 일하고 있었다. 그는 여가 시간에 발명하는 것을 좋아했다. 사실 그는 여가 시간이 아주 많았다. 그 말인즉, 생업은 아주 형편없는 상태였다. 그는 왜 아무도 장의사를 찾지 않는지 도통 이해할수 없었다. 마을에는 알몬 외에 장의사가 단 한 명뿐이었다. 그러나 모두가 알몬이 아닌 다른 장의사를 찾았다. 아무도 알몬을 찾아오지 않았다. 그러던 어느 날 그의 친구조차 죽은 친척을 매장하기위해 다른 장의사를 찾아갔다는 사실을 알게 되었다. 알몬은 친구에게 왜 자기를 찾아오지 않았느냐고 물었다. 친구는 알몬에게 전화했지만, 전화 교환소의 여직원이 알몬의 번호는 현재 통화 중인상태라서 연결해 주지 않았다고 했다. 그리고 그 직원은 대신 다른 장의사에게 친구를 연결해 주었다.

이 말을 들은 알몬은 황당했다. 그의 전화는 통화 중인 적이 없었다. 알몬은 다른 친구에게 전화 교환소에 연락해서 자신을 연결해달라고 말해보게 했다. 알몬의 전화가 통화 중이 아니었는데도 교환소 직원은 현재 통화 중이라 연결할 수 없다며 또다시 다른 장의사에게 전화를 넘겨버렸다. 알고 보니 전화 교환소에서 일하는 직원은 다름 아닌 또 다른 장의사의 아내였다. 그 여자는 아주 오랫동안 알몬을 찾는 손님이 있으면 모두 자기 남편에게 연결해 왔다. 초기 전화기에는 다이얼이 없었기 때문에 이런 상황이 가능했다. 전화를 걸 때 수화기를 들면 교환소와 연결되었다. 그리고 누구에게 전화를 걸고 싶은지 말하면 교환원이 연결해 주었다. 당시 교환원은 알몬을 찾는 전화가 오면 무조건 자기 남편에게 연결했다.

모든 사실을 알게 된 알몬은 머리끝까지 화가 났다. 그는 복수하기 위해 교환원의 일자리를 뺏을 방법을 궁리했다. 전화 교환이 자동으로 이루어지면 교환원이 하던 수작을 막을 수 있을 것이다. 전화를 거는 사람이 직접 상대방에게 연결해야 하기 때문이다. 트랜지스터나 고급 기술이 없던 시절, 그는 기계식 전환 시스템을 개발했다. 두꺼운 판지로 된 상자와 핀을 사용해서 프로토타입을 완성했다. 기계식 시스템이었으므로 부품은 물리적으로 움직였다. 이 말인즉, 모든 속도가 아주 느렸다. 그러자 알몬은 전화기에 부착할 회전식 다이얼을 발명했다. 기계식으로 움직이다 보니, 회전자에는 최대 10개를 연결할 수 있었다.

알몬은 또 다른 회전자를 사용하여 시스템을 확장했다. 10＋10=100이므로 가능한 연결은 총 100개였다. 그는 1891년에 특허를 받았고, 1892년 미국 인디애나주 라포르테에 최초의 자동 교환기가 설치되었다. 이 마을에는 75대의 전화기가 있었고 알몬이 발명한 자동 교환기는 최대 99대를 처리할 수 있었다.

알다시피, 알몬의 발명품은 다른 장의사의 아내만 실직시킨 것이 아니라 모든 전화 교환원의 일자리를 없애버렸다. 심지어 알몬은 새로 발명한 자동 교환기를 광고할 때 장의사의 아내를 직접 언급했다. "여자 교환원은 필요 없어요. 욕할 필요도 없고 불편함을 감수하지 않아도 됩니다. 기나릴 필요도 없죠."라고 말이다

알몬의 특허는 1916년 벨 시스템Bell Systems에 매각되었고, 벨 시스템이 해당 시장을 완전히 장악하게 되었다. 세월이 흘러 벨 시스템은 벨 전화 회사Bell Telephone Company로 발전했으며, 이는 오늘날 AT&T의 전신이다. 1980년대 이 회사의 가치는 1,500억 달러였으며 직원 수는 100만 명이나 되었다.

알몬 스트로거의 교훈은 문제를 정면으로 맞서지 말라는 것이다. 격렬하게 반대하면 그 문제도 더 강해진다. 그러니 문제를 우회하는 편이 낫다.

더 높은 단계에서 생각하면서 문제를 우회하면, 그 문제는 없던 일이 될 것이다.

09

창의성은 결국 실용성이다

요즘 '창의성'이라는 말은 최신 전자 분야의 혁신을 가리킬 때 주로 사용된다. 하지만 엄밀히 말해서 기술과 혁신이 창의성과 같다고 할 수는 없다. 에이미 스미스도 바로 그 점을 고민했다. 에이미는 미국 매사추세츠공과대학교(이하 MIT)에서 기계 공학을 가르쳤다. 그녀는 2002년에 디랩D-Lab을 개설했는데, 이는 '발견, 디자인, 보급을 통한 개발'을 뜻한다. 주요 강좌는 창의적 역량 강화였는데, 여기서 '창의적'이라는 것은 전 세계 빈곤 문제에 대한 실질적인 해결책을 의미했다. 한마디로 창의성은 반드시 실용성을 가져야 했다. 해당 강좌에서는 '처음에 들어올 때 만들 수 없던 것을 만들라'는 제목의 워크숍을 열었다.

에이미의 수업을 듣는 학생 중에 버나드 키위아라는 탄자니아 출신의 젊은이가 있었다. 그가 이 학교에서 배운 것은 단순한 전자

혁신을 넘어서는 것이었다. 그가 탄자니아로 가져간 창의력은 전기가 들어오지 않는 마을을 변화시키는 방법이었다. 마을에 전기가 들어오지 않는다면 어디서부터 시작할 수 있을까?

자세히 살펴보니 주민들은 모두 자전거 한 대씩을 가지고 있었다. 버나드는 우선 자신의 자전거를 휴대 전화용 충전기로 개조했다. 그런 다음 페달을 돌려서 동력을 공급하는 물 펌프를 만들었다. 그다음에는 페달을 돌려서 작동하는 세탁기를 만들었다. 그리고 태양열 온수기를 개발했다. 주민들은 버나드의 창의력이 담긴 기술을 사용하고 싶어 했다.

버나드는 MIT의 디랩을 따라 해 보기로 마음먹었디. 버나드는 현지 주민들에게 실용적인 창의력을 사용하여 문제를 해결하도록 가르쳤다. 그러자 프랭크 몰렐이라는 사람이 수레를 사용해서 퍼트 카트fert cart를 만들어 냈다. 이것을 사용하자 사람이 직접 비료를 뿌리는 것보다 훨씬 빠르고 고르게 거름이나 비료를 뿌릴 수 있었다. 프랭크는 카트를 대여하거나 판매했으며 수익금으로 자녀들을 학교에 보낼 수 있었다.

제시 올장지는 아보카도 압착기를 직접 설계, 제조했다. 그래서 수확량이 너무 많을 때 남은 과일을 썩게 내버려 두는 것이 아니라 모두 모아서 오일을 압착한 다음 저장하거나 판매하게 되었다. 마그레스 오마리는 비누 절단기를 만들었고, 이를 통해 현지 여성들을 고용하여 작은 공장을 운영하고 있다.

그 밖에도 사람들은 시간당 옥수수 100킬로그램을 처리할 수 있는 옥수수 껍질을 벗기는 기계를 발명했다. 이보가도 씨앗을 분쇄해서 가루를 허브티 재료로 사용하는 기계도 개발되었다. 그 지역은 목재를 구하기 힘들었으므로 사람들은 폐플라스틱으로 벌통을 제작하고 있다. 기계식 과일 착즙기를 사용하면 낙과를 버리지 않아도 된다. 주스로 만들어서 팔면 돈이 되기 때문이다. 쟁기질과 식물을 심는 두 가지 기능을 가진 도구도 있다. 두 가지 기능이 동시에 작용하기 때문에 토지 경작 면적을 2배나 늘릴 수 있다.

버나드는 지금까지 800여 명의 현지 발명가가 혜택을 받았다고 말한다. 창의력을 발휘하여 제품을 발명하고 판매하여 식품을 사거나 교육비를 마련한 것이다. 이처럼 MIT의 디랩은 실질적인 변화를 일으키는 진정한 의미의 창의력을 개발해 이 세상에 큰 영향을 주고 있다.

에두아르 드 보노가 실용성을 강조한 것도 다 이런 이유 때문일 것이다. 그는 말했다.

"개발하여 실행에 옮길 수 있는 아이디어는 그저 아이디어로만 존재하는 것보다 몇 배나 더 중요하다."

서양에서는 특히 광고나 마케팅 분야에서 이론적 사고를 매우 중시하는 경향이 있다. 이는 지식이 많은 것처럼 보이는 효과는 있지만 실용적인 가치가 부족한 경우가 많다. 그래서 드 보노는 실용성이 창의성의 척도라고 주장했다. 창의성에는 반드시 목적이 있어야 한다.

"지능이 높은 사람들은 많지만, 그들은 대부분 생각하는 힘이 부족하다. 보통 수준의 지능을 가진 사람 중에 오히려 생각하는 힘이 강한 사람이 있다. 자동차의 힘과 자동차를 운전하는 방식은 전혀 별개의 문제다."

2장

한 끗 차이로
평범함이
특별한 것으로
바뀔 때

CROSSOVER
THINKING

10

복잡함을
단순함으로 바꾸는 법

크리스 에반스는 사기가 진행하는 라디오 프로그램에서 피어스 모건의 해고 문제를 언급했다. 뉴스 진행자인 레이첼 혼은 전날 저녁을 먹으면서 어린 아들들에게 이 사안을 설명해주었다고 말했다. 크리스는 아이들이 왜 피어스 모건에게 관심을 보이는지 물었다. 레이첼이 말했다.

"아이들이 '저 사람은 뉴스 진행자고, 엄마도 뉴스 진행자니까요. 그러면 엄마도 해고당할 수 있다는 뜻이에요?'라고 했어요. 그래서 전 '아니야. 뉴스 진행자에는 두 가지 유형이 있는데, 저 사람과 엄마는 달라'라고 대답해 줬어요."

그러자 아이들은 뭐가 다른지 물었고 그녀는 이렇게 설명해주었다.

"음, 어떤 진행자는 사실만 전달하지만 자기 의견을 말하는 뉴스 진행자도 있어."

아이들은 무슨 말인지 잘 모르겠다고 했다. 그녀가 말했다.

"오늘 저녁에 너희는 파스타를 먹고 있어. 엄마가 뉴스를 진행한다면 이 파스타는 채식주의자에 맞추어 밀, 치즈, 퀸Quorn[고기 대용식품 - 옮긴이]으로 만든 음식이라고 말할 거야. 그리고 나서 너희들이 각자 어떻게 생각하는지 물어볼 수 있지."

그러자 첫째 아들은 파스타가 좋다며 정말 맛있다고 대답했다. 하지만 둘째 아들은 파스타를 좋아하는데, 그 이유는 숟가락으로 먹을 수 있기 때문이라고 했다.

그녀는 말했다.

"좋아, 그러면 엄마가 정리해 볼게. 오늘 인터뷰에 응한 모든 분이 파스타를 잘 먹었고, 저녁 메뉴로 파스타를 또 먹을 생각이 있는 것 같습니다."

두 아이는 고개를 끄덕였다. 그러고는 피어스 모건이라면 과연 어떻게 보도했을지 궁금해했다.

그녀는 말했다.

"좋아, 피어스 모건이라면 이렇게 보도했을 거야. 오늘 여기에 채식주의자라는 이상한 사람들이 있군요. 큼직한 고기 한 덩이가 있으면 왜 안 되는지 잘 모르겠지만, 어쨌든 이분들은 이 파스타를 먹네요. 자, 어떻게 생각하시는지 말씀해 주시겠어요?"

첫째 아들은 말했다.

"아까 말한 것처럼, 저는 파스타가 좋아요. 왜냐하면…"

그때 그녀가 말을 가로챘다.

"전혀 쓸데없는 이야기군요. 이런 히피족 같은 헛소리는 듣고 싶지 않아요. 그쪽에 계신 분은 어떻게 생각하세요?"

둘째 아들이 말했다.

"저도 파스타를 좋아하는데, 그 이유는…"

그녀가 또다시 말을 가로챘다.

"전혀 말이 안 되는 소리예요. 온 나라가 제정신이 아니에요. 우리는 모두 제대로 된 고기로 잘 차린 식사를 챙겨 먹어야 한다고 요."

그런 다음 그녀는 아이들에게 "방금 엄마가 두 종류의 뉴스 진행자를 보여준 거야. 엄마는 사실을 알려줬고 피어스 모건은 그냥 자기 의견을 말한 거지. 이제 너희들도 차이점이 뭔지 확실히 알겠지? 그러니까 너희들은 피어스 같은 사람이 해고당하는 것을 걱정하지 않아도 돼."라고 말했다. 그러자 아이들은 안심하는 표정을 짓고는 다시 파스타를 먹기 시작했다.

레이첼의 방식에는 몇 가지 장점이 있다. 첫째, 아이들 앞에 있는 것을 사용하여 실물 교습을 한 것이 효과적이었다. 레이첼은 함께 먹고 있던 파스타를 사용했기 때문에 이론적이거나 추상적이 아니라 실질적이고 마음에 와닿는 교훈을 줄 수 있었다. 둘째, 두 아이에게 뉴스를 간단하게 제시했다. 어느 것이 나은지 말로 설명하지 않고 둘의 차이점을 보여주었다. 셋째, 그녀는 아이들이 직접 질문에 답하게 해 주었다. 가만히 앉아서 듣기만 하라고 말한 것이 아니라 직접 참여하게 도와준 것이다. 넷째, 미묘한 차이점을 일일이 언급하여 복잡하게 만들지 않고, 간단하게 두 가지 사례를 비교한 것도 좋았다.

광고도 바로 이런 식으로 해야 한다고 생각한다. 복잡한 상황을 단순하게 만들고, 명확하게 하며 눈으로 보여주고 상대방이 직접 참여하게 해 주는 것이다. 그들이 어떤 선택을 할 수 있는지 명확하게 구조화하여 보여주면 미묘한 뉘앙스는 나중에 덧붙일 수 있다.

길고 지루한 강의보다 단순하지만 명확한 이해가 사람들에게 더 오래 기억되는 법이다.

11

나이 든 코끼리
데려오기

우리 부부는 아이들을 데리고 남아프리카에 사파리 여행을 간 적이 있다. 수풀 사이를 걷다가 안내인에게 무리를 떠나서 혼자 돌아다니는 코끼리에 관해 물어보았다. 예전부터 늘 궁금했었다. 그런 코끼리가 아주 난폭하게 굴면서 주변의 모든 것을 부서뜨리는 광경을 영화에서 본 적이 있어서였다. 부러진 상아가 너무 아파서 그런 건지 발에 가시라도 박힌 건지 궁금했다.

안내인은 낄낄 웃더니 그런 건 만화에나 나오는 이야기라며 사실과 다르다고 했다. 현실에서는 나이 든 수컷 코끼리가 무리에서 떨어져 나와 혼자 죽음을 맞이하거나 밀렵꾼의 손에 목숨을 잃는다고 했다.

하지만 혈기 왕성한 젊은 수컷 코끼리가 난동을 부리지 못하게 막을 요소는 없었다. 테스토스테론이 다량 분비되면 수컷은 멋대로 날뛰기 시작한다. 나이 든 수컷이 다 사라진 무리는 그야말로 젊은 수컷 코끼리가 난동을 부리는 것을 막아줄 존재가 없다.

그런 상황이 되면 다른 무리에서 나이 든 코끼리 한두 마리를 일부러 데려온다고 한다. 나이 든 수컷은 꽤 단호하게 권위를 행사한다. 그러면 젊은 수컷은 금방 정신을 차리고 얌전해지며, 코끼리 무리에 평화와 질서가 회복된다. 코끼리 무리는 이런 식으로 유지된다. 이를 보면서 나는 오랫동안 '인간들이 코끼리 무리에게서 배울 점이 있지 않을까?'라고 생각했다.

그러던 중 최근 미국 루이지애나주 슈리브포트에 있는 사우스우드 고등학교에 대한 영상을 보게 되었다. 이 학교는 폭력 문제가 심각한 것으로 알려져 있었는데, 싸움을 벌인 학생들을 체포하려고 3일 만에 경찰이 23번이나 출동한 사례도 있었다. 뭔가 대책이 필요한 상태였다. 그때 마이클 라피테는 한 가지 아이디어가 떠올랐다. 그는 학부모 중 한 사람이었는데, 다른 학생들의 아버지 40명을 모아서 '근무 중인 아빠들Dads on Duty'이라는 단체를 만들었다.

그들은 직접 제작한 티셔츠를 입고 돌아가면서 매일 아침 등교하는 학생들에게 인사를 건넸다. 그리고 종일 학교를 걸어 다니면서 아이들에게 미소를 건네거나 농담을 주고받았다. 그냥 그들이 교내에 있다는 것을 아이들에게 알리는 것으로 충분했다. 학생들의 아버지인 동시에 덩치가 큰 어른이었기에 아무 말 없이 분명한 메시지를 전달할 수 있었다. 학생들은 아버지의 강한 사랑과 부드럽게 바로잡으려는 의도를 느낄 수 있었다. 이렇게 아버지들이 학교에 나타난 이후로 싸움이나 폭력 사태는 한 번도 일어나지 않았다.

어떤 남학생은 "훨씬 안전하다고 느낍니다. 아이들은 이제 싸우지 않고 수업을 들으러 가요."라고 말했으며, 한 여학생은 이렇게 말했다. "학교 분위기가 훨씬 좋아졌어요. 확연히 달라진 것을 느낄 수 있어요." 또 다른 여학생은 아버지가 '눈길'을 주는 것만으로도 나쁜 짓을 하려던 학생이 마음을 돌리는 것 같다고 말했다.

마이클 라피테는 설명한다.

"모든 사람이 인생에서 아버지나 이른 남성의 존재를 경험하는 것은 아닙니다. 그래서 우리가 이렇게 와 있는 것만으로도 학생들에게 큰 변화를 줄 수 있습니다."

실제로 그의 말처럼 많은 학생이 한부모 가정 출신이라서, 가족 중에는 그들을 가르치고 바로잡아줄 성인 남성이 없는 경우가 많았다. 라피테의 노력으로 말썽 피우는 수컷 코끼리를 발견하고 다른 무리에서 나이 든 수컷을 데려와 집단의 질서를 바로 세운 것에 버금가는 효과를 얻었다. 성인 남성이 무리 속에 있는 것만으로도 확실한 효과가 나타났다. 학교는 한층 질서가 잡히고 안정된 분위기를 보였다.

코끼리 집단에서 분명 배울 점이 있었다. 나에게 이것은 미국의 광고 크리에이티브 디렉터인 윌리엄 번벅이 말한 '시간을 초월하는 단순한 진리'였다. 남학생은 내면보다 신체가 더 빨리 성장한다. 겉모습은 성인 남자와 다를 바 없지만 내면은 아직 어린아이에 불과하다. 그래서 철없는 아이처럼 못된 짓을 하거나 예의 없이 굴 때가 있다. 하지만 성인 남자의 신체와 힘을 가지고 있어서 문제가 된다. 이때 나이 든 남성이 등장하면 아이에게 부모의 역할을 해줄 수 있다.

그들은 부모의 권위에 복종하므로 침착함을 되찾고 전체적으로 질서가 잡힌다. 상황이 절대 바뀔 수 없다는 뜻은 아니다. 그보다는 변화가 생기면 잘 관리해야 한다는 뜻이다. 변화는 파괴가 아니라 발전과 개선의 방향으로 나아가야 한다.

마크 저커버그는 두 가지 명언으로 유명하다. '젊은 사람은 더 똑똑할 뿐이다', '빠르게 움직이고 모든 것을 부숴라'. 변화가 있을 때 나이 든 코끼리를 데려오면 분명 더 나은 결과를 얻을 것이다.

12

약점을 장점으로
사용하라

●

　뉴욕의 크리에이티브가 전 세계 최고 수준이었을 때, 제리 델라 페미나는 뉴욕을 통틀어 최고라고 손꼽히는 크리에이티브였다.

　그 당시에는 내로라하는 훌륭한 크리에이티브가 거의 다 미국 브루클린의 낙후된 지역 출신이었다. 유대인이나 이탈리아 가정 출신의 아이들로서 학교에 다니지 못하고 노숙자로 지냈지만, 아주 똑똑했고 경쟁적으로 생각하는 데 익숙했다. 그들이 나타나기 전에 비즈니스 업계는 상류층 출신의 백인으로서 대학 졸업장을 가진 사람들이 주도권을 잡고 있었다. 이렇게 부유한 집안에서 버릇없이 자란 아이들이 유리할 것으로 생각할지 모른다. 하지만 실상은 정반대이다.

　부유층 자제는 부모의 보호 아래 세련된 교육을 받으며 성장했고, 주로 학문적인 것만 배웠다. 이에 반해 브루클린 출신의 아이들은 학문적 교육은 받지 못했고 거리의 지혜를 배웠다. 역사, 라틴어, 대수학, 정치학, 경제학은 제대로 배우지 못했다. 하지만 인생의 현실이 어떻게 돌아가는지 누구보다 잘 알고 있었다. 그들은 아침에 눈 뜨는 순간부터 저녁에 잠들기 직전까지 생각하는 법을 배워야 했다. 그래서 항상 새로운 관점, 남들과 다른 시선으로 사물이나 상황을 판단했다.

델라 페미나는 말한다.

"마지막 경주의 트랙에서 배울 수 있는 분석의 교훈이 무엇인지 알려 드리죠. 마지막 경주에는 무료로 참여할 수 있어요. 거기에는 종일 패배를 경험했기에 복수심을 품고 롱샷longshot[우승 가능성이 가장 낮은 말 - 옮긴이]에 돈을 거는 사람들이 잔뜩 모여 있을 겁니다. 한편, 당신은 우승 가능성이 가장 큰 말에 돈을 걸겠죠. 승률은 약 60퍼센트입니다. 마지막 경주에서는 다들 롱샷에 돈을 겁니다. 그래서 우승 가능성이 가장 큰 말은 3대 1이라는 최고의 확률을 안고 출발하게 됩니다."

매우 창의적인, 달리 표현하자면 예상을 뒤엎는 방식의 논리이다.

사람들은 경기 전에 전광판에 나타나는 확률을 보고 어디에 돈을 걸지 결정한다. 그런 행동을 보면 아마 따라 하지 말아야겠다고 생각하게 될 것이다. 사람들이 거는 돈의 총액에 따라 확률이 정해진다. 롱샷의 확률이 높으므로 본전치기를 하려는 사람은 롱샷에 돈을 걸게 된다. 이때 우승 가능성이 가장 큰 말은 단지 우승 가능성이 큰 말이라는 이유로 확률이 낮아지는 것이다. 마지막 경기까지 기다려 보면 승률은 인위적으로 3대 1까지 올라간다. 이것은 경마에 참여하는 사람들의 인간 심리와 경마와 같은 내기의 확률이 합쳐진 결과이다. 경마는 단지 좋은 말을 고르는 것보다 훨씬 더 복잡한 과정이 숨어 있다. 이런 점은 귀족 학교에서 귀족 출신 학생들에게 수업 시간에 가르치지 않는다. 이런 문제에서는 오히려 노숙자처럼 사는 아이들이 더 똑똑하다.

이를 다르게 표현한 것이 기업가 정신 또는 창의성이다. 내가 성장한 지역에서는 '머리를 써라'는 말을 흔히 들을 수 있었다. 생각 없이 어떤 행동을 하면 아버지나 친구 중 한 명이 혀를 끌끌 차며 '머리를 써야지'라는 말로 핀잔을 주었다. 지금도 이 말이 머리에 박혀서 모든 행동을 지배하고, 강제로 생각하게 만드는 것 같다.

한 번은 광고계에 진출하려는 영국 루이섬 출신의 흑인 아이들에게 강의한 적이 있다. 다들 정장을 입고 긴 강의를 연달아 듣고 있었다. 나는 그들에게 광고에서 흔히 접할 수 있는 중산층 아이들을 흉내 내는 것은 최악의 선택이라고 말했다. 그래봤자 중산층 아이들보다 못한 흉내쟁이로 끝날 것이 분명했기 때문이다. 그 학생들은 도시 가난한 지역의 노동자 가정에서 자란 큰 장점을 갖고 있었다. 바로 거리에서 배운 실전 지식이 풍부하다는 것이다. 중산층 가정의 자녀들은 절대 알 수 없다.

그러니 남들의 방식으로 게임을 하지 말고 게임의 판도를 바꿔야 한다. 거리에서 배운 실전 지식을 최대한 활용하면 중산층 자녀처럼 물려받은 왕관에 안주하는 것이 아닌 그들보다 몇 걸음 먼저 내다볼 수 있다. 우리 사회에는 기존 방식대로 생각하는 사람들이 매우 많으며, 진정한 기회는 남들과 다르게 생각하는 사람에게 찾아온다.

자신의 장점을 최대한 활용하라. 그것은 바로 자신의 약점을 사용하는 것이다.

13

가짜 동전의
진짜 비용은?

십 대였을 때 포드에서 초콜릿 바와 커피를 뽑는 자판기를 관리하는 존 나이라는 친구가 있었다. 존은 사람들이 속임수를 쓰려고 머리를 굴리는 것을 보면 기가 막힌다고 말했다. 자판기에는 10펜스 동전만 들어갔고, 동전의 크기와 무게를 정확히 식별하는 기능이 있었다. 크기나 무게가 맞지 않는 동전은 자판기가 아예 받아주지 않았다. 하지만 기계의 변화를 보면 금속으로 만든 디스크도 항상 발전해왔다. 그 말인즉, 어떤 사람들은 10펜스 동전을 완벽하게 복제하려고 엄청난 시간을 바쳤다는 것이다. 그들이 만든 가짜 동전은 아주 정교해서 제작하는 데 아주 오랜 시간이 걸렸다.

당시 포드의 평균 임금은 주당 20파운드였다. 대다수 노동자는 정해진 임금을 받는 것이 아니라 일을 더 하면 그만큼 돈을 더 벌 수 있었다. 반나절, 즉 하루 4시간 작업하면 임금 2파운드를 못

버는 것이었다. 고작 10펜스를 아끼려고 2파운드를 포기하는 것이다. 누가 봐도 말이 안 되는 어리석은 짓이었다. 하지만 어떤 사람들은 그렇게 해서라도 10펜스 동전을 복제했다. 그들은 즉시 눈앞에 보이는 것만 생각했다. 10펜스를 아낄 생각은 해도, 그 작업을 하느라 2파운드를 놓친다는 점은 계산하지 못했다.

나는 어릴 때 '머리를 써라'라는 말을 귀에 못이 박히도록 들었다. 이 말을 늘 생각하면 모든 것에 의문을 제기할 수 있다. 그래서 나는 돈이 아니라 시간이라는 측면에서 비용을 계산하게 되었다. 자판기에서 초콜릿 바 하나를 사는 데 드는 비용은 가짜 동전을 만드는 시간으로 환산하면 4시간이다. 직접 번 돈으로 초콜릿 바를 사려면 5분간 일한 돈을 내야 한다. 내가 보기에 고작 10펜스를 절약하려고 가짜 동전을 만드는 데 긴 시간을 보내는 것은 어리석은 짓이었다. 그들은 10펜스를 아끼는 것 말고는 더 깊이 생각하지 않았다. 그래서 실질적인 비용을 계산하지 못한 것이다.

여기서 말하는 실질적인 비용은 돈이 아니라 기회를 가리킨다. 10펜스를 아끼는 데는 4시간이 들지만, 그 시간으로 다른 것을 하면 어떤 결과가 나오겠는가? 4시간을 돈으로 환산하면 어느 정도의 가치가 될 것인가?

우리 업계에서도 많은 사람이 크게 생각하지 못하고 좁은 시야에 머물러 있다는 점이 생각난다. 내가 광고업계에 입문했을 때, 거의 모든 포스터 크기가 16시트[폭 2,032mm, 높이 3,048mm의 종이를 말함 - 옮긴이로 되어 있었다. 하지만 CDP의 마이크 예르손은 16 시트 3장을 붙여서 48시트를 만들었다. BMP에서 일할 때 홍보 담당자에게 48시트가 있는데도 굳이 16시트를 사용하는 이유를 물어보았다. 그들은 16시트를 사용하면 노출 효과가 더 크다고 했다. 하지만 언론 순위에 3배 더 언급된다고 해서 현실 세계에서 3배 더 노출되는 것은 아니다.

CDP에서 만든 48시트 크기의 포스터는 모든 사람의 시선을 사로잡아서 거리 전체를 장악하는 효과가 있었다. 하지만 우리가 만든 16시트 포스터는 대다수 포스터와 함께 그냥 사라지기 일쑤였다. 지면 광고도 마찬가지였다. 대다수 에이전시는 광고 수를 늘리기 위해 페이지를 4면으로 쪼개어 사용한다. 데이비드 퍼트남은 CDP가 업계 최초로 양면 광고에 홍보 자금을 모두 투입하게 된 경위를 말해 주었다. 그 방법을 사용하자 거의 모든 출판물이 CDP 광고로 뒤덮였으며 기존의 작은 광고는 어느새 자취를 감추었다.

영국 광고 전문가 프랭크 로우는 CDP에 60초 길이의 텔레비전 광고를 만들자고 강력하게 제안했다. 하지만 다른 홍보업체는 광고를 끼워 넣을 기회가 많다는 이유로 15초 광고를 고집했다. CDP의 광고 횟수는 적었지만, 그들의 광고는 언론 전체를 집어삼켰다. 그에 비해 우리가 제작한 짧은 광고는 자주 등장했지만, 사람들의 관심을 끌지 못했다. 우리의 행동은 가짜 동전을 만드는 데 시간을 바친 어리석은 사람과 같았다. 확실해 보인다는 이유로 편협하게 생각한 것이다. 하지만 CDP는 20세기 전체를 통틀어 영국 최고의 광고 에이전시로 뽑혔다.

그들은 항상 크게 생각하고, 항상 예방적 사고를 하며 항상 머리를 쓰려고 노력한다.

14

입소문의 핵심은
의사소통이다

　1862년 미국에서는 자영농지법이 통과되어 정착민들에게 각각 토지 약 20만 평을 제공했다. 이 법의 목적은 인구가 서쪽의 광활한 평야로 퍼져나가도록 하는 것이었다. 정착민들은 약 20만 평 토지 주변에 울타리를 만들어서 재배한 농작물을 다른 사람이 짓밟고 다니거나 먹어 치우지 못하게 하려 했다. 하지만 토지가 너무 큰 데다, 보편적으로 사용되는 철조망은 쉽게 무너뜨릴 수 있어서 큰 도움이 되지 못했다. 1874년, 조셉 글리든은 철조망 대량 생산 공정으로 특허를 출원했다. 얼마 지나지 않아 그는 정착민들에게 연간 300만 파운드가 넘는 철조망을 판매했다.

　농장 사이의 거리는 워낙 멀기 때문에 정착민들은 다른 사람을 구경할 일이 거의 없었다. 전화기가 발명되었지만, 너무 비싸서 전화기를 마련할 엄두도 내지 못했다. 설령 정착민이 전화기를 사용할 여유가 있었더라도 별로 도움이 되지 않았을 것이다. 사용자가 거의 없기에 전화기 회사에서 그렇게 먼 거리에 전화 케이블을 설치하는 것은 말이 안 되는 일이었다.

그러다가 농부들은 끝없이 이어진 철조망을 새롭게 활용할 방법을 찾아냈다. 그들은 오래된 나무 상자형 전화기를 철조망에 연결해서 철조망을 전화선으로 사용한 것이다. 물론 상당히 원시적인 방식이며 다이얼을 돌려서 전화를 걸 수도 없었지만 별로 문제가 되지 않았다. 어쨌든 모든 사람이 서로 연락을 주고받을 수 있었기 때문이다. 모든 사람을 한 번에 연결하는 것도 가능하고 개별적으로 연결하는 것도 가능했다.

외로운 생각이 들면 전화선에 연결된 사람이 누구든 바로 대화를 시도할 수 있었다. 급하게 도움이 필요할 때도 멀리 떨어진 시내까지 몇 시간 이동할 필요가 없었다. 근처에 사는 사람 아무에게나 도와줄 사람을 찾는다는 말을 전해 달라고 부탁하면 문제가 해결되었다. 뉴스를 듣고 싶어도 라디오를 살 형편이 못 되는 사람은 매일 정해진 시간에 전화선에 접속했다. 누군가가 전화선으로 신문을 읽어주었기 때문에 라디오가 없어도 뉴스를 접할 수 있었다. 때로는 현악기의 일종인 밴조나 바이올린과 비슷하게 생긴 바이올린 이전의 악기인 피들을 연주하는 사람들이 접속해 보잘것없는 연주를 선보였다.

특정 친구를 만나기 위해 따로 신호를 정할 수도 있었다. 예를 들어 3번 길게, 3번 짧게 울리면 개인적으로 미리 약속해둔 상대방과 통화가 연결되었다. 사생활이 없다는 것이 좀 불편했을 것이라고 생각할 수 있지만, 당시에는 아무도 전화, 라디오, 텔레비전 등 외부 세상과 연결할 방법이 없었음을 참작해야 한다.

그들은 철조망처럼 생긴 생명 없는 물체를 사용해서 일종의 커뮤니티를 형성했다. 이런 방식은 1950년대까지 계속 사용되었다. 사람들은 대화를 원했고, 이를 실현할 수 있는 방법을 찾았다. 이것은 사무실에 전문가 여러 명이 모여 앉아서 머리를 짜낸 결과가 아니다. '나한테 좋은 생각이 있어. 철조망을 만들자. 이건 전화선으로도 쓸 수 있을 거야'라고 누군가가 제안한 것도 아니다. 전문가들이 하드웨어를 통신용으로 사용할 가능성을 내다본 것도 아니었다. 그저 평범한 사람들이 대화를 주고받기 원했고, 그들 나름의 방식을 찾아낸 것이다.

자신이 한 일의 결과가 널리 알려지기를 원한다면 이 사례를 기억해야 한다. 사람들이 공유하고 싶어 하는 가장 주된 대상은 바로 언어다. 국제적으로 큰 상을 받아도 시각적인 면에 치중한 광고는 입소문을 타지 못한다. 국제적인 시상식에서는 심사위원이 각자 다른 언어를 쓴다. 그러니 시각적인 요소가 두드러진 광고가 상을 받을 확률이 높다. 하지만 시각적 요소는 언어처럼 사람들의 입을 통해 반복될 수 없으므로 입소문을 내기 어렵다. 하지만 말은 누구나 듣고 전달할 수 있으므로 언어를 중심으로 입소문이 퍼지는 것이다.

자기가 한 일이 입소문을 타길 원하면 반드시 이 점을 명심해야 한다. 사람들은 철조망을 응용해서 언어를 전달하는 수단으로 활용했다. 지금 이 글에서도 그림이 아니라 글로 독자와 소통하고 있다. 시각 자료도 중요하지만, 그림은 말처럼 여러 사람의 입을 통해 반복될 수 없다. 사람들은 말을 통해 의사소통한다. 그리고 우리가 종사하는 분야의 핵심은 의사소통이다.

이처럼 실질적인 효과가 있는 수단을 시작점으로 삼지 않는다면, 다른 분야를 알아보는 편이 나을 것이다.

15

전쟁을 승리로 이끈
만화책

베트남 전쟁에 간 미군 군인에게는 당시 최신형 소총인 M16이 제공되었다. 원래 설계가 우수한 무기였으나 조달 담당자가 작업을 완료한 시점에는 그렇지 않았다. 그들은 제멋대로 싸구려 부품을 사용해서 조립했기에 부품이 휘거나 여기저기 막히고 들러붙는 문제가 발생했다. 일을 대충 하는 사람이 다 그렇듯, 이들은 그냥 좋은 제품인 척 눈속임하면 된다고 생각했다. 그래서 모든 전투 부대에 M16을 보내면서 이것이야말로 역대 최고의 무기라고 강조했다.

군인들은 그 말을 곧이곧대로 믿었다. 조금만 뭔가 걸려도, 습기가 차거나 살짝 부딪히기만 해도 총기가 금방 고장 난다는 것을 알지 못했다. 진창길이 많고 습기가 많은 정글에서 전투를 벌여야 하는 상황에 결코 합당한 총기라고 할 수 없었다. 하지만 군인들은 놀라운 무기라는 말을 믿었고, 소총이 자체 정화 기능을 수행한다고 생각했다.

결국 M16 옆에 쓰러져 죽은 군인이 셀 수 없이 늘어났다. 죽은 군인의 총은 모두 어딘가 막히거나 고장 난 상태였다. 나쁜 무기를 좋은 무기로 둔갑시켜 보급함으로써 발생한 피해를 신속하게 바로잡아야 했다. 이를 위해 필요한 것은 모든 군인이 소총을 잘 관리하기 위해 반드시 해야 할 절차를 자세히 설명한 32페이지 분량의 매뉴얼이었다. 하지만 미국을 떠난 지 얼마 안 된 앳된 청년들에게 복잡한 장비를 청소하고 관리하는 과정을 배우게 하는 것이 쉬운 일은 아니었다. 십 대 청소년들은 군대에서 만든 책자를 거들떠보지 않을 것이 분명했다. 교과서처럼 지루한 공식적인 책자를 제대로 읽고 공부할 가능성은 희박했다.

다행히도 누군가 좋은 아이디어를 냈다. 십 대 남자아이라면 누구나 만화, 여자, 야구를 좋아한다는 점에 착안한 것이다. 남자아이들은 종일 만화책을 읽고 벽에는 플레이보이 사진이나 유명한 야구 선수 사진을 도배하곤 했다. 1968년, 이들은 미국에서 가장 유명한 만화가인 윌 아이스너를 섭외했다. 그들은 십 대 남자가 좋아할 만한 요소를 모두 넣은 총기 관리 매뉴얼을 제작했다. 매뉴얼은 만화책 형식이었다. 화자는 매력적인 몸매를 가진 앤 마거릿이라는 여성인데 군복을 입고 있었다. 마거릿의 대사는 말풍선으로 제시되었다. 대사의 상당 부분은 건방지고 이중적인 의미가 담긴 표현이었다. 한 마디로 젊은 남성이라면 누구나 소리 내어 웃게 만들고 그들의 기억에 오래 남는 것이었다.

몇 가지 예를 들자면 다음과 같다. '소총은 애인을 다루듯이 관리해야 한다. 소중한 16살을 놓치지 마세요. 소중한 애인을 벗기는 방법' 등이 있다.

그리고 야구 용어도 많이 사용되었다. 이를테면 '만루에서는 공을 맞힐 때마다 점수가 오른다. 최근에는 번트를 쳤다. 어떤 사람은 자기가 처리할 공이 아닌데도 손을 뻗어서 게임을 망친다. 서로 머리를 부딪혀서 게임에서 지고 만다'와 같은 표현을 볼 수 있다.

만화 표지도 공식적인 전쟁 문서라고 보기 어려웠다. 책자 제목은 〈이봐, 병장 양반, 이걸 소총 든 남자에게 좀 갖다줘〉였다. 표지 그림에서는 총알이 사방으로 날아다니는 와중에 병장이 군인에게 이렇게 말하는 장면이 있었다. "부탁 하나만 하자. 우리가 반격하기 전에 네가 들고 있는 소총을 빨리 '사전' 점검해 봐."

다행인 것은 만화책이었기 때문에 아무도 책을 외면하지 않았다는 것이다. 만화이기에 사람들은 책자를 읽고 또 읽었다. 그들은 책자에서 읽은 내용을 기억했고, 덕분에 많은 사람이 목숨을 구했다. 소총이 고장 나서 병사가 목숨을 잃는 사례는 크게 줄어들었다.

이를 통해 상대방과 대화하려면 우리가 선호하는 언어가 아니라 상대방이 선호하는 언어를 사용해야 한다는 점을 알 수 있다.

16

최악은
아무것도 하지 않는 것

　이상하게도 미국인은 애국자라는 자부심이 유난히 강하지만 백신은 거부한다. 오래전에 미 역사상 가장 위대한 애국자라고 해도 손색이 없는 조지 워싱턴은 예방 접종을 의무화하라는 결정을 내렸다. 역사학자들은 이러한 예방 접종을 실시하지 않았다면 미국은 전쟁에서 패했거나 국가를 지키지 못하고 영국의 식민지로 전락했을지 모른다고 생각한다.

　1776년, 천연두가 발생하여 워싱턴의 육군 상당수가 목숨을 잃었다. 천연두는 빠른 속도로 퍼져나갔다. 하지만 영국군은 큰 피해가 없었다. 대부분 어렸을 때 천연두에 걸린 적이 있어 면역력이 형성되어 있었기 때문이다. 한때 미 육군 사망자의 90퍼센트는 영국군의 손에 죽은 것이 아니라 천연두에 희생된 것으로 나타났다. 이제 워싱턴은 결단을 내려야 했다. 세 가지 중 하나를 선택해야 했다.

1. 집단 면역이 형성될 때까지 기다린다: 상황을 그대로 내버려 두고, 많은 군인은 목숨을 잃게 된다.

2. 격리한다: 부대를 격리하면 전투에 나갈 수 없다.

3. 예방 접종을 실시한다: 실험상의 절차이므로 효과가 나타날지 확실히 알 수 없다는 위험 부담이 있다.

우리가 보기에는 고민거리가 아닐지 모른다. 앞의 두 가지 선택지는 무조건 지는 전략이고, 마지막 선택지는 일종의 도박이지만 그래도 승산이 조금은 있었다. 당시에는 '종두법'으로 알려진 요법이었는데 팔에 상처를 낸 다음, 천연두에 걸린 사람의 고름을 묻힌 실을 상처 부위에 집어넣는 것이었다. 1776년 대륙 의회에서 종두법은 금지된 상태였다. 하지만 워싱턴은 상황이 매우 절박했기에 금지령을 무시하기로 했다. 물론 이런 방식의 치료법은 상당히 조잡하므로 사람의 목숨을 빼앗을 위험이 있었다. 하지만 종두법을 실시한 덕분에 30퍼센트에 달하던 사망률이 5퍼센트로 줄어들었다.

1777년 그는 존 핸콕에게 편지를 보냈다.

"천연두는 분기마다 재유행하기 때문에 자연스러운 방식으로 군대 전체에 퍼지는 것을 막을 수 없다는 것을 알게 되었습니다. 그래서 나는 지금 여기에 있는 모든 군인 중 백신을 맞지 않은 사람에게 즉시 접종하고, 쉬펀 박사에게 명령하여 신병들이 필라델피아에 도착하는 즉시 백신을 접종하게 할 겁니다."

덕분에 군인들은 천연두에서 벗어났고, 워싱턴은 전쟁에 승리하여 새로운 국가를 얻었다. 물론 워싱턴이 천연두의 실제 백신을 발견한 것은 아니다.

천연두 백신을 실제로 만든 것은 20년 후인 1796년 영국의 의사 에드워드 제너였다. 제너는 우두에 걸린 소의 우유를 짜는 여인들이 천연두에 면역력이 있다는 점을 발견했다. 그는 종두법에 대해 들어본 적이 있었고, 이것이 더 나은 대안일지 모른다고 생각했다. 그래서 그는 감염된 여자의 손에 난 상처에서 고름을 채취하여 정원사 아들의 팔에 묻혔다. 그런 다음 그는 그 소년을 천연두 피해자들에게 노출했는데, 소년은 천연두에 걸리지 않았다. 1801년 제너는 〈백신 접종의 기원〉이라는 논문을 발표했다. 20세기에는 전 세계 사람들이 천연두 백신을 접종했고, 1978년 이후 천연두 사망자는 한 명도 없었다. 1980년 세계보건기구는 천연두가 완전히 사라졌다고 선언했다.

하지만 우리에게 흥미로운 부분은 워싱턴의 딜레마이다. 워싱턴이 군인들에게 백신을 접종시키면 그들 중 5퍼센트는 죽을 것이다. 하지만 워싱턴이 아무것도 하지 않으면 군인 중 30퍼센트가 죽고 워싱턴은 패전할 것이 분명했다. 그는 아무도 죽지 않는 상황을 원했지만, 그렇게 할 방법은 없었다. 존재하지 않는 완벽한 해결책을 논의하느라 아무것도 하지 않는 것은 상황에 대한 통제력을 상실했다는 뜻이다.

　이것은 철학적 사고 실험의 일종인 '트롤리 딜레마'의 현실판이라고 할 수 있다. 아무것도 하지 않으면 4명이 죽고 레버를 당기면 1명이 죽을 경우, 당신은 어떻게 할 것인가? 트롤리 딜레마를 직면하면 사람들은 대부분 책임을 회피하려고 마비 상태에 빠지며 결국 아무것도 하지 못한다. 사람들은 대부분 아무것도 하지 않았을 때의 결과를 감수하는 편을 택한다. 하지만 조지 워싱턴은 '절망의 명확성' 덕분에 큰 위기를 모면했다.

　우리도 워싱턴의 경험으로부터 교훈을 얻어야 한다.

17

따뜻한 마음은
어떤 광고보다 강렬하다

나는 영국 왕실의 팬이 아니다. 하지만 어떤 라디오 프로그램에서 들은 이야기가 내 생각을 크게 바꿔놓았다. 당시 라디오쇼의 게스트는 런던에서 유명한 외과 의사인 데이비드 노트였다. 그는 정기적으로 휴가를 내 다르푸르, 시에라리온, 콩고, 시리아 등의 전쟁 지역을 찾아다녔고, 총격, 폭탄, 미사일 공격, 의료 장비의 부족, 수혈이 시급한 상황에서 혈액의 부족과 같은 문제를 거론했다. 그는 사라예보에서 처음 의료 봉사하던 경험도 들려주었다. 수술 도중 모든 조명이 꺼져서 수술실이 암흑처럼 어두워진 때가 있었다. 그리고 불이 다시 켜졌을 때 수술팀은 모두 사라지고, 자신만 덩그러니 수술실에 남아 있었다고 한다.

2013년에는 시리아를 방문했는데, ISIS 전사의 개흉 수술을 맡았다. 그가 수술하는 동안 남자 6명은 AK47 돌격 소총을 그에게 겨누고 있었다. 그는 다리에 힘이 풀린 상태로 30분간 수술을 진행했다.

2014년에는 가자지구에서 아주 어린 소녀의 수술을 맡았다. 당시 파편에 맞은 그 아이의 몸에서는 창자, 위, 방광, 비장이 모두 튀어나온 상태였다. 그런데 갑자기 5분 후에 병원이 폭발할 거라며 모두 대피하라는 지시가 떨어졌다. 그는 '내가 떠나면 이 아이는 죽을 거야'라는 생각이 들었다. 어차피 자신은 따로 걱정할 가족이 없으니, 위험을 무릅쓰기로 했다. 그는 병원에 남아서 수술을 끝까지 마무리했다. 다행히 폭탄은 터지지 않았고 어린 소녀는 수술로 생명을 구했다. 하지만 그는 이 모든 일이 PTSD(외상후 스트레스장애)를 일으켰다는 사실을 깨닫지 못했다.

그로부터 열흘 후, 그는 버킹엄 궁전에 초대받아 여왕의 옆자리에서 점심을 먹게 되었다. 주변 상황은 화려하고 웅장했으며, 전쟁터와 너무 큰 대조를 이루었다. 그는 일순간 온몸이 굳어서 아무 말도 할 수 없었다. 바로 그 순간 여왕은 사람에 대한 놀라운 통찰력을 보여주었다. 여왕은 집사에게 웰시 코기를 데려오라고 한 다음, 비스킷을 준비시켰다. 그러고 나서 데이비드 노트에게 웰시 코기에게 먹이를 주는 데 함께 도와주겠냐고 제의했다.

동물과 교감하고 쓰다듬으며 먹이를 주는 것은 PTSD를 이겨내는 최고의 방법이었다. 데이비드의 상태는 호전되었고, 그는 다시 여왕의 옆자리로 돌아가서 30분 정도 편안하게 대화를 나누었다. 그렇게 여왕은 인간적인 이해심을 보여주었다. 궁전의 위압적이고 화려한 모습은 데이비드의 혼을 쏙 빼놓았지만, 여왕은 소소한 제스처 하나로 데이비드가 다시 현실로 돌아오게 해 주었다. 이를 통해 간결한 것이 더 아름답다는 말이 옳다는 것을 느낄 수 있다. 우리 모두 이 점을 잘 배워야 한다.

최근에 그 어떤 칸 영화제 수상작보다 더 큰 울림을 주는 단편 영화 두 편을 본 적이 있다. 하나는 코로나19 팬데믹 초기에 제작된 작품이다. 영화에 등장한 여교사는 어린 학생들에게 손 씻기가 왜 중요한지 알려주려 했다. 먼저 그릇에 물을 담아와서 그 위에 검은 후춧가루를 뿌렸다. 이 후춧가루는 세균을 상징하는 것이었다. 여교사는 그릇에 손가락을 넣었다가 뺐다. 아이들은 선생님의 손가락에 후춧가루가 덕지덕지 묻은 것을 볼 수 있었다. 이제 여교사는 비누로 손가락을 씻은 다음 다시 그릇에 손가락을 집어넣었다. 손가락을 넣자마자 후춧가루는 그릇의 반대편으로 밀려났다. 이번에는 손가락에 후춧가루가 하나도 묻지 않았다. 아이들은 이 장면을 보고 신기함을 감추지 못했다. 이렇게 간단한 예를 사용한 것이 정부가 대대적으로 경고하고 주의를 당부한 것보다 훨씬 효과적이었다.

또 다른 영상은 틱톡에서 보았는데, 대사는 하나도 없고 다음과 같은 자막이 있었다. 라이터 두 개가 등장하고, 각 라이터 아래에 '인간'이라는 자막이 나타났다. 라이터 하나는 유리잔 안으로 떨어졌다. 자막에는 '당신이 볼 수 없는 것'이라고 쓰여 있다. 유리잔에 물을 부어 넣는다. 자막에는 '어린 시절의 트라우마'라고 쓰여 있다. 물을 더 많이 붓는다. '학대'라는 자막이 나타난다. 물을 계속 붓는다. '불안함'이라는 자막이 나타난다. 물을 계속 붓는다. '외로움'이라는 자막이 나타난다. 이제 젖어버린 라이터를 꺼낸다. 이 라이터는 불을 붙일 수 없다. '인생은 힘든 것이다. 삶의 불꽃이 사라질 수 있다'라는 자막이 나타난다. 이때 젖지 않은 라이터가 나타나서 젖은 라이터에 불을 붙여 준다. '때로는 도움이 필요해'라는 자막이 나타난다. 이제 젖었던 라이터에 불이 활활 타오른다. '당신은 이들의 이야기를 모릅니다'라는 자막이 나타난다. 영상의 마지막 장면에는 '@mindbodysouluk를 통해서 오늘 누군가에게 도움을 주세요'라는 자막이 등장한다.

이 두 개의 짧지만, 강력한 영상을 만드는 비용은 칸 수상작 한 편을 위한 케이터링 비용보다 적을 것이다.

의사를 부른 여왕의 손짓처럼 작지만, 인간미가 담긴 행동은 남에게 우쭐대려는 거창한 행동보다 더 큰 효과가 있다.

18

나쁜 소문은
더 극적이다

우리는 자신이 대화를 통제한다고 생각하지만, 현실에서는 그렇지 않을 때가 많다. 예를 들어, 1973년에 발생한 도요카와 신용금고 사건을 생각해 보자. 금고가 파산할 거라는 소문이 돌자, 며칠 만에 20억 엔이 인출되었다. 경찰은 관련 범죄가 있었는지 조사에 착수했다. 소문의 출처를 추적해 보니 여학생 3명이 기차 안에서 나눈 대화가 발단이라는 것을 알게 되었다.

12월 8일, 세 사람은 졸업 후 어디에서 일하게 될지 이야기하고 있었다. 그중 한 명이 도요카와 신용금고에 취직했다고 말했다. 그 말을 듣고 나머지 두 여학생은 은행 강도를 언급하며 아무래도 그 직장은 위험해 보인다고 놀렸다. 놀림당한 여학생은 어머니에게 도요카와 신용금고가 위험하냐고 물었다. 어머니는 질문을 다른 의도로 해석했고, 미용실에 일하는 친척에게 도요카와 신용금고가 혹시 위험한 상황이라는 말을 들어보았냐고 물었다.

12월 10일, 친척은 미용실 손님들에게 은행이 혹시 파산 위험에 처했다는 소문을 들었냐고 물었다. 손님 중 한 사람은 세탁소 주인이었는데, 세탁소 손님들에게 신용금고에 관한 소문이 도는지 물어보았다. 여기에서 확증 편향이 시작된다. 사람들의 입을 통해 소문은 퍼져나가고, 소문이 이렇게 난 것을 보면 분명 근거가 있을 거라는 결론이 난다.

12월 13일, 세탁소 주인은 어떤 고객이 통화 중에 사업 비용으로 쓰려고 신용금고에서 120만 엔을 인출했다는 말을 들었다. 세탁소 주인은 그 고객이 서축 계좌에서 돈을 인출하는 것으로 생각했고, 자신도 예금 180만 엔을 되찾았다. 그러고는 친구들에게 조심하라는 말을 전했다. 그 말은 일파만파 퍼져나갔고, 결국 59명의 고객이 5천만 엔을 인출했다.

한 택시 기사는 승객에게 이런 말을 건넸다. 오후 2시 15분에는 "신용금고가 위험한 것 같다고 합니다."라고 했고, 2시 30분에는 "신용금고가 위험한 상태입니다."라고 전했다. 오후 4시 30분에는 "신용금고가 파산할 거라고 합니다."라고 했으며 오후 6시에는 "신용금고가 내일 영업하지 않을 겁니다."라고 전했다.

군중을 통제하기 위해 경찰이 파견되었다. 확증 편향이 사라지기는커녕, 경찰의 등장은 위기가 닥쳤다는 증거로 작용했다. 12월 14일 신용금고 측은 인출액을 모두 지급하겠다고 선언했으나,

지급 절차에 박차를 가하려고 우수리를 잘라버렸다. 그러자 확증 편향에 빠진 사람들은 신용금고가 이자조차 감당하지 못하는 상황이라고 생각했다.

12월 15일 신용금고 측은 기자 회견을 열고 금고에 높이 1미터, 폭 5미터로 현금이 가득 있는 모습을 보여주었다. 공영 방송국 NHK는 신용금고에 관한 소문이 사실이 아니라고 보도했으며, 아사히 신문, 요미우리 신문, 마이니치 신문, 일본은행, 신킨중앙은행, 전국신용금고협회 등이 모두 나서서 이 소문을 부인했다. 일본 금융 당국은 기차에서 여학생 세 명이 주고받은 농담에서 시작된 이 소문이 사실이 아님을 공식적으로 발표해야 했다.

이 사건에서 우리는 어떤 점을 배울 수 있는가? 부정 편향, 즉 나쁜 소식은 더 많은 사람이 믿고 더 빨리 퍼진다는 점이다. 리차드 쇼튼은 이에 관해 스웨덴의 의사이자 통계학자 한스 로슬링의 말을 인용한다.

"사람들은 이 세상이 실제 모습보다 더 무섭고 더 폭력적이고 더 절망적이라고 생각합니다. 한 마디로 훨씬 더 극적이라고 생각하죠."

쇼튼은 다음과 같이 우려를 드러낸다.

"이런 것이 부정 편향인데, 일반 대중에게만 영향을 주는 것이 아니라 전문가들에게도 영향을 줍니다. 이것은 오늘날 마케팅업계에서도 아주 큰 영향을 행사하죠. 언론의 주요 헤드라인이나 사설을 한번 생각해 보세요. TV의 죽음, 집중력 저하, 신뢰의 위기 등 종말론에나 등장할 법한 표현이 난무합니다. 이렇게 우리의 인식이 현실과 다르면 차선을 선택하게 됩니다."

따라서 나중에 광고가 망했거나 개입한 일이 잘 안되었거나 텔레비전이 죽었다는 말이 들리거든, 소문이 어떤 식으로 퍼지는지 먼저 생각해보길 바란다. 인디언에게 이런 옛말이 있다. '뱀에게 물렸던 사람은 밧줄을 감아놓은 것만 보고도 겁을 먹는다'.

나쁜 소식은 더 극적이라는 점을 명심하라. 우리가 나쁜 소식을 통제하지 않으면 우리가 나쁜 소식에 통제당할 것이다.

19

지루한 광고를 만드는
8가지 방법

1944년에 활동한 OSS[미국 전략사무국, 제2차 세계 대전 기간에 활동한 첩보 기관 겸 특수 작전 부대 - 옮긴이]는 CIA의 전신이었다. CIA처럼 OSS는 감시, 방해, 치사한 속임수 등 적을 교란하기 위해 수단과 방법을 가리지 않았다. 이를 염두에 두고 점령 지역 내에서 동정심을 가진 사람에게 배포할 책자를 발간했다. 책의 제목은《간단한 방해 공작을 알려주는 현장 매뉴얼A Simple Sabotage Field Manual》이었다.

예상대로 책에는 신체에 위해를 가하는 방법, 기기를 파손하는 방법, 생산을 지연시키거나 운송을 방해하는 방법 등 다양한 제안이 들어 있었다. 하지만 가장 주목할 만한 것은 일반인이 전혀 발각될 위험 없이 적군이 전쟁에 기울이는 노력에 치명적인 타격을 입히는 방법이었다. 어찌나 교활한지 절대 들키지 않았고, 어떤 도구도 사용하지 않았으며 피해를 준 물리적 증거도 전혀 남기지 않았다.

해당 매뉴얼에서는 이러한 구체적인 행동의 은밀한 특성을 다음과 같이 설명한다. '상대방이 어리석은 결정을 하고 비협조적인 태도를 보이며 다른 사람도 그렇게 하도록 유도할 보편적인 기회를 사용하는 것이다'. 매뉴얼에는 이런 말도 있다. '중간 관리자, 특히 화이트칼라 직종에 종사하는 중간 관리자는 거만하게 행동하고 계획을 완전히 엎어버리고 모든 결정 사항을 위원회에 일일이 넘겨야 한다', '가능한 한 자주 관련 없는 사안을 언급하라. 정확하게 표현해야 한다는 핑계로 시간을 끌어라. 더 중요한 일이 있어도 회의하자고 하라'.

매뉴얼에는 사기를 떨어뜨리고 생산성을 훼손할 수 있는 구체적인 방법이 8가지나 언급되어 있다.

1. 모든 일은 정해진 통로를 반드시 거쳐야 한다고 주장하라.
2. 연설하라. 가능한 한 자주 그리고 아주 장황하게 말하라.
3. 의사소통할 때 정확한 표현인지 아닌지를 두고 집요하게 따져라.
4. 아무 관련이 없는 문제를 최대한 자주 언급하라.
5. 이미 결정된 사항을 다시 끄집어내고 해당 결정이 과연 타당한지 의문을 제기하라.

6. 모든 결정에 대해 과연 타당한 것인지 걱정스럽다고 말하라.

7. 조심스러운 태도를 버리고 다른 회의 참석자에게 서두르면 나중에 당혹스럽거나 힘든 상황이 생길 수 있으니 서두르지 못하게 하라.

8. 모든 사안을 위원회에 일일이 회부하라.

이런 미묘하고도 파괴적인 전술은 모든 조직에서 의사결정 과정을 방해하는 데 사용된다. 그런데 가장 결정적인 부분은 이런 전술이 절대 들키지 않는다는 것이다. 그 이유는 이런 일이 늘 있기 때문이다.

위 내용을 다시 보면서 당신의 회사에서 매일 일어나는 일과 겹치지 않는지 확인해 봐야 한다. 정확한 표현을 사용하려고 고민하다가 아이디어의 전체 요점을 놓치는 사람, 이미 합의가 끝난 일을 논의하려고 불필요한 회의를 계속 소집하는 사람, 처리 과정을 꼼꼼하게 확인해야 한다고 고집을 피우는데, 그 때문에 지루하기 짝이 없는 광고가 만들어지는 데도 양보하지 않는 사람, 아주 사소한 일인데도 조금이라도 위험해 보이면 무조건 피하려 하는 사람, 광고를 보고 기분이 상할 누군가를 찾으려고 혈안이 되어 있는 사람, 우리는 모두 이런 사람들에 둘러싸인 채 각자의 일을 해내려고 노력하고 있다.

전체적인 과정을 최대한 지루하고 숨 막히게 만들려고 애쓰는 사람들 때문에 광고는 아무리 잘 되어도 잠이 올 정도로 재미가 없거나 최악의 경우 눈에 띄지도 않는 수준으로 전락한다. 그런데 아이러니하게도, 이런 사람들은 자기가 잘하고 있다고 굳게 믿으면서 이런 짓을 한다는 것이다. 우리는 마치 OSS 매뉴얼을 다 읽는 사람처럼 매일 자기 자신에게 훼방을 놓고 있다. 솔직히 말해서 액셀러레이터보다는 핸드브레이크처럼 행동하는 것이 더 전문적이라고 생각한다. 그래서 우리는 모든 기회에 배를 끌어당기는 닻이 되려고 노력한다. 우리는 솔직히 느리고, 안전하고, 지루한 것이 올바른 업무 방식이라고 믿는다.

OSS의 지시대로 우리는 자기 자신을 방해하고 있나.

3장

남들이
다 쳐다보는 곳에
눈길을 주지 마라

CROSSOVER
THINKING

20

기존의 광고를
뛰어넘고 싶다면

브루클린에서 처음으로 광고 수업을 수강했다. 미국 뉴욕시에 있는 광고의 거리 매디슨가 출신의 작가 두 명이 대학 강의실에 와서 수업을 맡았다. 그들이 내준 첫 번째 프로젝트는 자기 자신을 홍보하라는 것이었다. 그 말 외에는 아무런 안내도 없었다. 우리는 한 주 내내 프로젝트에 매달렸다. 머릿속에는 홍보, 광고밖에 떠오르지 않았다. 비주얼라이저 패드를 펼쳐 놓고 포스터, 인쇄 광고, 일반 광고에 대한 다양한 아이디어를 그림으로 표현해 보았다. 어떤 학생은 직접 포스터를 만들어 자기가 일하는 곳 근처의 거리에 걸어두었다. 에이전시를 직접 찾아가서 배지를 나눠준 학생들도 있었다.

과제를 발표하기로 한 저녁, 여학생 한 명을 빼고 모두가 출석했다. 교사 2명은 앞줄에 아주 우울한 표정으로 앉아 있었다.

그들은 말했다.

"오늘 저녁에는 수업이 없습니다. 가장 우수한 학생이 자동차 사고로 사망했습니다. 학장님에게 편지가 왔는데, 그 학생의 작품을 모아서 가져와달라고 하네요. 이 학급에서 가장 우수한 학생이었어요. 이 중에서 누군가 성공한다면 분명 그 여학생이 성공했을 겁니다. 그 학생의 작품은 재미있고 흥미진진하고 신선하고 독특했어요. 이렇게 세상을 떠나다니 정말 안타깝군요."

두 교사는 약 15분 넘게 여학생에 대한 칭찬을 늘어놓았다. 그 다음 자리에 털썩 앉아서 고개를 푹 숙였다.

바로 그때 문 뒤에서 그 여학생이 고개를 내밀고 말했다.

"다 끝났어요? 정말 감사합니다. 선생님들께서 방금 저를 대신 광고해 주셨네요."

두 교사는 어안이 벙벙했다. 그러고는 크게 화를 내며 "이런 미친…"이라고 욕을 내뱉으려다가 입을 꾹 다물었다. 두 사람은 더 이상 말을 잇지 못했고, 편지를 확 집어던지고 교실을 나가버렸다.

다음 주 수업에는 교사들이 좀 진정된 얼굴이었다. 그들은 그 프로젝트가 지금까지 학생들이 해온 프로젝트 중에서 가장 최악이고, 가장 잔인하고, 가장 교활했지만, 동시에 가장 훌륭하고, 가장 독창적이고 창의적인 방식이라고 말했다. 그 여학생은 미국에서는 사람이 죽으면 모든 사람이 세상을 떠난 사람에 대해 좋게 말하는 추도사를 한다는 점에 착안했다. 이렇게 별로 힘을 들이지 않고도 두 교사가 학생들에게 자신에 대해 좋은 말만 하게 만들었다. 이 여학생은 자기 프로젝트를 제대로 끝낸 것이다.

더 놀라운 것은 두 사람이 그 편지를 지갑에 넣어 다니면서 매디슨가를 오가는 모든 친구에게 이를 보여주었다는 것이다. 졸업할 무렵이 되자 모든 광고 에이전시에 그녀의 이름이 알려졌고, 그 여학생은 원하는 곳 어디든 취직할 수 있었다. 이 모든 상황은 여학생이 '광고'라는 단어를 다른 학생들처럼 기존의 해결책을 의미하는 것으로 받아들이지 않았기 때문이었다.

요즘은 광고가 기존의 미디어에 국한되지 않는다고 하면 다들 혁신적인 생각이라고 맞장구칠 것이다. 뉴미디어의 모든 전문가가 '광고는 죽었다'라고 말하는 이유도 바로 이런 것이다. 하지만 그들의 사고는 새로운 미디어나 신기술 너머로 크게 확장되지 않는다. 광고 이상의 무언가를 생각한다는 것은 단지 새로운 미디어를 사용한다는 뜻이 아니다. 새로운 미디어는 사실 기존의 낡고 전통적인 사고방식에서 형태만 바꾼 것에 지나지 않는다. 진실은 시간이 흘러도 변함이 없다. 진정한 창의성은 다른 사람이 어떤 생각을 하든 간에 제한을 가하지 않는다.

모든 학급이 기존 방식의 광고를 구상할 때, 그 여학생은 다르게 생각했다.

"기존의 광고를 넘어설 만한 방법이 있을까? 다른 사람이 상상조차 못 할 그런 방식이 뭘까? 이 세상 모든 것이 미디어로 쓰일 수 있다. 그렇다면 이 세상에서 내가 사용할 수 있는 신선하고 독창적인 것은 뭘까? 아무도 미디어라고 생각하지 않은 것이 뭘까?"

뉴미디어 전문가가 존재하기 수년 전에, 진정한 창의적 사고에 대해 처음으로 얻은 교훈이었다.

21

문제가 있는 곳에
기회가 있다

약 30년 전, 한 18살 소년이 기차 곳곳에 낙서하고 있있다. 그는 스프레이로 기차 옆에 '한 번이라도 시간 좀 지켜'라고 써넣었다. 제대로 된 스프레이 페인팅을 하려면 어느 정도 시간이 걸리기 마련이다. 스프레이를 뿌리는 중 경찰이 나타났다. 그는 도망쳤지만, 페인트 통을 여러 개 들고 있어서 빨리 뛸 수 없었다. 그래서 트럭 밑에 몸을 숨겼다. 경찰이 근처를 샅샅이 수색하는 동안 그는 트럭 밑에 누워 있었는데, 트럭에서 새는 기름이 그의 몸 위로 방울방울 떨어졌다.

"이렇게는 계속 못 하겠어. 너무 오래 걸리잖아. 그만두든지 아니면 더 빨리할 방법을 찾든지 둘 중 하나를 해야겠어."

그는 누운 자세로 트럭 바닥을 올려다보았다. 연료 탱크에는 '선으로 표시된 부분까지만 채우시오. 선을 넘기면 안 됩니다'라고 스텐실로 찍혀 있었다. 그는 생각했다. '모든 글자가 같은 크기에 정확한 간격으로 완벽하고 균일하게 스텐실 처리되어 있는데, 스프레이 캔으로 한 번만 뿌려주면 되겠구나. 나도 이렇게 해야겠다. 스텐실로 방법을 바꿔야겠어. 글자 모양이나 그림을 자르는 힘든 작업은 집에서 미리 하는 거야. 그리고 현장에서는 스프레이만 빨리 뿌리면 끝나겠지'라고 말이다.

생각대로 해보니 결과물은 아주 마음에 들었다. 그래서 서명을 남기고 싶은 생각이 들었다. 하지만 불법 행위란 것을 알기에 실명을 쓸 수 없었다. 그는 로빈 후드와 같은 가명이 필요했다. 그래서 로빈 뱅크스라는 이름을 생각해냈다. 친구들은 편의상 그의 이름을 줄여서 불렀다. 그래서 그는 뱅크시로 알려지게 되었다.

바로 이 사람이 문제를 기회로 바꾼 주인공이다. 뱅크시의 이후 행보는 다음과 같이 요약할 수 있다. 그는 문제를 찾아서 기회로 바꾸었다. 그림을 그리면 안 되는 곳마다 그는 어김없이 그림을 남기곤 했다. 스텐실 기법과 위트 넘치게 세상을 풍자한 문구는 아주 독특했다. 뱅크시의 작품은 다른 사람들이 하는 조잡한 작업과는 확연히 달랐다. 그의 작품은 재미있고 즐길 만한 대상이라서 사람들은 돈을 내고 사기 시작했다. 유명 인사들은 뱅크시의 작품을 수집하려 했다. 어떤 지역에서는 시 당국이 뱅크시의 낙서를 지우지 않고 오히려 보호하거나 복원하는 데 집중했다. 그의 작품은 경매에서도 팔리기 시작했다.

2018년, '벌룬 걸'이라는 작품은 소더비에서 100만 파운드가 넘는 고가에 팔렸고, 모든 주요 언론사가 이를 대대적으로 보도했다. 하지만 경매사의 망치가 내려오자, 작품은 조각조각 파쇄하기 시작했다. 알고 보니 액자에 분쇄기가 내장되어 있었다. 이 일로 언론은 더욱 떠들썩해졌다. 판매 중에 작품이 파괴된 것은 전에 없던 일이었다. 작품의 가격은 곧바로 2배인 200만 파운드로 치솟았다. 그는 그림, 조각품, 영화, 책, 전시회에서도 같은 전략을 사용했다. 금지된 것을 하는 것이 그의 미디어가 되었고, 이제 그 분야는 온전히 뱅크시의 영역이다.

문제는 기회로 전환하는 것이다. 뱅크시는 책을 출간하면서 표지에 경찰의 인용문을 넣으면 재미있겠다고 생각했다. 그래서 경찰에게 인용문을 요청했지만, 당연히 거절당했다. 그래서 뱅크시는 책 표지에 경찰이 보내준 답변을 그대로 실었다. '책 표지에 넣으려고 우리에게 견적을 받는 것은 꿈도 꾸지 마세요-메트로폴리탄 경찰 대변인'.

대다수 사람은 문제가 생기면 거기서 멈춰야 한다고 생각한다. 문제가 발생하면 바로 문제에서 도망친다. 하지만 뱅크시는 문제를 출발점으로 삼는다. 문제는 곧 기회이기 때문이다. 사실 매우 창의적인 사람이 말썽꾸러기 아이처럼 행동하는 이유도 바로 이 때문이다.

그들은 문제를 찾아다니거나 직접 문제를 만들어낸다. 그들은 문제에서 재미와 즐거움이 찾아내기 때문이다.

22

잘하는 것보다
중요한 것

1953년, 페라리가 르망 24시간 레이스에서 우승할 것이라는 점은 기정사실로 여겨졌다. 당시 세계 챔피언인 알베르토 아스카리가 페라리를 몰기로 했다. 그에게는 4.5리터 V12 엔진이 장착된 강력한 페라리 375가 준비되어 있었다. 여기에 견줄 만한 유일한 다른 자동차는 재규어 C-타입인데 이 차는 3.4리터 스트레이트-6 엔진을 장착하고 있었다. 그리고 운전석에는 세계 챔피언이 아닌 던컨 해밀턴과 토니 롤트가 앉았다.

경기 전날, 해밀턴과 롤트는 기술적인 문제로 실격 처리되었다. 두 사람은 아픔을 달래기 위해 술집에 갔다. 그들은 속상한 마음을 잊기 위해 밤새 술잔을 기울였다. 두 사람은 아침 무렵에도 술에 젖어 있었다. 그때 재규어 소유주인 윌리엄 라이언스 경이 그들을 발견하고, 벌금 25,000프랑을 대신 내주겠다고 했다. 경주는

6시간 후에 시작될 예정이었다. 자동차는 멀쩡했으나 운전자 두 명은 그렇지 않았다. 두 사람은 잠을 자지 않았고 술이 덜 깬 상태였다.

불과 6시간 후면 24시간 경주에서 세계 최고의 선수와 맞서야 했다. 그들에게는 다른 방도가 없었기에 커피와 브랜디를 마셨다. 피트 스톱[급유나 타이어 교체를 위해 정차하는 것 - 옮긴이]에서도 커피와 브랜디를 더 보충했다. 다행히 커피와 브랜디가 효과를 내는 듯했다. 그들은 랩 기록을 깨버렸다. 자동차 앞 유리도 깨버렸고, 운전자는 코를 부러뜨리기까지 했다. 그들은 전 세계 최고의 선수를 내상으로 밤낮 쉬지 않고 경기를 펼쳤으며 결국 승리했다. 르망 경기는 그들의 승리로 끝났다. 2위 차량보다 30분이나 먼저 도착했으며 4바퀴나 앞선 기록을 세웠다. 24시간 내내 평균 100마일 이상의 속도를 낸 것은 이들이 처음이었다.

'커피와 브랜디가 이렇게 효과가 좋다면, 모든 운전자가 경기 중이나 경기 전에 이걸 마시면 되지 않을까?'라는 생각이 들지 모른다. 하지만 그들이 마신 커피나 브랜디가 해결책이 아니었다. 핵심은 자동차의 디스크 브레이크였다. 당시에는 디스크 브레이크가 완전 새로운 장치였기에 다른 경주차에는 디스크 브레이크가 없었다. 그리고 자동차 경주의 관건은 차의 속도를 낮추는 것이 아니라 더 빨리 달리는 것이었다. 그래서 페라리는 다른 차보다 훨씬 크고 강한 엔진을 장착했다. 하지만 이것은 한 가지 생각일 뿐이고, 엄밀히 말하자면 직선적 사고다.

자동차 경주장에는 직선 코스가 없다. 어디를 봐도 루프 모양이라서 구부러진 코스가 많다. 직선 코스에서 아무리 빨리 달려도 커브 구간에서는 속도를 줄여야 한다. 이때 속도가 빠른 차일수록 브레이크를 많이 사용해야 한다.

재규어의 사고방식은 바로 이 부분에서 창의성을 발휘한 것이다. 페라리는 다른 자동차와 마찬가지로 드럼 브레이크를 사용했다. 드럼 브레이크는 내부의 브레이크 패드가 바깥으로 밀리면서 바퀴의 속도를 늦춘다. 던롭은 외부의 브레이크 패드가 안쪽으로 밀려들어 가면서 바퀴의 속도를 늦추는 디스크 브레이크를 개발했다. 드럼 패드는 내부에 있어서 열기를 흩어버릴 방법이 없다. 하지만 디스크 패드는 외부에 있어서 바람에 금방 열기를 날릴 수 있다.

브레이크가 작동하지 않는 주요 원인은 바로 열기다. 열기가 빠지지 않으면 브레이크는 약해진다. 디스크 브레이크는 열을 빨리 제거하지만 드럼 브레이크는 그렇지 않다. 따라서 디스크 브레이크가 설치된 재규어는 경기장을 돌면 돌수록 브레이크 작동 면에서 페라리보다 한 수 앞서갔다.

이런 상황은 정확히 24시간 동안 지속됐다. 페라리는 브레이크가 약해져서 코너를 돌 때마다 속도를 줄여야 했다. 하지만 재규어는 브레이크가 약해지지 않았기 때문에 코너를 더 빠르게 빠져나갔다. 재규어가 게임의 판도를 바꿔버리자, 페라리의 보닛에 숨겨진 강력한 힘도 아무런 소용이 없게 되었다. 경주를 이기는 방법에 대해 새로운 방식의 창의적인 사고가 시작되는 순간이었다. 로터스 자동차의 창업자인 콜린 채프먼은 자동차의 동력보다 가벼움에 집중하는 이유에 대해 이렇게 말했다.

"힘을 강화하면 직선 주행 속도는 더 높일 수 있죠. 하지만 무게를 줄이면 어디에서나 빠르게 질주할 수 있습니다."

창의적인 사고를 추구하는 사람이라면 이 점을 꼭 기억하길 바란다.

무조건 남들보다 더 잘하려고 마음먹지 말고, 남들과 달라지려고 노력하라.

23

블랙리스트에
제 이름을 올려주세요

　케임브리지 연합은 '우리는 좋은 취향 같은 것은 없다고 생각한다'는 주제로 토론을 벌였다. 미술사학자인 앤드류 그레이엄 딕슨은 400명의 청중 앞에서 '나쁜 취향과 나쁜 도덕성은 서로 긴밀하게 연결되어 있다'라는 견해를 피력했다. 그는 자신의 주장을 강조하기 위해 히틀러를 패러디했는데, 어설프게 독일 사람의 억양을 흉내내며 말했다.

　"이 끔찍한 현대 미술은 유대인의 기획입니다. … 이것은 흑인의 예술에서 영감을 받은 입체파 예술입니다. 얼마나 끔찍한가요? 독일은 그것을 추방해야 합니다. 우리는 순수한 아리아 민족이며 우리의 유전자는 가장 우월합니다. 우리의 취향은 순수해야 합니다."

　기가 막힐 정도로 위트 넘치는 연설은 아니었지만, 그는 토론에서 이겼다.

하지만 이튿날, 케임브리지 연합에 엄청난 항의가 쏟아졌다. 이에 케임브리지 연합의 회장 키어 브래드웰은 조처하기로 했다. 그는 말했다.

"케임브리지 연합에 두 번 다시 초빙하지 않을 연사의 블랙리스트를 만들고 이를 다른 단체와 공유하겠습니다. 앤드류 그레이엄 딕슨은 이 블랙리스트에 포함될 겁니다."

그러자 그레이엄 딕슨은 연설 취소로 인해 생계의 위협을 느낀 사람이라면 흔히 그러하듯, 즉시 사과문을 발표했다.

"저의 토론 전술과 히틀러를 흉내 낸 것 때문에 불쾌함을 느낀 모든 분에게 진심으로 사과드립니다. 생각해 보니 제가 사용한 몇몇 표현은 비록 인용한 것이긴 하지만 상당히 불쾌할 수 있는 것이었습니다."

여기까지는 농담 – 분노 – 취소 – 사과라는 자연스러운 수순이었다. 하지만 이때 좀 특이한 일이 벌어졌다. 취소를 진지하게 받아들이고 그 점에 대해 겁을 내기는커녕 누군가가 비웃는 태도를 보인 것이다. 트위터 팔로워가 560만 명인 존 클리즈는 다음과 같은 내용을 트위터에 올렸다.

"저는 이번 주 금요일에 케임브리지 연합에서 연설하기로 되어 있었습니다. 그런데 듣자 하니, 히틀러를 흉내 낸 어느 연사가 블랙리스트에 올랐다고 하더군요. 저도 몬티 파이튼 쇼에서 같은 행동을 했는데, 아차 싶더라고요. 그래서 다른 사람이 제 이름을 블랙리스트에 올리기 전에 제가 직접 그렇게 하려고 합니다."

그는 곧이어 또 다른 내용을 트위터에 올렸다.

"저와 대화할 기회를 기다리고 있던 케임브리지 학생이 있었다면 사과드립니다. 하지만 그런 학생 중 일부는 워크woke 규칙이 적용되지 않는 장소를 찾을 수 있을 겁니다."

본인의 강의를 스스로 취소한 존 클리즈는 상황을 완전히 역전시켰다.

《코렐리의 만돌린》의 작가 루이스 디 베르니에는 즉시 자신의 이름도 블랙리스트에 올려 달라고 주장했다. 그러자 블랙리스트에 오른 것이 갑자기 명예의 훈장처럼 여겨지게 되었다. 젊은 코미디언들도 블랙리스트에 포함되기를 원했다. 이언 매큐언과 톰 스토파드도 이를 지지하는 입장을 표명했다. 갑자기 상황이 역전되자 키어 브래드웰은 또 다른 성명을 발표했다.

"케임브리지 연합에는 블랙리스트가 없습니다. 그런 용어를 쓰지 말았어야 했는데, 제가 잘못했습니다. 우리는 많은 연사가 와서 각자의 생각을 말해주길 바랍니다. 그들의 연설 내용 중 특정 부분 때문에 어떤 종류의 리스트에 이름이 올라갈까 봐 겁낼 필요가 전혀 없습니다. 유턴을 선언하는 것이 어리석은 짓으로 보일 겁니다. 저는 그저 상황을 개선하고자 노력한 21살의 청년입니다. 어떤 사람이든 말을 꺼내지 못하게 할 방침은 없어요. 언론의 자유가 있잖아요. 사람의 말을 언론의 자유와 불쾌감을 주는 행위라는 이분법적 관점에서 보자면, 나는 전자를 옹호할 겁니다. 연합이 언론의 자유를 반대한다는 인상을 주고 싶지 않습니다."

이 일화를 통해 나는 한 가지 깨달은 점이 있다. 어떤 사람이 무언가를 반대한다고 해서, 그 사람의 말이 무조건 옳은 것도 아니고 그 사람이 그 문제를 아주 깊이 생각해보았다는 뜻도 아니다. 여기에는 모든 비평가가 포함된다. 해당 업계의 전문가 출판물, ASA[미국사회학회의 약자로서 이 학회에서 지정한 ASA 양식은 해당 분야의 연구 논문 기준으로 간주한다 - 옮긴이], IPA[국제음성기호 - 옮긴이], 클리어캐스트[영국 텔레비전 광고를 사선 심의하는 비정부 기관 - 옮긴이], 기획지, 회계 담당자, 고객, 기타 창작자, 심지어 자신도 포함해야 할 것이다. 더 나아가 심각하게 받아들이는 것보다 상대방에게 거친 농담이나 조롱하는 말을 던지는 것이 더 나을 때도 있다는 점을 알려준다. 따라서 자동으로 사과문을 발표할 필요가 없을지도 모른다.

무릎을 '탁' 치면 일어나는 반사 반응에 똑같은 식으로 대응하면 안 된다.

24

게임의 판도를 바꾸다

영국은 제2차 세계 대전에서 패전국이 될 뻔했다. 하나의 대규모 전투가 아니라 전쟁 내내 이어진 여러 전투에서 고전을 면치 못했기 때문이다. 영국은 상대적으로 규모가 작아서 자국의 인구를 먹여 살릴 수 없었다. 섬이기 때문에 도로나 철도를 통해 물자를 얻을 수 없고, 모든 것이 바다를 통해 들어와야 한다. 따라서 식량을 운반하는 배가 멈추면 온 나라가 굶주린다.

U보트가 바로 그와 비슷한 일을 했다. 이 보트는 선박 2,779척을 침몰시켰는데, 무게로 따지면 1,400만 톤이었다. 영국은 화물선을 최대 60척의 선박으로 구성된 호송대로 구성한 다음, 해군이 이들을 보호하게 했다. 하지만 호송대는 가장 느린 배의 속도에 맞추어 움직여야 했다. 때로는 호송대 전체가 10마일의 속도로 이동해야 했다. 이렇게 되면 12~15개의 울프팩으로 이루어진 U보트의

아주 쉬운 공격 대상이 될 수 있었다. 영국 해군 구축함은 호송대에 가까이 붙어서 이들을 공격하려는 U보트를 쫓아주었다. 하지만 구축함이 너무 적거나 늦어서 방어 전투는 사실 효과가 없었다. 1941년 영국군은 U보트 1대가 침몰할 때마다 상선 50척을 잃고 말았다.

그때 워커 선장이 아이디어를 냈다(선원들은 위스키 이름을 따서 선장에게 '조니'라는 별명을 붙여 주었다). 선장은 문제의 근원을 해결하는 업스트림 사고방식으로 판을 바꿔놓았다. 그는 말했다.

"그동안 우리가 호송대를 먹잇감으로 생각한 것이 문제였죠. 호송대는 먹잇감이 아니라 미끼예요. 먹잇감은 바로 U보트입니다."

워커의 생각은 간단했다. U보트가 상선을 침몰시키기 전에 그가 먼저 U보트를 침몰시키면 호송대를 따로 방어할 필요가 없었다. 그래서 선장은 헌터 킬러 역할을 할 집단을 구성했다. 그때까지만 해도 해군성의 주요 지침은 '호송대를 안전하고 시기적절하게 도착'시키는 것이었다.

하지만 조니 워커 선장은 다른 명령을 내렸다.

"목적은 U보트, 특히 우리 호송대를 위협하는 U보트를 격추하는 것이다. 주요 목표는 살인이며 모든 장교는 냉정하게 공격 정신을 가져야 한다. 아무리 많은 호송대를 안전하게 이끌더라도 U보트를 끝장내지 않으면 우리는 실패할 것이다. 이 목표에 모든 에너지를 쏟아부어야 한다."

그는 대서양 전역을 수색해도 U보트를 절대 찾아낼 수 없다는 것을 알고 있었다. 하지만 호송대는 울프팩을 끌어당길 것이라는 점에 착안했고, 공격받기 전에 다 함께 결집해야 했다.

울프팩은 호송대보다 먼저 집결해서 대기 상태를 유지하고 있을 것이다. 그래서 그는 어디에서 U보트를 찾아낼지 알고 있었다. 그가 할 일은 호송대보다 먼저 울프팩을 찾아내는 것이었다. 수면에 총격을 가하고 폭탄을 투하해서 그들을 공격하고, 그들이 잠수하면 폭뢰를 퍼부어야 했다. 그는 실제로 이렇게 했고 단 한 번의 시도로 U보트 여섯 대를 파괴했다. 그의 공격적 전술은 매우 성공적이었다. 전쟁이 끝날 무렵 781대의 U보트가 완전히 파괴되었다. 덕분에 연합군은 전쟁에서 승리했다. 이 모든 것은 조니 워커 선장이 업스트림 사고방식을 사용하여 판도를 바꿨기 때문이다.

이러한 역사 기록에서 어떤 점을 배울 수 있을까? 짧게 정리하자면 최고의 생각은 어디에서나 통한다는 것이다. 부처는 '반응하지 말고 행동하라'는 가르침을 남겼다. 업스트림 사고를 통해 게임의 판도를 바꿔야 한다.

비즈니스에서 업스트림 사고방식의 사례를 찾자면 다음과 같다. 폭스바겐이 디트로이트를 이긴 방법, 미국 자동차 렌탈 업체인 에이비스가 허츠를 따라잡은 방법, 앨프리드 히치콕 대 할리우드, 루퍼트 머독 대 플릿 스트릿[과거 많은 신문사가 자리 잡고 있던 런던 중심부 - 옮긴이], 스티브 잡스와 애플, 제프 베이조스와 아마존, 필

나이트와 나이키. 이런 역사적 사례를 연구하면 배울 점을 많이 얻게 된다. 하지만 이러한 사례는 모두 승자의 관점에서 기록되었음을 명심하길 바란다.

그리고 승자는 전부 모토가 같다.

"게임에 참여하는 것이 아니라 게임의 판도를 바꿔라."

25

어리석게 보일까 봐
두려워 말 것

1975년부터 1985년까지 일본에는 여러 개의 원자력 발전소가 지어졌다. 이 중 후쿠시마와 오나가와의 발전소는 비교해 볼 가치가 있다. 후쿠시마 발전소는 도쿄전력이 건설했고, 오나가와 발전소는 도호쿠전기에서 건설했다. 도쿄전력은 비용을 최소화하고 효율성을 최대화하는 데 주력했다. 그들에게 유일한 안전 문제는 지진이었기 때문에 바다 옆 단단한 암벽 위에 발전소를 지었다. 주요 설비는 모두 선박으로 운송됐는데, 공장 부지와 바다 사이에 높은 암벽이 있었기 때문에 이 암벽을 폭파하여 제거했다. 약 56킬로미터쯤 떨어진 곳에는 오나가와 원자력 발전소가 건설될 예정이었다. 이 발전소도 해변의 단단한 암석 위에 자리 잡았다.

그러나 두 회사의 가장 큰 차이점은 도호쿠전기의 부사장인 히라이 야노스케였다. 히라이는 어렸을 때 가본 신사를 떠올렸다.

1,000년 전에 발생한 대규모 쓰나미로 목숨을 잃은 사람들을 기리는 신사였다. 그는 부사장이었기 때문에 해발 15미터 높이의 단단한 암석으로 이루어진 다른 내륙으로 공사 부지를 옮겨야 한다고 주장했다. 또한 모든 사람이 방파제 높이는 9미터 정도가 적당하다고 했지만 히라이는 15미터 이상으로 지어야 한다고 강력하게 밀어붙였다. 그리고 그는 쓰나미가 발생하기 전 바닷물이 모두 빠져나가는 것을 알았기에, 냉각 시스템에 항상 물이 충분한지 확인할 수 있는 비상 시스템을 구축했다.

다들 그런 걱정은 터무니없으며 돈 낭비에 불과하다고 여겼다. 아무도 그가 왜 쓰나미에 집착하는지 이해하지 못했다. 더 들 지진에 더 신경 쓰는 것이 옳다고 생각했다. 그러나 모든 반대에도 히라이는 자신의 주장을 굽히지 않았고, 오나가와 발전소에는 쓰나미 방지 시설이 마련되었다.

2011년에는 사람들의 기존 견해가 옳은 것 같았다. 두 발전소에서 가까운 바다에 지진이 발생했기 때문이다. 후쿠시마 발전소는 이 지진을 견뎠지만, 그 후에 일어난 지진은 견디지 못했다. 그 지진은 일본 역사상 가장 큰 쓰나미를 일으켰다. 해안으로 밀려온 파도는 높이가 30미터를 넘었으며, 이로 인해 2만 명이 사망하고 16만 명이 집을 잃었다. 후쿠시마 발전소는 다 부서졌지만 오나가와 발전소는 무사했다. 사실 오나가와 발전소가 그 지역에 유일하게 남아 있는 건물이었기에, 쓰나미로 인해 집을 잃은 지역 주민들은 그곳을 피난처로 사용했다. 오나가와는 후쿠시마보다 지진 발생지에서 56킬로미터나 더 가까워 쓰나미가 훨씬 더 크게 덮쳤음에도 불구하도 말이다.

후쿠시마 원자력 발전소 사고조사위원회 위원장 구로카와 기요시는 말했다.

"후쿠시마 제1원자력 발전소에서 발생한 사고는 자연재해로 볼 수 없다. 이는 충분히 예견하고 예방할 수 있었던 인간이 만든 최악의 재난이었다."

그는 '권위에 복종하고 의문을 제기하는 것을 꺼리는 일본인의 사고방식'을 비난했다.

이 점은 잘 기억해두어야 한다. 둘 다 원자력 발전소인데, 하나에서는 모든 사람이 통념을 받아들였다. 남들 눈에 어리석게 보이기 싫었던 것이다. 하지만 그런 태도 때문에 심각한 결과를 낳았다. 또 다른 발전소에서는 한 남자가 독자적인 태도를 보였다. 아무도 그의 편을 들어주지 않았다. 심지어 그를 조롱하는 사람도 있었지만, 결국에는 그 사람이 유일하게 어리석지 않은 사람이라는 것이 드러났다.

이치에 맞지 않는 브리핑을 받을 때 이 사례를 떠올려야 한다. 남들에게 어리석어 보이지 않으려고 그냥 입을 다물고 있을 수 있다. 하지만 용기를 내어 의문을 제기할 수도 있다. 사실 그 자리에 있는 모든 사람이 다 그렇게 생각하지만 어리석게 보일까 봐 두려워서 가만히 있는 것일지 모른다.

한쪽이 어리석어 보이지만 다른 한쪽이 정말 어리석은 것일 수 있다.

26

대중의 마음은
아무도 모른다

멜 브룩스가 〈프로듀서〉라는 첫 영화를 만들었을 때, 사람들은 모두 그가 미쳤다고 했다. 나치를 비웃고 히틀러를 비웃는 농담 한마디 한마디가 최악이었기 때문이다. 그들은 버즈비 버클리의 안무를 위에서 찍어 스와스티카가 춤추는 모양으로 만든 것과 같은 극단적인 개그를 빼라고 종용했다. 브룩스는 "벨을 누를 생각이 아니라면 벨이 있는 곳에 가까이 가지 마세요."라고 말하고, 그 부분을 빼지 않았다.

스튜디오 책임자들은 몹시 기가 막혔다. 그들은 대중이 이를 지지하지 않을 거라고 말했다. 아무런 광고를 하지 않은 상태에서 미국 필라델피아에 있는 어느 영화관에서 영화를 상영했다. 광고하지 않았기에 관객은 아무도 없었고, 스튜디오 대표 7명이 전부였다. 그들은 아무도 웃지 않았고 아무 말 없이 걸어 나갔다. 이 영화는 이렇게 잊히는 것 같았다. 멜 브룩스는 '내 인생 최악의 밤'이라며 자신의 영화 경력이 다 끝났다고 생각했다.

1년 후, 폴 마저스키는 피터 셀러스와 영화를 제작하고 있었다. 지루함을 느낀 셀러스는 매주 영화 클럽을 개최하기로 했다. 그들을 찰스 아이디코프의 상영실에 모였다. 그들 중 한 사람이 영화를 선택하고 적절한 음식을 대접했다. 이들은 첫 영화로 사티야지트 레이의 〈아푸 제1부-길의 노래〉를 선택하고, 탄두리 치킨을 같이 먹었다. 마저스키는 다음 주에 펠리니의 〈비텔로니〉라는 작품을 보여주겠다고 하면서 아내가 스파게티를 준비할 거라고 덧붙였다.

그런데 다음 주에 차질이 생겼다. 마저스키는 아이디코프가 영화를 준비할 것이라고 생각했고, 아이디코프는 마저스키가 영화를 가져올 거라고 믿었다. 그래서 펠리니의 〈비텔로니〉를 볼 수 없는 상황이었다. 마저스키는 제안했다.

"일단 음식은 준비되어 있으니, 뭔가 보긴 해야지. 혹시 영사실에 준비된 영화가 있어?"

아이디코프는 "별로 없는데, 아무도 관심 두지 않는 영화 한 편만 굴러다니지."라고 대꾸했다. 그러자 사람들은 "괜찮아. 그냥 틀어봐. 일단 뭐든 봐야 하잖아."라고 말했다.

찰스 아이디코프는 〈프로듀서〉를 틀기 시작했다. 다들 말이 없었다. 그러다가 빙긋 웃더니 낄낄거리기 시작했고, 나중에는 바닥을 굴러다니며 너무 웃겨서 배꼽이 빠질 것 같다고 소리를 질렀다. 영화가 끝나자 피터 셀러스는 곧장 친구들에게 전화를 걸어 수십 년 만에 최고의 코미디 영화를 보았다고 말했다.

다음날 피터 셀러스는 영화 전문 잡지에 다음과 같이 전면 광고를 냈다.

"어젯밤에 〈프로듀서〉라는 걸작을 감상했다. 멜 브룩스의 각본 및 감독 재능이 돋보이는 작품이었다. 모든 위대한 코미디의 정수를 이 작품 하나에 전부 담아내었다고 할 수 있다. 의문의 여지 없이 멜 브룩스는 비극과 희극, 희극과 비극, 연민, 공포, 히스테리, 조현병, 영감받은 광기, 엄청난 미치광이 상태를 순수한 마법과 연결하는 면에서 진정한 천재성을 보여주었다. 캐스팅도 흠잡을 것 하나 없이 완벽했다. 이 영화를 본 사람은 누구나 인생에서 단 한 번뿐인 현상을 경험했다고 느낄 것이다."

이 광고 덕분에 뉴욕의 파인 아트 극장에서는 〈프로듀서〉를 상영하기 시작했다. 업계 관련 기사를 찾아본 영화 애호가들은 이 영화를 보려고 줄지어 기다렸다. 입소문이 빠르게 나면서 그야말로 모든 사람이 반드시 봐야 할 영화가 되었다. 멜 브룩스는 프랭크 시나트라가 시상하는 오스카상을 수상했다. 〈프로듀서〉는 연극으로도 각색되어 무대에 올랐으며 브로드웨이에서 6년 동안 공연되었다. 무대 연극은 또다시 새로운 버전의 영화로 제작되었다. 멜 브룩스의 후속 영화는 거의 다 해당 연도의 박스오피스 10위 안에 들었다. 이를테면 〈12개의 의자〉, 〈블레이징 새들스〉, 〈영 프랑켄슈타인〉, 〈무성 영화〉, 〈고소공포증〉, 〈세계사〉, 〈스페이스볼〉, 〈못 말리는 로빈 훗〉 등이 있다.

요점은 대중의 생각을 안다고 말하는 사람을 무시하라는 것이다. 그들은 말과 달리 대중의 마음을 잘 알지 못한다. 그들의 말은 심각하게 받아들일 필요가 없다. 사실 어떤 것도 지나치게 심각하게 받아들이지 않을 때 훨씬 더 좋은 성과를 낼 수 있다.

멜 브룩스는 오스카상을 받으면서 다음과 같이 소감을 밝혔다.

"저는 그냥 마음속에 있는 것을 그대로 말씀드리겠습니다. 바붐, 바붐, 바붐, 바붐."

27

IBM이 대공황을
극복한 방법

IBM 대표인 토마스 왓슨은 역동적인 사람으로 회사에 혁명을 일으켰다. 그는 모든 직원에게 '생각하라'는 모토를 내걸었다. 1929년 주식 시장이 폭락하면서 이 모토는 더 강조되었다. 주식 시장이 이처럼 심각하게 붕괴한 적이 없었다. 이로 인해 전 세계적인 '대공황'이 시작되었다. 미국 은행의 절반이 파산했고, 실업률은 20퍼센트를 기록했으며 산업 생산량은 절반으로 감소했다. 대부분의 기업은 직원을 해고했고, 이는 살아남으려면 필요한 과정이었다. 하지만 왓슨은 최고 경영진을 이사회 회의실로 불러 말했다.

"여러분, 우리 직원 중 일부는 재정 문제에 대해 많이 고민해야 했고, 이에 따라 IBM을 더 크고 더 나은 사업으로 만드는 주요 문제에 온전히 집중하지 못했습니다. 저는 지난 3주 동안 IBM의 이익을 위해 어떤 일도 하지 않았으며, 판매, 대금 회수 등에 관해 직원 중 누구와도 이야기한 적이 없습니다. 왜냐하면 3주 동안 주식 중개인 사무실을 운영했으니까요."

그의 말은 다들 주가 폭락과 저축에 대해 걱정하느라 사실상 업무가 마비 상태라고 지적한 것이었다. 그는 걱정한다고 해서 문제가 해결되지 않으며 뭔가 행동이 필요하다고 생각했다. 그래서 왓슨은 다른 기업과는 반대의 행보를 선택했다.

그는 직원을 한 사람도 해고하지 않았고, 모든 공장을 가동하여 IBM 기계를 생산했다. 또한, 또 하나의 전례 없는 행동을 보였다. 당시 기업 수익은 100만 달러이며 현재 가치로 환산하면 180억 달러이다. 그는 수익의 6퍼센트를 최초의 기업 연구소를 짓는 데 투자했다. 그리고 발명가와 엔지니어를 전부 같은 건물에서 근무하게 했다. 처음에는 미친 행동처럼 보였다. 재고는 계속 쌓이고 주가는 폭락했다. 하지만 그의 생각은 다른 사람과 달랐다. 그는 공황 상태가 언제까지나 이어지지 않을 것이라고 생각했다. 공황이 끝날 무렵에는 IBM이 어떤 기업과 비교해도 우위에 서 있어야 한다고 생각했다. 그러다 1933년 프랭클린 루스벨트가 미 대통령에 당선되었다.

대통령은 뉴딜 정책을 시행했고 사회보장법을 통과시켰다. 이 법에 따르면 고용주는 노인, 실업자, 장애인, 자녀가 있는 미망인이 재정 지원을 받을 수 있도록 모든 근로자의 급여에서 이를 공제해야 했다. 갑자기 모든 고용주는 국내 모든 근로자의 임금과 근무

시간을 추적해야 했고 정부도 마찬가지였다. 모든 회사에서는 수많은 표와 계산기가 필요했다. 그리고 이러한 기계를 최대량으로 생산하며 막대한 재고를 보유하고 즉시 공급할 준비가 된 기업은 오로지 IBM뿐이었다.

1935년부터 1939년까지 IBM의 수익은 81퍼센트나 증가했으며 45년간 계속 상승세를 유지했다. IBM은 시장을 지배했을 뿐만 아니라 시장을 완전히 손에 넣었다. 그 시기에 오늘날 우리가 알고 있는 플로피 디스크, 바코드, 하드 드라이브, ATM을 발명한 것이다. 현재 IBM에는 전 세계적으로 35만 명의 직원이 근무하고 있으며, 직원들은 지금까지 노벨상을 5회나 수상했다.

이 모든 업적은 1929년 토마스 왓슨이 '생각하라'는 자신만의 모토를 충실히 따랐기 때문이다. 그는 대공황이 가장 심각하던 시기에 말했다.

"산업 발전은 언제 재개될까? 난 그게 절대로 멈추지 않을 거라고 장담했어. 창의적인 천재, 진보적인 아이디어, 진보적인 사람들이 그 어느 때보다 활발해질 거야. 산업 발전은 절대 멈추지 않아."

나중에 빌 번벅은 말했다.

"창의성은 우리가 경쟁에서 우위를 점할 수 있는 최후의 불공정한 법적 이점일 수도 있다."

28

두 마리 토끼를 잡는
기발한 방법

아들은 영국 세인트 마틴스에서 그래픽과 광고를 전공하고 있었다. 이제 막 2학년을 마쳤고, 아직 1년을 더 공부해야 했다. 아들과 나는 여름휴가를 어떻게 보낼지 이야기했고, 나는 말했다.

"네가 똑똑하다면 이미 졸업해서 광고 쪽에 취직할 것처럼 행동할 거야. 그럼 이번 여름에 취업을 준비하겠지. 물론 당장 취직하지는 못할 거야. 그래도 취직이 얼마나 힘든지 알게 되겠지. 그리고 졸업전에 뭘 준비해야 졸업 후에 취직하는 데 도움이 되는지도 알게 될 거야. 그러면 남들보다 1년 정도 앞서갈 수 있어."

나라면 첫 직장을 찾기 위해 포트폴리오를 많이 복사한 다음 50군데에 보낼 거라고 했다. 아들은 그보다 더 좋은 아이디어가 있다고 했다. 웹사이트를 직접 만든 다음, 포트폴리오 600장과 CD, ECD를 이메일로 발송했다. 물론 수신인 대부분은 읽지도 않고 이를 삭제했다. 하지만 그렇게 노력한 덕분에 5곳에서 입사 제안을 받았다. 그중 하나는 로위의 제작 전문 인원인 에드 모리스에게 온 것이었다. 한 달간 현장 실습을 마친 후, 에드는 정식 입사를 제안했다. 하지만 학기가 시작되자 아들은 학위 과정을 다 마치고 싶다고 했다. 나는 둘 다 해보라고 제안했다. 에드와 함께라면 해낼 수 있을지도 모른다고 했다.

아들은 에드에게 말했다.

"저는 1년에 3주 휴가가 있어요. 휴가를 한 번에 쓰지 않고 매주 반나절씩 휴가를 쓸 수 있을까요? 그렇게 해 주시면 대학에 다니면서 주말 시험에 응시할 수 있거든요."

에드는 아들이 에이전시 업무를 다 맡아준다면 그렇게 해도 좋다고 했다. 하지만 몇 달 후, 학교 측에서 아들이 일을 병행한다는 사실을 알게 되었고 최후통첩을 보내왔다. 직장과 학업은 병행할 수 없으므로 직장과 학업 중 하나를 그만두라는 것이었다.

아들은 "아빠, 어떻게 하죠?"라고 물었다.

"음, 생각해 보자. 네가 대학에 다니는 목적이 뭐지?"

"취직하는 거죠."

"그렇구나. 넌 이미 취직했는데, 왜 대학에 다녀야 하지?"

"음, 저는 이 일이 다 끝나도 학위를 받고 싶어요."

"좋아. 그럼 창의적으로 생각해야지. 가서 에드와 이야기해보렴."

창의적인 일을 하는 사람들이 그렇듯이, 에드는 권위를 가진 사람이 이래라저래라하는 것을 좋아하지 않았다. 에드는 말했다.

"멍청한 놈들이군. 네가 원하는 만큼 휴가를 써. 네가 계속 여기서 일하는 조건만 지키면 돼. 대학에는 직장을 그만두었다고 말해. 나한테 연락이 오면 나도 그렇게 말해 줄게."

아들은 그렇게 하겠다고 했다.

우선 대학에는 회사를 그만두었다고 말했다. 대학 공부는 실제 직장 생활만큼 힘들지 않아서 주말에 몰아서 할 수 있었다. 한편 아들은 에드에게 은혜를 갚기 위해 밤낮을 가리지 않고 이전 어느 때보다 에이전시 일을 더 열심히 했다. 아들은 직장도 지키고 학위도 받았다. 하지만 나는 그것보다 더 중요한 것이 있다고 생각한다. 아들은 남들에게 회의록을 맡기지 않고 직접 해내는 방법을 배웠다. 사람들이나 상황에 구속받지 않고 창의적으로 생각하는 방법도 배웠다. 창의성이란 법규를 엄격히 지키려는 사람들을 이용하는 것이라는 점도 깨달았다. 아들은 대학이 아니라 현실 세계에서 참된 교육을 받았다. 해야 할 일의 목록을 하나씩 지워가는 것이 아니라 실제 결과를 얻어낸 것이다.

아들은 실제적인 창의성에 관한 교육을 받은 것이다.

4장

아이디어는
어디에서
시작되는가?

CROSSOVER
THINKING

29

다섯 번의 '왜?'라는 질문

아이들은 처음 말문이 터지면, 가장 먼저 하는 말 중에 '왜?'라는 질문이 있다. 그리고 그 질문에 답을 해줘도 아이는 계속 '왜?'라고 되물을 것이다. 아이들에게 '왜?'라는 질문은 끝이 없다. 결국 부모는 싫증이 나서 "내가 그렇다고 하면 그런 줄 알아."라고 말해버린다. 이런 말은 아이를 만족시키지 못하며 대화를 끝내 버린다. 그런데 이렇게 끝없이 질문하는 본능에도 상당히 유용한 점이 있다.

예를 들어, 아마존에서 제프 베이조스는 임원진과 회의 중에 안전 관리자를 통해 방금 어떤 직원이 사고를 당했다는 소식을 들었다. 베이조스는 "잠시만요."이라고 말을 가로챈 후, 화이트보드로 가서 모든 회의 참석자에게 '다섯 번의 왜'를 사용해서 다 같이 생각해 보자고 했다. 그는 안전 관리자에게 첫 번째 질문을 던졌다.

"직원은 왜 엄지손가락을 다친 거죠?"

안전 관리자는 직원의 손이 컨베이어에 걸렸다고 했다. 베이조스가 다시 질문했다.

"왜 엄지손가락이 컨베이어에 걸린 거죠?"

안전 관리자는 컨베이어 위에 놓인 자기 가방을 잡으려다가 다친 것이라고 했다. 베이조스가 다시 질문했다.

"왜 자기 가방을 잡으려고 한 거죠?"

안전 관리자는 컨베이어 스위치가 꺼져 있을 때 가방을 그 위에 올려두었는데, 컨베이어가 다시 켜졌다고 대답했다. 베이조스가 다시 질문했다.

"왜 자기 가방을 컨베이어 위에 올려둔 거죠?"

안전 관리자는 가방을 내려놓을 장소가 없어서 컨베이어를 탁자처럼 사용한 것이라고 대답했다. 이런 식으로 제프 베이조스는 아이처럼 단순한 질문을 반복하여 문제의 근본 원인을 찾아냈다. 그는 모든 컨베이어 근처에 탁자를 마련하라고 지시했다.

'다섯 번의 왜'는 도요타 창립자인 도요타 사키치가 개발한 것이다. 너무 단순해서 유치하게 보일지 모르지만, 도요타는 이 방법을 약점이 아니라 강점으로 사용했다. 단순한 덕분에 명확하고 기억하기 쉬우며 실용적인 가치가 있었다. 이 방법의 가장 큰 장점은 당면 과제에 곧바로 해결책을 제시하지 않는다는 것이다. 그보다는 근본 원인을 먼저 파악하여 재발을 방지하는 대응책에 초점을 맞춘다. 드러난 문제는 우리가 생각하는 것보다 더 깊은 사안의 증상일 때가 있다. 따라서 근본 원인부터 파악하는 것은 성급하게 결론을 내리거나 미리 답을 예상하는 편협한 사고에 갇히지 않는 데 도움이 된다.

링컨 기념관도 이 방법을 적용한 사례이다. 건물이 손상되기 시작하자, 관계자는 성급하게 결론을 내리지 않고 '다섯 번의 왜'를 사용했다.

질문 1) "기념관이 왜 이렇게 급속도로 부식되는 것인가?"

답) 물로 씻는 일이 너무 자주 일어나기 때문이다.

질문 2) "왜 그렇게 자주 세척하게 되었는가?"

답) 새똥에 맞는 일이 많아졌기 때문이다.

질문 3) "왜 새똥이 떨어지는 일이 많아졌는가?"

답) 기념관 건물에 찾아오는 새가 늘어났기 때문이다.

질문 4) "왜 이곳을 찾는 새들이 많아졌는가?"

답) 다른 곳보다 벌레가 많기 때문이다.

질문 5) "왜 이곳에 벌레가 더 많은가?"

답) 조명이 계속 켜져 있어서 벌레가 모여드는 것이다.

그래서 이들은 조명 켜는 시간을 늦추었다. 그러자 즉시 새똥 떨어지는 문제가 85퍼센트나 줄어들었다.

우리도 업무에서 '다섯 번의 왜'라는 방법이 가진 단순함과 명확성을 활용해야 한다. 우리의 문제는 단순함을 약점으로 여기고 복잡한 것이 훨씬 수준 높은 것으로 생가하는 데서 시작된디. 그 때문에 성급하게 결론을 내리고 점진적이고 논리적인 과정을 놓치기 쉽다. 느리지만 올바른 것이 아니라 빠르고 틀린 쪽을 택하는 것이다.

우리는 옳은 답을 찾는 것보다 남들에게 똑똑해 보이는 것을 더 중시하는 경향이 있다. 그 결과 성급하게 결론을 내리며, 흥미롭고 예상에서 벗어난 해결책이나 더 창의적인 해결책을 충분히 알아보지 않는다. 성급하게 결론을 내릴 때는 전통적이고 일반적인 해결책을 구할 때가 많다. 우리의 자아는 빠른 속도와 남들에게 똑똑해 보이는 것을 매우 중시하기 때문에 잘못된 생각에 빠진다. 결과보다 절차, 목적보다 수단을 더 중시하는 것이다.

하지만 그런 사고방식은 사실 똑똑한 것과 거리가 멀다.

30

매력적인 이미지를
연출하라

어렸을 때 노라 에프론은 글쓰기가 오로지 글을 쓰는 작업이라고 생각했다. 하지만 고등학교에 진학하면서 글쓰기도 다른 작업과 마찬가지로 생각을 많이 요구하는 일이라는 것을 알게 되었다. 노라는 고등학교 시절을 회상하면서 말했다.

"고등학교 때 찰스 O. 심스라는 저널리즘 선생님이 있었어요. 신문 기사의 첫 문단 또는 첫 문장을 리드lead라고 하는데, 리드를 쓰는 방법을 알려 주셨죠. 선생님은 칠판에 '누가, 무엇을, 언제, 어디에서, 왜, 어떻게'라고 쓰셨어요. 그런 다음 이런 식으로 일련의 사실 관계를 사용하라고 알려주셨죠. '비벌리 힐스 고등학교 교장인 케네스 L. 피터스는 오늘 고등학교 교수진이 목요일에 미국 새크라멘토에서 열리는 신교수법에 관한 학회에 갈 것이라고 발표했다. 인류학자인 마거릿 미드와 시카고대학 로버트 메이너드 허친스 총장이 연사로 참여할 예정이다'. 우리는 타자기 앞에 앉아서 리드를 작성했어요. 대부분은 다음과 같이 읽히도록 사실 관계를 뒤집어서 썼죠. '오늘 케네스 L. 피터스라는 고등학교 교장이 발표한 바에 따르면, 인류학자 마거릿 미드와 시카고대학 로버트 메이너드 허친스 총장이 목요일에 새크라멘토에서 열리는 신교수법에 관한 학회에서 교수진을 대상으로 연설할 것이다. 우리는 이 점을 매우 자랑스럽게 생각한다'. 심스 선생님은 우리가 쓴 리드를 살펴보더니 전부 쓰레기통에 던져버렸어요. 선생님은 말씀하셨죠. '이 기사의 리드는 목요일에 학교 수업이 없다는 거야'. 그 말을 듣고 머릿속에 전구가 켜지는 느낌이 들었습니다. 저는 그 순간 저널리스트가 되기로 결심했어요."

노라 에프론의 저널리즘 선생님은 글쓰기가 단순히 글만 쓰는 작업이 아님을 몸소 보여주었다. 다른 모든 일이 그러하듯이 글쓰기에서는 생각이 가장 중요하다. 모든 학생은 교사가 말해준 내용에서 형식만 조금 바꾸었다. 학생들은 좀 더 깊이 생각해보려 하지 않았다. 다들 자동 조종 장치를 켠 것처럼 교사가 말해준 내용을 되풀이했던 것이다. 하지만 잠시 멈추어 잘 생각했다면 '교수진'이 학교에서 수업하는 사람을 가리킨다는 점을 깨달았을 것이다.

학교에 수업할 선생님이 한 명도 없으면 그날 수업은 진행될 수 없다. 그러면 이야기는 더 흥미로워진다. 완전히 새로운 차원의 기사를 쓸 수 있게 된다. 지루해 보이는 사실 관계를 완전히 새로운 차원의 기사로 만드는 것이 우리가 할 일이다. 연필을 집어 들거나 노트북을 펼치거나 유튜브를 보기 전에 그것부터 해야 한다. 그리고 그것은 정말 간단한 단계에서 이루어져야 한다. 브리프 brief[광고제작 의뢰서. 광고에서 흔하게 사용하는 용어 - 옮긴이] 사실 관계만 나열한 다음 다른 사람이 이를 멋진 한 편의 글로 탈바꿈해 주기를 바라서는 안 된다.

런던 도클랜즈 프로젝트에서 이 점을 직접 경험한 적이 있다. 도클랜즈는 타워 브리지 동쪽에 진흙과 자갈이 가득한 곳으로 면적은 약 20제곱킬로미터였다. 밀턴 케인즈나 피터버러와 같은 다른 개발 지역은 푸른 들판, 소와 양, 행복한 가속이 등상하는 광고를 사용해서 매력적인 이미지를 연출했다. 이런 이미지와 완전 딴판인 도클랜즈는 아무도 관심을 주지 않는 개발 지역이었다. 스티브 헨리와 폴 그럽은 광고 개요를 보고 생각했다. '푸른 들판과 소가 있다는 것은 시골을 의미한다. 하지만 시골 한복판에 자기 회사가 입주할 오피스 블록을 건설하려는 사람은 없을 것이다'. 그래서 두 사람은 다음과 같은 광고 문구를 작성했다. '런던 도클랜즈. 런던 중심지로 갈 수 있는데 왜 듣도 보도 못한 지역의 한복판으로 이사하는가?'

사실 관계는 하나도 다르지 않지만, 이들은 색다른 구성으로 다른 개발 지역이 무료하고 전문가에게 어울리지 않는 곳처럼 보이게 만들었다. 다른 개발 지역은 여가 활동에 적합할지 모르나 비즈니스 구역으로는 적합해 보이지 않았다. 그래서 수많은 대기업이 입장을 바꾸어 도클랜즈에 신규 사무실을 건설하기 시작했다. 현재 도클랜즈에는 유럽에서 가장 높다고 알려진 건물들이 즐비하다. 한편 밀턴 케인즈와 피터버러에는 아직도 푸른 들판에 소들이 한가로이 거닐고 있다.

노라 에프론의 선생님이 알려준 사실을 잘 기억하자. 글쓰기의 시작은 글을 쓰는 것이 아니라 잘 생각하는 것이다.

31

소크라테스처럼
대화하기

소크라테스식 대화법은 적절하게 사용하면 브리핑 단계에서 매우 유용하다. 이 대화법은 입장을 진술하고, 예외를 언급하면서 입장에 의문을 제기하고, 새로운 입장에 도달한 다음, 결국 소크라테스가 말하는 '아포리아'에 도달하거나 새로운 가능성에 마음을 열 때까지 반복하는 것이다.

쿠엔틴 타란티노 감독의 영화 〈펄프 픽션〉은 소크라테스식 대화법의 성공적인 사례를 보여준다. 마르셀러스 윌러스는 앙투안 로카모라가 자기 아내의 발을 만졌다는 이유로 그를 창밖으로 내던졌다. 줄스는 마르셀러스가 지나치게 예민하게 굴었다고 말했다. 빈센트 베가는 줄스의 말에 동의하지 않았다.

빈센트: 내 말 좀 들어봐. 성냥을 갖고 놀면 결국 화상을 입어. 마

르셀러스의 신부에게 발 마사지를 해주면 안 되지. 앙투안은 마르셀러스가 그렇게 나올지 예상도 못 했을 거야. 하지만 적어도 어떤 반응이 있을 거라는 사실은 예상했어야지.

줄스: 그냥 단순한 발 마사지잖아. 그게 뭐라고 그렇게 난리야.

(줄스는 자기 생각을 말했고, 빈센트 베가는 반박 진술을 제시했다.)

빈센트: 그건 마르셀러스의 아내에게 친숙한 방식으로 손을 대는 거야. 그녀를 데리고 나가서 외식하는 것만큼 나쁜 짓일까? 그건 아니지만 대충 비슷한 짓을 한 거야.

(줄스는 빈센트가 말한 예외적 상황을 인정하지 않는다.)

줄스: 그쯤 해둬. 그 여자를 데리고 나가서 외식하는 거랑 발 마사지를 해주는 게 어떻게 똑같이 나쁜 짓이야? 대충 비슷한 짓이라는 것도 말이 안 돼. 발 마사지는 그렇게 나쁜 짓은 아니잖아.

(이로 인해 빈센트는 자기주장을 관철하기 위해 줄스의 견해에 대한 예외를 준비하게 된다.)

빈센트: 발 마사지를 해준 적 있어?

줄스: 내 앞에서 발 마사지를 논하지 마. 내가 발 마사지 전문가니까.

(빈센트는 줄스가 받아들여야만 하는 주장을 펼친다. 그런 다음에 예외 상황을 언급한다.)

빈센트: 다른 남자한테 발 마사지를 해준 적이 있어?

줄스:　 헛소리 집어치워. 내가 남자에게 발 마사지를 안 한다고 해서, 마르셀러스가 앙투안을 건물 밖으로 집어 던진 게 정당화될 수 없어.

(줄스는 이 주장을 받아들여야만 했고, 빈센트는 이를 강하게 밀어붙인다.)

빈센트: 마르셀러스의 행동이 옳다는 말이 아니야. 넌 발 마사지가 별일이 아니라고 하는데 내 말은 그게 틀렸다는 거야. 발 마사지가 아무것도 아닌 것처럼 행동하지만, 사실 그런 게 아니야. 아무도 말을 안 하지만 삼삭식인 자극이 얼마나 큰지 몰라. 너도 알고, 그 여자도 잘 알 거야. 마르셀러스도 그걸 아니까 저러는 거야. 앙투안 그 자식도 그 정도는 알고 행동했어야지.

줄스는 그가 이의를 제기할 수 없는 점을 언급했고, 빈센트는 예외를 제시했으며 줄스의 생각과는 차이가 있었기에 전혀 다른 평가가 나온 것이다. 우리도 사업에서 이런 것을 해볼 수 있다. 특히 브리핑 단계에서 시도하는 것이 좋다.

로빈 와이트는 WCRS에서 '개가 천 조각을 잡아당기듯이 브리프를 이리저리 당겨봐야 한다'라고 입버릇처럼 말했다. 그것을 견뎌내면 좋은 브리프지만, 그러다가 찢어지면 좋은 브리프라고 할 수 없다. 그러나 우리는 심문하듯 브리프를 다루지 않는다. 브리프를 쓴 사람은 브리프에 이의를 제기하는 것을 탐탁지 않게 생각한다.

1215년에 발표된 마그나 카르타를 생각해보자. 이에 따르면 입법자를 포함하여 그 누구도 법 위에 군림하지 않는다. 이 기준에 따르면 기획자나 전략가가 창의적 업무에 이의를 제기할 경우, 크리에이티브도 브리프에 이의를 제기할 수 있어야 한다. 창의적인 질문의 시작점은 항상 바우하우스의 '형태는 기능을 따라야 한다'라는 모토다. 브리프의 명시된 '형태'에서 브리프의 바람직한 '기능'이 나올 수 있는가? 이것은 소크라테스식 대화법과 잘 맞아떨어진다.

한 가지 좋은 예로 BMP의 전무이사 데이비드 배터비와 기획자 짐 윌리엄스의 경험을 소개한다. 우리는 COI의 화재 예방 문제를 논의하고 있었다. 문제의 핵심은 프라이팬 화재였다. 그전까지 COI는 늘 하던 대로 화재가 발생할 때 어떤 상황이 벌어지는지 보여주었다. 기존 광고는 효과가 전혀 없어서 이번에 새로 광고를 제작하게 되었다.

그들의 사고방식 첫 단계는 화재의 끔찍한 현실을 보여주면 화재를 예방할 수 있다는 것이었다. 데이비드와 짐은 소크라테스식 대화법을 활용하여 다음과 같이 질문했다. '캠페인의 성공 여부를 어떻게 알 수 있는가? 어떻게 이를 측정할 것인가?' 물론 프라이팬 화재가 줄어드는 것이 가장 명확한 답이 될 수 있었다. 하지만 소크라테스식 대화법에 따라 '화재가 감소하는지 어떻게 측정할 것인가?'라는 질문에 끈질기게 매달렸다. 이를 판단할 수 있는 유일한 방법은 소방서에 걸려 오는 전화의 횟수였다.

여기에서 소크라테스식 대화법의 3단계가 나온다. 브리프의 형태를 바꾸어서 이제는 화재가 위험하다고 알리는 것이 아니라 소방대 호출 횟수를 줄이려 한다. 어떻게 하면 좋을까? 정답은 소방대에 전화하기 전에 직접 화재를 진압하는 요령을 알려주는 것이다. 합리적인 답이지만, 처음 브리프와는 전혀 다르다는 것을 알 수 있다. 부정적인 내용으로 사람들에게 겁을 주는 광고가 아니라 실용적인 정보를 중심으로 긍정적인 캠페인을 시행했다. 그러자 소방서에 걸려 오는 전화가 40퍼센트나 감소했으며 결국 D&AD 어워드[세계적으로 권위 있는 광고 및 디자인 분야의 시상식 중 하나 - 옮긴이]에서 상을 받았다. 겉보기에는 단단히 잠긴 것 같은 생각이지만 끈질기게 질문하면 된다.

소크라테스식 사고는 2천 년 전으로 거슬러 올라가지만, 여전히 우리 시대에도 유용한 방식이다.

32

맹인과 코끼리 이야기

자이나교는 매우 온화한 종교다. 그들은 모든 일에 단 하나의 정답만 있는 것은 아니라고 생각한다. 이를 가리켜 '샤드바다 아네칸타바다Syadvada Anekantavada'라고 하는데, 맹인과 코끼리 이야기를 떠올리면 쉽게 이해할 수 있다.

어느 현자가 마을에 가 보니 맹인 6명이 말다툼을 벌이고 있었다. 마을에 코끼리 한 마리가 나타났고 맹인들은 각자 코끼리를 직접 만져보았다. 첫 번째 맹인은 상아만 만져보았고, 코끼리는 뾰족한 창처럼 생겼다고 말했다. 두 번째 맹인은 꼬리만 만져보고는 코끼리는 포도 넝쿨처럼 생겼다고 말했다. 세 번째 맹인은 코만 만져보고는 코끼리는 긴 뱀처럼 생겼다고 말했다. 네 번째 맹인은 옆구리만 만져보고는 코끼리가 커다란 벽처럼 생겼다고 말했다. 다섯 번째 맹인은 귀만 만져보고는 코끼리가 커다란 잎처럼 생겼다고 말했다. 여섯 번째 맹인은 다리만 만져보고는 코끼리가 나무처럼 생겼다고 말했다.

맹인들은 실제로 코끼리를 본 현자의 의견을 물었다. 현자에게 물어본 것은 현명한 행동이었다. 현자는 맹인들이 모두 맞지만 모두 틀리기도 하다고 말해주었다. 그들이 진실의 일부를 알고 있긴 했으나 진실의 전체를 아는 사람은 없었다. 아무도 코끼리의 전체 모습을 보지 못하고 부분만 만져보았기에 전체에 대해 잘못된 결론을 내린 것이다.

이 이야기는 기획자와 크리에이티브가 종종 의견 충돌을 겪는 모습을 떠올리게 한다. 크리에이티브는 기획자가 광고를 너무 복잡하게 만들어서 사실 광고를 망치고 있다고 주장한다. 반면에 기획자는 크리에이티브가 효율성은 생각하지 않고 광고상을 받는 데에만 관심이 있다고 핀잔을 준다. 코끼리 일화처럼 둘 다 맞지만 둘 다 틀린 것이다. 크리에이티브와 기획자는 일부만 보고 큰 그림을 보지 못한 것이기 때문이다.

그들은 자기 업무가 곧 전체 그림이라고 생각한다. 그래서 외부로부터 어떤 정보나 영향도 받지 않고 일을 처리한다. 그들은 광고의 큰 그림을 이해하지 못한다. 기획자(일명 전략가)는 브랜드에 대한 메시지를 전달하는 것이 할 일의 전부라고 여긴다. 크리에이티브는 스타일이나 예술적 측면에서 눈에 확 띄는 광고를 만드는 것이 할 일의 전부라고 생각한다. 이에 반해 미디어 담당자는 가장 이목을 많이 끌 수 있는 공간에 가능한 한 많은 광고를 넣는 것이 할 일의 전부라고 생각한다. 광고 회사의 업무관리자 AEaccount handler는 고객을 만족시키는 것이 주요 업무라고 생각한다.

다 옳은 말이다. 하지만 지금까지 말한 것은 할 일의 일부를 따로 언급한 것이다. 그러니 따로 분리해서는 의미가 없고 하나로 다 모일 때 비로소 전체 그림이 완성된다. 독창적이고 영향력이 강한 광고를 만들지 않으면 사람들의 이목을 끌거나 그들의 기억에 남을 수 없다. 다른 것에 노력과 돈을 쏟아부어 봐야 모든 것이 낭비로 끝날 뿐이다.

브랜드의 메시지를 제대로 전달하지 못하면, 광고로 사람들의 이목을 끌거나 그들에게 기억되더라도 정작 그 광고가 누구를 겨냥했으며 어떤 내용을 전달하려 했는지 아무도 기억해주지 않을 것이다. 브랜드 메시지를 제대로 전달했더라도 아무도 볼 수 없는 철교 아래에서 광고를 보여준다면, 광고를 만드는 데 들어간 모든 노력은 무용지물이 된다. 물론 고객이 광고 에이전시를 탐탁지 않게 여겨서 다른 에이전시를 선택한다면, 광고는 아예 시도조차 못하게 된다. 따라서 이 모든 업무는 훌륭한 광고를 만드는 방법의 크고 작은 부분이라고 할 수 있다.

문제는 이 모든 일이 한꺼번에 진행되는 곳, 다시 말해서 모든 사람이 코끼리의 전체 모습을 볼 수 있는 곳이 거의 없다는 점이다. 이 모든 일이란, 가장 영향력 있고 비용 효율적인 미디어를 통해 강한 인상을 주어 오래 기억에 남는 광고를 보여주면서 브랜드에 대한 정확한 메시지를 전달하고, 고객을 아주 흡족하게 해주는 것을 말한다. 따라서 부서 간 논쟁은 절대적으로 불필요하다. 우리는 광고업계 사람들이 큰 그림의 일부가 아니라 전체 업무를 이해하고 참여하도록 교육해야 한다.

각 부분이 어떤 식으로 조화롭게 연결되어 전체 그림을 완성하는지 모든 직원이 이해할 때 비로소 훌륭한 광고가 만들어질 것이다.

33

전략이라는 말이 가진 함정

●

　1941년, 일본은 진주만을 공격했다. 이것은 두고두고 후회할 만큼 엄청난 실수였다. 그런데 이러한 실수를 저지르게 된 이유가 상당히 흥미롭다. 그들은 진주만 공격을 하나의 전략이라고 생각했다. 하지만 그것은 전략이 아니라 전술이었다. 전략과 전술의 차이를 몰랐기에 무의미하고 비효율적인 결정을 내린 것이다. 간단히 말해서 전략은 '무엇'이고, 전술은 '어떻게'이다. 전략이 종착점이라면 전술은 종착점까지 가는 방법이다. 따라서 진주만 공격을 전략이라고 칭한 것은, 일본이 이를 최종 결과로 인식했다는 뜻이다. 하지만 진주만 공격은 최종 결과가 아니라 시작에 불과했다. 일본은 진주만 공격 이후에 상황이 어떻게 될지 생각해 보지 않았다. 그들에게는 전략이 없었다. 그들이 가진 것은 전략으로 위장한 전술이었다.

　요즘에는 계획을 가리킬 때도 전략이라는 말을 쓰는 것 같다.

구체적인 목표를 달성하면 전술은 끝난다. 하지만 전체적인 목표가 달성될 때까지 전략은 끝나지 않는다. 당시 미국은 전략이 있었으며, 일본을 향해 섬을 하나씩 차례로 정복하고 있었다. 일본으로 향하는 과정에서 일어난 모든 전쟁은 전술적인 전쟁이었으며, 궁극적으로는 전략적 목표 달성과 관련이 있었다. 전략이라는 단어를 아무렇게나 남용하면 허점이 많고 비효율적인 사고를 하게 된다. 모든 전술적 사고를 전략적이라고 묘사하는 것은 깊이 생각해보지 않았음을 드러내준다.

모든 문제에는 계획이 필요하지 전략적 사고가 필요한 것이 아니다. 그래서 기획자가 스스로 전략가라고 수장하는 것을 보면 안타까운 마음도 있다. 카피라이터와 아트 디렉터가 자칭 크리에이티브라고 하는 것을 보면 한숨이 나오는 것과 같은 맥락일 것이다. 자칭 크리에이티브라고 하면 자신의 중요성을 너무 부풀려 생각하게 된다. 그들이 할 일은 생각에 생각을 거듭하는 것이라서 상당히 부담스러운 것인데, 자칭 크리에이티브라고 하면 그 부담이 확 줄어들지 모른다. 모든 작업에 창의적인 해결책이 필요한 것은 아니다. 대다수 업무는 스타일링만으로 충분하다. 모든 작업에 전략적 해결책이 필요한 것도 아니다. 상당수의 업무는 전술적인 해결책이 필요할 뿐이다. 우리에게 실제로 필요한 사람은 전략과 전술의 차이점을 이해하는 기획자이다. 어떤 사고가 적절하며 어디에 필요한 것일까?

일반적으로 에이전시에서는 대부분의 전략적 사고가 현장에서 이루어진다. 에이전시는 클라이언트를 새로운 방향으로 끌어가기 위해 이기는 전략을 생각해내려고 경쟁을 벌인다. 기존 작업에서는 새로운 광고, 새로운 콘텐츠, 소셜 미디어 등이 들어올 때마다 전략이 변경되지는 않는다. 계정을 매일 운영하려면 다른 전술이 필요할 수 있지만, 전략이 달라질 필요는 없다. 이런 상황에서 전략가는 무슨 역할을 하는가? 이런 상황에서는 거창한 전략가가 아니라 계획하는 사람, 즉 단기 목표를 달성하기 위해 언제 어떻게 창의적으로 생각해야 할지 아는 사람이 필요하다. 장군이 아니라 소매를 걷어붙이고 병장처럼 생각할 수 있는 사람 말이다. 그래서 나에게는 전략가보다 기획자가 훨씬 더 유용한 존재이다. 기획자는 창의적이다. 하지만 이 세상 어느 곳을 봐도 이런 사람을 찾기란 하늘의 별 따기와 같다.

처칠은 차이점을 잘 알고 있었다. 1941년에 출간된 그의 자서전 《방랑하는 임무: 내 인생의 초창기A Roving Commission: My Early Life》에 이런 말이 있다.

"책을 쓰는 것은 집을 짓거나 전쟁을 준비하거나 그림을 그리는 것과 크게 다르지 않다. 기초를 놓고 자료를 수집해야 하며, 결론의 무게를 감당할 수 있는 전제를 마련해야 한다. 하지만 전쟁에서는 항상 누군가의 간섭을 견뎌야 한다. 최고의 장군은 계획에 얽매이지 않으면서 계획된 결과를 끌어내는 사람이다."

34

애빌린의 역설

　1974년, 제리 B. 하비는 〈애빌린의 넉설: 동의 의사를 관리하는 법〉이라는 기사를 냈다. 이야기의 발단은 이러했다. 텍사스의 어느 무더운 날 오후, 부부와 장인, 장모가 현관에 앉아서 독서를 즐기고 있었다. 장인이 말했다.

　"좋은 생각이 있어. 애빌린에 내가 아는 작은 레스토랑이 있는데, 아주 멋진 곳이야. 거기 가서 저녁을 먹자."

　장모는 "정말 멋진데요. 아주 좋은 생각이에요."라고 맞장구쳤다.

　아내도 "그렇게 해요. 정말 좋은 시간이 될 것 같아요."라고 말했다.

　남편은 "안 될 거 없죠. 기분 전환으로 참 좋겠네요."라고 동의했다.

그들은 차에 올랐다. 무더위 속에서 거의 100킬로미터에 달하는 거리를 달려서 애빌린에 도착했다.

하지만 식당은 장인의 기억과 달리 별로 좋지 않았다. 에어컨도 없고, 음식도 맛이 없었다. 네 사람은 장거리 운행으로 덥고 땀에 흠뻑 젖은 상태였다. 식사를 마치고 다시 차에 올라 한참을 달려서 집으로 돌아왔다. 집에 도착하자 장인이 말했다.

"한 번쯤 가 볼 만한 식당이었어. 그렇지 않아?"

장모는 응수했다.

"솔직히 말해서, 그렇게 좋은 식당은 아니었어요. 난 마음에 안 들었어요. 굳이 갈 만한 곳은 아니에요."

아내도 어머니의 편을 들었다.

"나도 그래요. 그냥 집에 있는 편이 나았을 거예요."

남편도 여자들의 편을 들었다.

"저도 그래요. 다들 가고 싶어 하는 눈치라서 그냥 따라나선 겁니다."

그러자 장인이 말했다.

"사실은 나도 별로 가고 싶지 않았어. 다들 현관에 앉아 있으니 지루한 것 같아서 한번 제안해본 거였어."

결국 네 사람 모두 원하지 않는 상황이었고, 아무도 저녁 식사가 마음에 들지 않았다. 그저 다른 사람이 원하는 것 같아서 따라나선 것이었다. 이들은 가장 나은 방안이 무엇인지 생각해 보지 않았다. 남들이 이렇게 생각하는 것 같다고 추측한 것이 전부였다. 최상의 해결책을 생각해보지 않고 다들 옆 사람의 생각을 미루어 짐작했기에 결국 아무도 원치 않는 결론에 도달한 것이다.

이를 애빌린의 역설이라고 하는데, 사업을 하다 보면 이런 현상을 자주 보게 된다. 특히 뭔가 흥미진진하고 독특하며 창의적인 일이 제시될 때 애빌린의 역설이 등장한다. 다들 처음에는 이렇게 반응한다. "고객이 과연 이런 걸 구매할지 잘 모르겠네요.", "고객이 찾는 것은 이런 게 아닐 거예요." 그들은 일이나 제품 자체를 판단하는 것이 아니라 고객의 생각을 미루어 짐작할 뿐이다. 그래서 '이 일이 훌륭한가?'를 따지지 않고, 고객이 무엇에 만족할지 찾아내려 한다. 광고의 목적은 고객을 지속해서 만족시키는 것이 된다. 하지만 그것은 매우 단기적인 사고방식이다. 광고가 실패하면 결국 고객의 만족은 사라질 것이다. 그렇다고 해서 고객이 "누가 봐도 제 실수군요. 저는 그 광고가 마음에 쏙 들었는데, 제가 잘못 판단했어요."라고 말하지 않을 것이다.

광고 에이전시와 광고를 의뢰한 고객 사이의 관계는 그런 식으로 이어지지 않는다. 광고가 실패하면 그것은 고객이 아니라 에이전시의 책임이 된다. 그러면 에이전시는 거래처 하나를 잃는 것이다. 진짜 고객은 소비자이며 그들의 만족도는 매출 현황에 나타난다. 광고를 의뢰한 고객은 매출 현황을 본 후에야 만족할지 말지 결정할 것이다. 하지만 대다수의 광고 에이전시는 애빌린의 역설에 봉착한다. 광고를 의뢰한 고객을 만족시키려고 애쓰지만 결국에는 거래처를 잃고 만다. 일시적으로 고객을 만족시키고 부려는 태도는 훌륭한 광고를 만들어 내는 올바른 방법이 아니다. 그리고 고객의 마음을 미루어 짐작하는 것은 결국 광고를 망치고 고객에게 어떤 보장도 해주지 못하는 상태를 초래한다. 단지 고객을 만족시키는 것을 목표로 삼는 것은 잘못된 방식이다.

　궁극적으로 광고가 효과적이지 않으면 이를 의뢰한 고객도 만족하지 않을 것이다.

35

세상에 딱 맞아떨어지는
정답은 없다

멜버른 주립 극장은 오페라 공연에 최적의 상소 중 하나라고
알려져 있다. 음향 시설은 최고 수준이며 무대가 아주 커서 대규모
공연도 전혀 문제가 없다. 이는 클래식 공연을 위한 거의 완벽한
장소를 제공하는 면에서 호주에서 가장 좋은 곳으로 여겨진다.

이제 한 가지 질문을 생각해 보자. 이곳은 어떤 모습인가? 잘
생각해 보기 바란다. 사각형인가 아니면 원형인가? 높은 건물인가
아니면 낮은 건물인가? 회색인가 아니면 갈색인가? 멜버른 주립
극장의 모습을 떠올려 보라. 어떤 모습인지 머릿속에 떠올릴 수 없
는가? 사실 아무도 모를 것이다.

이제 다른 질문을 생각해 보자. 시드니 오페라 하우스는 어떤
모습인가? 이 질문을 듣는 순간, 색이나 크기, 모양 등 모든 세부 사
항이 곧바로 떠올랐을 것이다. 호주에 한 번도 가보지 않은 사람이

라도 시드니 오페라 하우스가 어떻게 생겼는지 잘 알 것이다. 시드니 오페라 하우스는 일종의 아이콘과 같기 때문이다.

런던의 빅벤, 뉴욕의 크라이슬러 빌딩, 파리의 에펠탑, 모스크바 성 바실리 성당의 양파 모양 지붕, 리우데자네이루의 브라질 예수상, 델리의 타지마할도 마찬가지다. 이런 건축물은 매우 독특하고 개성이 뚜렷해서 각 도시의 로고와도 같다. 다른 도시에서는 이와 비슷한 것조차 찾기 어렵다. 이런 아이콘이 없는 도시도 있다. 하지만 전 세계 모든 사람이 앞서 언급한 아이콘과 같은 건축물을 금방 떠올린다.

바로 이 때문에 시드니 오페라 하우스에 특별한 의미가 있다. 하지만 사람들은 실제로 오페라를 공연할 때 멜버른 주립 극장과 비교하며 시드니 오페라 하우스를 계속 비난한다. 오페라 오스트레일리아에서 디자이너로 근무하는 브라이언 톰슨은 "건축물로서는 세계 최고지만, 극장으로서는 최악이죠."라고 말한다. 실제로 오페라 하우스 무대에 올랐던 존 말코비치도 말했다.

"모터보트를 타고 오페라 하우스 옆을 지나가면 정말 기분이 좋습니다. 하지만 내부 음향은 엉망이에요."

시드니 심포니 오케스트라 지휘자 다니엘 로버트슨도 이렇게 말한다.

"아주 넓고 위로 갈수록 소리가 좋아요. 하지만 지붕에 밧줄로 자기 몸을 묶어서 천장에 매달려야 그 소리를 들을 수 있겠죠."

호주의 주요 클래식 음악 공연장 20곳을 대상을 한 여론 조사에서 멜버른 주립 극장은 1위를 차지했고, 시드니 오페라 하우스는 꼴찌에 머물렀다. 상황이 이렇다 보니 두 장소는 자주 비교 대상이 된다. 멜버른 주립 극장의 무대는 무려 46미터나 되지만 시드니 오페라 하우스의 무대는 고작 19미터에 불과하다. 멜버른 주립 극장 부속 건물은 '축구장 2개를 합친 것만큼 크다'. 시드니 오페라 하우스의 부속 건물은 '몇 미터에 불과하다'. 멜버른 오케스트라석은 88제곱미터지만, 시드니의 오케스트라석은 28제곱미터에 불과하다. 멜버른 주립 극장의 음향 설비는 전 세계 최고 수준이라고 할 수 있다. 이렇게 비교하면 멜버른 수립 극상이 이긴 깃 같지만, 진짜 승패는 초점을 어디에 두느냐에 달렸다. 건축물 내부의 음향 시설 수준을 따진다면, 멜버른 주립 극장이 압도적으로 이길 수 있다. 비록 건축물 외부에 있는 사람은 이를 전혀 알아볼 수 없지만 말이다. 하지만 실제 브리프의 주제는 호주의 상징이라고 할 만한 건축물, 세계에서 가장 유명한 6대 도시에서 가장 먼저 떠오르는 로고였다. 이 브리프에 따르면 승리는 시드니의 몫이었다.

어떤 브리프도 맞거나 틀렸다고 할 수 없지만 나는 '형태는 기능을 따라야 한다'는 말을 신뢰하는 편이다. 그래서 일을 본격적으로 시작하기 직전에 브리프를 작성해야 한다. 기능을 정한 다음, 이를 철저히 지켜야 한다. 시간이 지나면 사람들이 브리프에 손을 대기 시작한다. 그럴 때 당신은 원래 목적을 확인하여 업무를 진행할 수 있다.

원래 브리프에 담긴 의도나 목적에 충실하면 어떤 비판도 두려워할 필요가 없다.

36

모든 정보를 담은
한마디 말의 힘

라눌프 피엔스는 인류 최초로 극지방 항로를 따라 세계 일주를 해냈다. 또한 최초로 남극 대륙을 도보로 횡단했다. 65세로 에베레스트를 등정한 최고령 인물이기도 하다. 그는 사람이 가기 힘든 곳에서 엄청난 인내력이 필요한 여정을 완료한 경험이 매우 많다. 하지만 내가 가장 인상적이라고 생각한 것은 그의 사고방식이다. 그는 가능한 대로 모든 정보를 손에 넣으려고 애쓰지만, 최종 결정은 직접 내리는 것을 좋아한다. 왜냐하면 결과에 대한 책임을 져야 하기 때문이다.

그는 모든 장비와 물자를 썰매에 싣고 다니면서 아무에게도 도움을 받지 않고 혼자 힘으로 북극까지 걸어가려고 했다. 그런데 얼음의 약한 부분이 깨져서 썰매가 차디찬 바다에 빠지고 말았다. 그는 젖 먹던 힘까지 써서 거대한 썰매를 겨우 끌어냈다. 그때 기온은 영하 50도였고 왼손 손가락은 모두 얼어 있었다. 집에 돌아와 보니, 손가락이 모두 괴사해서 검게 변해 버렸다. 그는 손가락이 이미 죽어버린 거라며 외과의에게 절단해 달라고 말했다. 하지만 외과의는 가능한 한 오래 기다려보자고 했다. 피엔스는 의사의 말을 듣고도 동의하지 않았다. 이제 제대로 쓸 수 없는 손가락이 여기저기 닿는 것을 참을 수 없었다. 그냥 손끝에 나무 덩어리 같은 것이 붙어 있는 느낌이었다. 그는 정원에 있는 공구 창고에 가서 바이스[공작물을 끼워서 단단히 고정하는 기구 - 옮긴이]에 손가락을 집어넣었다. 그런 다음 톱을 집어 들고 손가락을 하나씩 잘라냈다. 외과의의 소견을 듣긴 했지만, 결정은 직접 내린 것이다.

몇 년 후, 그는 심장 마비로 인해 큰 고비를 넘겼고 심장 수술을 받아야 했다. 회복하는 동안 그는 7일 만에 7개 대륙에서 7개의 마라톤을 완주하는 아이디어에 큰 흥미를 느꼈다. 수술이 끝난 지 고작 두 달밖에 되지 않은 시기였다. 아내인 제니는 심장을 수술해준 의사에게 먼저 물어보자고 했다.

"이런 수술을 2,000번 이상 했지만, 마라톤을 한 번만 뛰고 오겠다는 사람도 본 적이 없어요. 저는 그런 질문에 답변할 경험이 없습니다."

의사가 말했다. 하지만 그 뒤에 의사가 한 말 때문에 그는 큰 슬픔을 느꼈을 것이다.

"아무튼 뭘 하시든 간에 심장 박동수가 130bpm을 넘으면 안 됩니다."

한 문장이지만 환자에게 이래라저래라하지 않으면서도 필요한 모든 정보가 들어 있었다. 의사는 "어떤 경우에도 마라톤은 안 됩니다."라고 말하지 않았다. 그냥 목숨을 부지하는 데 필요한 것만 언급했다. 피엔스는 심박수를 130bpm 이하로 유지하면서 여러 차례 마라톤에 출전했다. 의사가 준 명확하면서도 단순한 지침 덕분이었다.

라눌프 피엔스는 대테러, 인질 구출, 직접 행동, 비밀 정찰을 수행하는 영국군 특수부대인 SAS에 복무했다. SAS는 독자적인 판단력이 어느 정도인가에 따라 선발된다. 환경이 바뀔 때 스스로 생각하여 판단할 줄 알아야 한다. 막강한 적군에 맞설 때도 예상 밖의 결과를 끌어내야 한다. 그들에게는 목표가 주어질 뿐, 이를 달성할 방법은 따로 안내받지 못한다. 우리도 이런 식으로 브리프를 만들면 어떨까?

브리프에서 무엇을 해야 할지 알려주되, 어떻게 할지는 언급하지 않는 것이다. 하지만 정작 우리는 크리에이티브 부서가 그들의 판단력을 잘 사용할 것이라고 믿어주지 않는다. 지시를 내리면 이의를 제기하지 않고 순순히 따르기를 원한다. 달리 말하면, 우리는 아무 생각 없이 지시에 기꺼이 따르는 사람을 고용하고 있다는 뜻이다. 그러니 지금 우리가 결과물에 잔뜩 불만을 품는 것도 이상한 일이 아니다. 내가 어릴 때 누군가에게 일을 시켜놓고도 그 사람을 믿어주지 않는다는 뜻으로 쓰는 말이 있었다. 오늘날 마케팅 업계가 광고를 이런 시으로 대한다는 생가이 든다.

"개를 키우긴 해도 짖을 필요가 있으면 주인이 나선다."

37

브랜드는
잠시 잊어도 좋다

고대 그리스 신화에 등장하는 프로크루스테스는 깡도이자 살인자였다. 그는 지친 여행자들을 자기 집에 초대해서 하룻밤 묵어가도록 침대를 내주었다. 하지만 그들이 잠들면 포박한 다음, 침대에 꼭 맞게 만들어 버렸다. 키가 너무 크면 다리를 절단하고, 너무 짧으면 사지를 늘여서 침대 길이에 맞추었다. 어느 쪽이든 결국 여행자들은 목숨을 잃었고, 프로크루스테스는 그들의 돈과 소유물을 챙겼다. 이런 상황이 여러 해 계속되었고, 결국 그는 테세우스에게 붙잡혔다. 테세우스는 그의 만행을 고스란히 되갚아 주었고, 프로크루스테스는 숨을 거두었다.

수백 년간 '프로크루스테스의 침대'는 어떤 아이디어나 데이터를 미리 정해진 결론에 맞게 억지로 끼워서 맞추는 것이라는 뜻으로 사용되었다. 생각을 잡아당기거나 잘라서 정해진 답이나 결론에 맞추는 것이었다. 조사를 시작할 때부터 정보를 수집한 다음 그것을 바탕으로 결론을 도출할 생각은 아예 없었다. 이미 결론은 정해져 있고, 모든 정보를 결론에 맞추는 것이었다. 결론에 부합하지 않는 정보는 버리거나 변경해야 했다.

요즘 방식으로 바꿔서 표현하자면 다음과 같다.

"정답은 X다. 이 답에 맞는 질문은 무엇인가?"

광고의 경우는 이렇게 표현할 수 있다.

"정답은 브랜드인데, 이 답에 맞는 질문은 무엇인가?"

브랜드는 '프로크루스테스의 침대'와 같다. 이것이 답이라는 생각이 너무 깊이 뿌리박혀 있어서 우리는 그 점을 인지하지 못한다.

사실 수십 년 전에는 브랜드가 존재하여 답으로 여겨지는 일이 없었다. 그 시절에는 사람들이 물건을 사는 가격, 크기, 범위, 가용성, 디자인, 효율성, 내구성 등 대부분 이유가 매우 명확했다. 이런 이유의 가장 끝에 브랜드도 있었지만 별로 중요한 이유는 아니었다. 하지만 마케팅에서는 광고가 영향을 미칠 수 있는 유일한 부분처럼 보인다. 광고가 통제할 수 있는 단 하나의 요소이기 때문에 중요성이 과장된 것이다. 그래서 브랜드를 중심으로 '브랜드 기획부'라는 부서가 만들어졌다. 직원들은 모두 대학 졸업자이거나 광고에는 문외한이었다. 그들이 할 줄 아는 것은 브랜드 계획에 관해 긴 문서를 작성하는 업무가 전부였다. 그래서 고객들은 브랜드 계획에 대한 긴 문서를 해독하기 위해 다른 졸업생을 고용해야 했다.

얼마 지나지 않아서 대학 졸업자와 브랜드 계획자가 광고 업무를 넘겨받았다.

모든 질문에 대한 해답은 '브랜드'라는 해결책에 맞춰서 잘라 내거나 늘려야 했다. 그 말인즉, 광고는 한 편의 논문처럼 학문적 주제로 전락했다. 정답은 항상 브랜드라고 해야 하고 다른 가능성은 용인되지 않았다. 모든 답을 브랜드에 맞춰야만 했다. 하지만 과연 그게 늘 바람직했을까?

수십 년 전만 해도 영국 중앙정보국은 국내에서 광고에 가장 많은 돈을 투자하는 곳 중 하나였다. 도로 안전, 화재 예방 등 큼직한 계정이 많았다. 이런 광고에서는 브랜드가 중요한 것이 아니라 사람들의 행동을 바꾸는 것이 필요했다. 어떤 사람이 '도로 안전'이라는 브랜드가 멋있다고 생각해도 그것은 별 의미가 없었다. 그보다는 사람들이 더 안전에 유의하면서 운전하여 교통사고 사망자가 줄어드는 것이 중요했다.

영국 보건교육협의회도 금연 운동 등으로 광고에 적잖은 돈을 투자하는 기관이었다. 누가 '금연'이라는 브랜드가 멋지다고 생각하느냐는 중요한 사안이 아니었다. 최대 관건은 사람들이 흡연을 중단하게 하여 흡연 사망자를 줄이는 것이었다. 하지만 더는 행동을 바꾸는 데 관심이 없는 것 같고, '브랜드'라는 개념과도 어울리지 않는다. 이는 광고에 대한 생각이 다르고 접근법이 다르기 때문이다. '브랜드'라는 침대에 맞춰서 문제를 자를 것이 아니라 다른 대안을 사용해야 한다. 이제는 여러 가지 문제에 맞는 여러 가지 크기의 침대가 필요하다.

생각을 바꿔야 한다.

38

틀린 답이 정답보다
더 효과적인 이유

●
●

최근에 애니라는 사람이 남긴 글을 보았다.

"프로그래밍하다가 질문이 생겨서 정말 도움이 필요할 때면, 레딧에 질문을 게시하고 다른 계정으로 로그인해서 누가 봐도 틀린 답을 댓글에 남긴다. 사람들은 남을 도와주는 데 관심이 없지만, 남이 틀린 것을 지적하는 것은 아주 좋아한다. 이 방법은 항상 100퍼센트 성공적이었다."

애니의 입장에서는 아주 기발한 방법이었다. 사실 애니는 '커닝햄의 법칙Cunningham's Law'을 활용한 것이다.

커닝햄의 법칙은 2010년, 스티븐 맥기디가 만든 것으로 다음과 같이 설명한다.

"인터넷에서 정답을 얻는 가장 좋은 방법은 질문을 던지는 것이 아니라 틀린 답을 올리는 것이다."

맥기디는 위키를 만든 워드 커닝햄에게 이 점을 배웠다고 한다. 하지만 커닝햄은 인터넷을 꼭 집어서 말하지 않고 보다 부편적인 관점에서 조언했다.

"사람들은 질문에 대답해주는 것보다 잘못된 생각을 바로잡을 때 더 빨리 반응한다."

매우 흥미로운 요점이다. 번벅은 커뮤니케이션 비즈니스에 관해 이렇게 말한다.

"우리가 제대로 연구할 대상은 사람에 대한 단순하고 시대를 초월하는 진실이다."

아서 코난 도일 경은 인간 본성을 연구했다. 덕분에 셜록 홈스라는 인물에 다른 사람에게 없는 강점을 만들어줄 수 있었다. 《블루 카벙클》에서 홈스는 판매 사원에게 정보를 얻어내야 하는 상황에 놓였다. 하지만 판매 사원은 그를 도와주려 하지 않았다. 홈스는 그에게 내기를 제안했다. 누가 봐도 말이 안 되는 내기였다.

"나는 항상 조류에 관한 내 의견을 뒷받침할 준비가 되어 있어. 그리고 내가 먹은 새는 시골 새라는 데 5파운드를 걸 수도 있지."

판매 사원은 반박했다.

"그렇다면 자네는 5파운드를 잃을 거야. 그건 도심에서 자란 새니까."

"절대 그럴 리가 없어."

"자네가 나보다 조류에 대해 더 많이 안다고 생각하는 거야?

나는 아주 어릴 때부터 새를 다루었는데 나보다 더 많이 안다고? 내 말 잘 들어. 알파로 가는 모든 새는 다 도심에서 키운 거야."

"당신이 뭐라고 해도 난 그 말을 안 믿을 거야."

"그러면 내기할래?"

"그냥 자네 돈만 잃는 게임이야. 내가 옳다는 건 확실하니까. 그리고 내가 자네한테 한 수 가르쳐줄 수 있지. 그렇게 고집을 부리면 안 된다는 걸 좀 배워야 해."

판매 사원은 어이가 없다는 듯이 비웃더니 말했다.

"빌, 책을 가져와 봐."

그는 좀 전까지 안 보겠다고 하던 책을 세 손으로 펼쳤다. 홈스는 상황을 잘 살펴본 후에 자기가 필요한 정보를 모두 얻었으며, 판매 사원에게 주도권을 내주는 척했다.

나중에 홈스는 왓슨에게 말했다.

"수염을 저런 모양으로 자르고 주머니에 신문을 찔러 넣고 다니는 남자를 보면, 이런 식으로 내기하자고 꼬드기면 돼. 단언하는데, 만약 내가 저 남자 눈앞에 100파운드를 내밀었다면, 나랑 본격적인 내기를 한다는 생각에 저렇게 완벽한 정보를 내주지 않았을 거야."

홈스는 간단하지만 시대를 초월하는 인간 본성의 진리를 이렇게 요약한다.

"사람들은 뭔가 알려주는 것을 좋아하지 않지만, 반박하는 것은 아주 좋아한다."

　당신에게 도와주지 못하거나 도와주려 하지 않는 사람들은 일이 다 끝난 후에야 잘못된 점을 지적하려 할 것이다. 예를 들어 브리프를 직접 작성하는 사람은 당신이 일을 다 마친 후에야 광고에 무엇이 빠지면 안 되는지 정확히 지적한다. 그들이 지적하는 사항은 정작 브리프에 나와 있지 않다. 당신이 작업을 하기 전에 지적해주었더라면 훨씬 도움이 되었을 것이다. 그런데 이 사람들은 꼭 일을 다 끝낸 후에야 문제점을 꼬집는다. 그래서 브리프부터 다시 작성하게 한다. 처음부터 제대로 작업하도록 도와주기 위해 수고하는 것보다 남의 업무를 비판하는 것이 훨씬 더 재미있기 때문이다. 그러므로 크리에이티브라면 작업을 본격적으로 시작하기 전에 반드시 브리프에 대해 질문해야 한다.

　로빈 와이트의 말처럼, 크리에이티브는 개가 천 조각을 잡아당기듯이 브리프를 이리저리 당겨봐야 한다. 그것을 견뎌내면 좋은 브리프지만, 그러다가 찢어지면 좋은 브리프라고 할 수 없다.

5장

좋은 아이디어는 '무엇'이 결정하는가?

CROSSOVER
THINKING

39

쓰레기가 예술 작품으로
변신하는 순간

어느 날, 친구 집에 갔는데 벽에 아수 예쁜 액자가 걸려 있었다. 액자는 아주 예쁘고 비싼 것 같았다. 하지만 액자에 들어 있는 물건은 구겨지고 낡은 말보로 담뱃갑이었다. 하수구에서 금방 꺼낸 것처럼 아주 엉망이었다. 친구는 자랑스럽게 "트레이시 에민이 사인한 거야."라고 말했다. 그제야 액자에 넣어둔 이유가 이해되었다. 조금 전까지만 해도 쓰레기처럼 보였는데 유명인의 사인이 더해지자, 고가의 예술 작품이 된 것이다.

그게 바로 브랜드다.

피카소는 사람들이 자기 그림이 아니라 자신의 서명을 사는 것이라는 말을 자주 했다. 달리 말하자면, 피카소의 그림은 이해하지 못하지만 단지 남들의 눈에 가치를 인정받는 것을 갖고 싶어 한다는 뜻이다. 흥미롭게도 피카소는 무엇을 사든 간에 수표를 내밀었다. 그렇게 하면 많은 돈을 아낄 수 있었다. 그의 서명이 담긴 수표는 사람들에게 가치가 크기 때문에 사람들은 수표를 현금으로 바꾸지 않고 그대로 보관했다.

그게 바로 브랜드다.

캠든 타운에서 뱅크시는 벽에 스프레이를 뿌려서 그라피티 작품을 만들었다. 그에게 질투와 경쟁심을 느낀 그라피티 아티스트가 와서 뱅크시의 작품 위에 스프레이를 덧뿌렸다. 그러자 뱅크시 덕분에 집값이 올랐는데 이제 그의 작품이 훼손되었다며 주민들의 항의가 빗발쳤다. 시 의회는 전문가를 고용해서 뱅크시 작품을 원래대로 복원하고 그 위에 보호막을 설치했다.

그게 바로 브랜드다.

도널드 트럼프는 미국 전역에 부동산을 가지고 있다. 물론 그의 것이 아닌 부동산도 있다. 사실 부동산의 대부분은 다른 사람에게 소유권이 있다. 사람들은 부동산을 매입할 때 건물 앞쪽에 트럼프라는 이름을 그대로 유지하는 조건을 받아들였다. 그리고 그 이름을 사용하려고 매년 엄청난 비용을 지불한다. 트럼프라는 이름이 많은 사람에게 부, 명성, 화려함을 상징하기 때문에 일부러 그렇게 하는 것이다.

그게 바로 브랜드다.

종종 강연하러 가보면 주최자가 강연 후에 책 사인회를 하자고 요청한다. 나는 펜을 들고 책상에 앉는다. 내 사인이 있으면 책이 더 잘 팔리기 때문이다. 하지만 나는 도무지 이해되지 않았다. 책은 내용을 보려고 사는 줄 알았는데, 많은 사람이 그저 사인이 있다는 이유로 추가 비용을 내려 했다. 코로나바이러스 격리 기간에는 책 사인회가 없었다. 격리 기간에는 책을 구매한 고객에게 저자 서명을 책에 붙이도록 접착식 라벨을 보내준다는 광고를 볼 수 있었다.

그게 바로 브랜드다.

영국 서리에 사는 친구의 말에 따르면, 이웃 사람들이 리들Lidl에 가서 쇼핑하는데, 쇼핑에서 산 물건은 웨이트로즈Waitrose 가방에 담아서 늘고 온다고 한나.

그게 바로 브랜드다.

폭스바겐 투아렉과 포르쉐 카이엔은 사실상 같은 차였다. 같은 기업에서 제작하여 같은 플랫폼에서 만들어졌고, 공유하는 부품도 많았다. 하지만 포르쉐 배지가 달린 자동차가 폭스바겐 배지를 단 것보다 8천 파운드나 더 비싸다.

그게 바로 브랜드다.

몇 년 전 아메리칸 익스프레스 캠페인에서도 이를 아주 영리하게 사용했다. "아메리칸 익스프레스는 현금보다 당신에 대해 더 많은 것을 말해 줍니다." 생각해 보라. 신용카드로 똑같은 금액을 결제하면 일종의 특권이 생기는데 이것은 따로 돈을 내고 살 수 없는 것이다. 이 때문에 고객은 더 당당하고 믿을만하고 신뢰할 수 있다는 이미지를 갖게 된다.

그게 바로 브랜드다.

40

라벨을 마시다

리 란츠는 생선 도매업을 하는 미국인이다. 그는 항상 새로 수입할 생선의 종류를 찾아다닌다. 그가 욕심낼 만한 생선은 이미 수요가 많았기에 좋은 수입 품목을 찾기란 쉬운 일이 아니었다. 란츠도 마케팅 관계자가 알만한 내용은 충분히 인지하고 있었다. 정답은 항상 제품이나 소비자 중 하나에 숨어 있다는 것이다. 사실 이것은 비밀 공식이 아니다. 수요와 공급이 있어야 하는데, 좋은 제품과 이를 원하는 사람들이 만나야 거래가 이루어진다. 따라서 두가지 일을 다 해내야 한다. 좋은 제품을 찾거나 만들어야 하고, 수요를 찾아내거나 창출해야 한다.

1977년, 란츠는 첫 번째 작업을 해냈다. 그는 칠레 여행 중에 메로(비막치어)를 발견했다. 어부들 사이에서는 '쓰레기 물고기'로 알려져 있었다. 메로는 낚시에 걸려들어도 나중에 팔 수 없기 때문에 그냥 놓아준다는 뜻이었다. 메로는 란츠가 본 물고기 중에 가장 못생긴 것이었다. 눈은 아주 크고 불룩 튀어나와 있었으며 거대한 아래턱을 벌리면 이가 잔뜩 들어차 있었다. 성체는 거의 사람만 했다. 하지만 물고기의 생김새는 란츠에게 별로 중요하지 않았다. 어차피 손님은 물고기가 원래 어떻게 생겼는지 확인하지 않았다. 손님이 보는 것은 생선 살이었다.

란츠는 메로의 맛을 보고 깜짝 놀랐다. 희고 부드러운 살이 입안에서 녹아내리는 것 같았다. 그는 방정식의 절반을 해결했다. 마땅한 제품을 찾았기 때문이다. 하지만 방정식의 남은 부분인 수요가 문제였다. 메로라는 생선을 원하는 사람이 아무도 없었다. 이름만 들어도 못생기고 비늘이 커다란 데다 뼈와 가시가 많은 생선이 머릿속에 떠올랐다. 맛있을 것 같다는 생각이 전혀 들지 않았다. 란츠는 소비자의 편견을 깨야 했다. 그는 메로가 맛있어 보이게 만들 방법을 찾아야 했다.

우선 그는 생선 이름을 '칠레 농어'라고 바꾸었다. 그러자 신선하고 짭조름한 느낌이 들었다. 바다 내음이 나는 듯하면서 방금 잡아 올려서 신선할 거라는 기대를 일으켰다. 얼마 전까지만 해도 바다에 그냥 버려지던 물고기였는데 이제는 가장 인기 있는 메뉴가 되었다. 미식가 잡지에서는 새로운 발견을 대서특필했고, 포시즌이나 노부와 같은 유명식당에서 앞다투어 이를 메뉴에 추가했다. 메로는 취급조차 안 하던 곳에서 이제 칠레 농어에 최대 50달러를 매겼다. 이후 10년간 이름을 바꾼 이 생선의 수요는 최대 40배나 증가했고, 지나친 포획이 문제시되어 포획량을 규제해야 할 지경에 이르렀다. 란츠가 이해한 점은 사실 셰프라면 누구나 잘 아는 사실이었다. 입으로 먹기 전에 눈으로 먼저 먹는다는 것이다. 물론 이 경우에는 귀로 먼저 먹는다고 해야 옳을 것이다. 이름이 이미지를 만들고, 이미지가 맛을 결정했다.

맥주 광고업계에는 '라벨을 마신다'라는 말이 있다. 나는 학생들에게 담배를 사용해서 이 점을 가르친다. 아이들 앞에서 담배 하나를 꺼내 들고 이렇게 말한다.

"자, 이건 던힐 킹사이즈예요. 실제로 피우기 전에 우리가 이 담배에 대해 뭘 알고 있을까요? 어떤 이미지인가요?"

학생들은 '영국의 전통', '중산모', '가죽으로 덮어놓은 책상', '팔걸이의자', '롤스로이스', '새빌 로우[미국의 록 음악가 - 옮긴이]'라고 말했다. 그러면 나는 담배를 자세히 들여다본 후에 말을 바꾼다.

"앗, 미안합니다. 여러분, 제가 실수했어요. 이거 말보로 담배입니다. 이제 다들 말보로에 대해 아는 것을 말해 보세요."

그러면 학생들은 '카우보이', '안장', '벨트의 버클', '소 떼 몰이', '픽업트럭', '시골과 서부 음악'이라고 소리쳤다. 나는 말한다. "좋아요. 내 손에 들린 담배는 똑같은데, 이름을 바꾸니 모든 게 달라졌군요. 이게 바로 브랜드의 영향입니다."

41

알고리즘이
이해하지 못하는 세계

　나는 예술 학교 졸업 후, 부정기 화물선에서 일했다. 바다에서 몇 주를 보내고 부에노스아이레스에 잠깐 들러서 농기구를 내려주고 커피를 배에 실었다. 갑판원 중에서 내가 제일 어렸기에 야간 경비 업무를 맡았다. 나는 종종 아르헨티나 부두 노동자들과 담소를 나누었다. 하지만 나는 스페인어를 전혀 하지 못하고, 노동자들은 영어가 서툴러서 대화가 순조롭지 않았다. 하지만 그들은 나를 친근하게 대해주었고, 우리는 커다란 기름통에 모닥불을 피우고 둘러앉아서 살을 에는 듯한 밤공기에 얼어버린 손을 녹였다. 노동자 중 한 사람이 조그만 찻주전자처럼 생긴 것을 꺼냈다. 그는 주전자에 찻잎을 넣고 그 위에 설탕을 들이붓더니 뜨거운 물을 잔뜩 붓고는 뚜껑을 덮었다. 우리는 주전자를 돌려가며 주둥이에 입을 대고 뜨거운 차를 조금씩 마셨다.

세상에 태어나서 그렇게 맛있는 것은 처음이었다. 주전자가 텅 비자 그는 찻잎을 다시 채우고 설탕을 넣고 물을 부었다. 그런 다음 아까처럼 주전자를 돌려가며 조금씩 나눠마셨다. 예르바 마테라는 차였다. '앞으로 이 차를 계속 마셔야지'라는 생각이 절로 들었다. 하지만 뉴욕에 도착해서 배에서 내린 후, 예르바 마테를 다시 마셔보았지만, 특별한 맛이 느껴지지 않았다.

사실 이와 비슷한 경험이 여러 번 있다. 예를 들어 몇 년 전 아일랜드 더블린에 갔을 때 현지인이 주로 찾는 술집을 찾았다. 아주 조용한 술집이 하나 있었는데, 손님이 거의 없었다. 나무로 된 벽은 낡았고 바닥에는 톱밥이 이리저리 굴러다녔다. 바 뒤에는 기네스가 줄지어 진열되어 있었다. 반 정도 채워져 있었으며, 끝까지 다 채워지기를 기다리는 것 같았다. 나는 술을 마시면서 벽에 걸린 오랜 흑백 사진을 쳐다봤다. 불과 두 블록 떨어진 곳에 있는 우체국이 1916년에 포위공격을 당하는 모습이 담겨 있었다. 역사가 주는 느낌은 강렬했다. 그때 맛본 기네스 맥주는 내 인생에서 최고라고 해도 과언이 아니었다. 그날 저녁 그 술집에 다녀온 후로, 앞으로 기네스가 아니면 입에 대지 않겠다고 다짐했다. 하지만 런던에 돌아와서 기네스를 마셔보니 일반 맥주와 별반 다르지 않았다.

좀 전에 말했듯이 나는 종종 이런 경험을 한다. 일단 부두, 기름통에 피운 모닥불, 아르헨티나의 부두 노동자가 사라지자 예르바 마테의 맛이 절반이나 사라졌다. 바닥에 톱밥이 굴러다니는 더블

린의 낡은 술집, 흑백 사진과 거기에 담긴 옛이야기가 사라지자 기네스의 맛도 절반 이상 날아가 버렸다. 맛의 절반을 차지하던 맥락이 사라졌기 때문이다.

철학자 조지 버클리는 '에세 에스트 페르치피esse est percipi, 즉 존재한다는 것은 인식된다는 뜻이다'라는 말을 남겼다. 부처는 '모든 것은 마음먹기에 달렸다'라고 말했다. 음식을 맛볼 때 혀가 가장 큰 역할을 하지만, 혀로 맛보는 것이 경험의 전부라고 할 수 없다. 경험의 절반은 물리적인 대상, 즉 음식이고 나머지 절반은 당시의 주변 상황이다. 의사는 치료에서 마음이나 정신이 아주 큰 부분을 차지한다고 말한다. 실제로 많은 사람이 플라세보 효과를 경험한다. 이런 점을 고려하면 미디어를 결정할 때 알고리즘에 다 맡기는 것은 매우 어리석은 짓이다. 모든 알고리즘은 당신의 광고 앞에 사람의 눈이 몇 개나 되는지 알려줄 수는 있지만, 미디어가 광고에 어떤 영향을 미치는지 알려주지는 못한다.

몇 넌 전에 미디어 기획책임자인 줄리안 노이베르거는 〈선데이 타임스〉보다 〈뉴스 오브 더 월드〉에 광고를 내면 더 효율적으로 많은 사람의 이목을 끌 수 있을 거라고 했다. 하지만 시계나 자동차와 같은 내구성 소비재가 어디에서 더 가치가 높아 보일까? 즉, 어느 잡지를 읽을 때 시간을 내어 광고를 보거나 브랜드에 대해 생각할까? 알고리즘은 이 질문에 대답하지 못한다.

알고리즘은 숫자 외에는 아무것도 이해하지 못하기 때문이다.

42

고객의 관점에서
생각해볼 것

1942년, 앙투안 드 생텍쥐페리는 《어린 왕자》라는 책을 썼다. 책에서 그는 아이들에게 어른들이 어떤 식으로 생각하는지 설명해 준다.

1909년, 터키의 한 천문학자가 소행성 B-612를 발견했다. 하지만 천문학회는 그가 화려한 터키 옷을 입고 있었기 때문에 그의 말을 믿지 않았다. 11년이 지나서 1920년이 되었다. 천문학자는 다시 소행성 B-612에 대한 증거를 제시했다. 이번에는 보수적인 서양 옷을 입고 있었는데, 사람들은 그의 말을 믿어주었다.

어른은 지루하기 짝이 없는 방식으로 제시되지 않는 것에는 눈길을 주지 않는다. 친구를 새로 사귀었다고 하면 어른들은 정작 중요한 것은 하나도 묻지 않는다. "목소리는 어떻니? 무슨 게임을 가장 좋아한대? 그 친구는 나비를 수집하니?"와 같은 질문은 절대 안 한다. 그 대신 이런 질문만 퍼부을 것이다. "그 친구는 몇 살이니? 형제자매는 몇 명이야? 체중은 얼마나 되지? 아버지가 돈을 얼마나 벌어?" 그들은 이런 숫자를 통해서만 새로운 친구에 대해 뭔가 알 수 있다고 생각한다. 어른들에게 "장밋빛 벽돌로 지은 예쁜 집을 봤어요. 창가에는 제라늄이 있고 지붕에는 비둘기가 있어요."라고 말한다면 어른들은 그 집에 대해 전혀 감을 잡지 못할 거다. 하지만 "2만 달러짜리 집을 봤어요."라고 하면 어른들은 "아, 정말 예쁜 집이겠네."라고 대답할 것이다.

생텍쥐페리는 소행성 B-612에서 태어난 어린 왕자가 지구에 와서 이곳을 이해하려고 애쓰는 이야기를 들려준다. 어린 왕자는 두 사람은 만난다. 첫 번째 사람은 철도 역무원인데, 그는 승객들이 기차를 타고 한 곳에서 다른 곳으로 바삐 간다고 말해 준다. 사람들은 자신들이 어디에 있는지 무엇을 하려는지 전혀 모르고, 아이들만 창밖을 구경하려고 애쓰는 모습이었다. 두 번째 사람은 자신의 제품인 알약을 소개하는 상인이었다. 그 알약을 먹으면 1주일간 갈증을 느끼지 않고, 53분을 절약해 준다고 했다. 어린 왕자는 그가 다녀본 다른 행성처럼 지구에 사는 사람들도 도무지 이해되지 않는다고 말했다. 예를 들어, 사람이 살지 않는 행성에서 자신이 가장 존경받는 사람이라는 칭찬만 받고 싶어 하는 나르시시즘적인 사람처럼 말이다. 그런가 하면 사업가는 별의 아름다움에는 전혀 관심이 없다. 그는 무엇이든 '자기 것으로 만들려고' 숫자를 세고 카탈로그로 만드는 데만 몰두한다.

생텍쥐페리는 아이들에게 이야기를 들려준 것이 아니라 어른인 우리에게 우리가 어떤지 설명하는 것이다. 우리는 다른 사람이 우리 때문에 어떻게 느끼는지 개의치 않는다. 그들이 웃는지, 기억할지, 두고두고 언급할지, 또다시 지켜볼지 신경 쓰지 않는다. 우리는 조사를 모두 끝냈는지, 좋은 평가를 받았는지, 상을 받았는지, 캠페인에서 언급될 것인지, 덕분에 월급이 인상될지 아닐지에만 관심을 둔다.

어젯밤에 스카이 TV를 보는데 1시간 동안 4번의 광고 시간이 있었다. 그때마다 광고 13개가 이어졌다. 다 합지년 광고 수는 52개였고 1시간에 20분 정도를 차지했다. 광고는 특정 고객을 겨냥한 광고였는데, 같은 광고를 수십 번 반복해서 볼 수밖에 없었다. 조금 지루한 것이 아니라 숨이 막혀 죽을 것처럼 답답한 시간이었다. 우리의 일 처리 방식이 생텍쥐페리가 아이들에게 설명한 어른들과 다를 바 없기 때문이다. 우리는 좋은 아이디어를 판단하지 못하고, 그저 지루하기 짝이 없는 방식으로 제시된 사실 관계만 판단한다. 어떤 주장이든 숫자와 규칙이 우선시되고, 다른 것은 모두 중요하지 않은 것으로 취급한다. 이번 주말에 그 점이 유달리 강하게 내 감정을 건드렸다.

앨런 파커는 할리우드에 진출하기 전에 광고계의 거물이었다. 당시 나는 청소년에 불과했다. 광고계의 전성기에 많은 사람에게 사랑받고 오래 기억된 모든 광고는 앨런을 비롯한 대여섯 명의 작품이었다. 앨런은 세상을 떠나기 전, 데이브 다이와 마지막 인터뷰를 했는데 그의 마지막 대답이 매우 인상적이었다. 데이브 다이는 앨런에게 현재 광고업계에 대해 어떻게 생각하느냐고 물었다. 앨런 파커는 답했다.

"벽에 그려진 뱅크시 작품을 보면 이런 생각이 듭니다. 광고업계도 저렇게 영리할 때가 있었지."

43

독자에 맞게
기어를 바꿔라

　몇 년 전 어느 날 직장에서 늦게 되근했다. 니오는 길에 리셉션에 들러 지하철에서 읽으려고 신문 하나를 집어 들었다. 평소처럼 〈더선〉은 이미 나가버렸고 다들 원치 않았던 〈가디언〉만 남아 있었다. 나는 남은 신문을 집어 들고 스포츠면을 펼쳤다. 웨스트햄에 관한 기사를 읽을 생각이었다. 스포츠 칼럼을 보니 〈가디언〉은 〈더선〉과 스타일이 매우 달랐다.

　아직도 생각나는 문구가 있다. '본즈와 램파드는 웨스트햄 수비진의 스킬라와 카리브디스다'. 무슨 말인지 전혀 몰라서 지금까지도 기억나는 것 같다. 스킬라와 카리브디스라는 이름을 들어본 적이 없었다. 〈가디언〉의 수준 높은 스포츠 기자만 아는 사람 같았다. 사실 그 문장을 읽으면서 '두 사람이 유명한 선수라면 왜 나는 들어본 적이 없을까?'라고 생각했다. 결국 직접 찾아봤다. 그런데

이들은 축구 선수가 아니라 고대 그리스 신화에 나오는 바다 괴물이었다. 이게 웨스트햄의 경기와 무슨 관련이 있을까? 호머에 따르면 오디세이는 시칠리아와 본토 사이를 배로 오가야 했다. 그렇게 하려면 스킬라와 카리브디스 사이를 지나가야 했다. 스킬라는 죽은 바윗덩어리라서 머리가 여러 개인 바다 괴물이고, 카리브디스는 소용돌이치는 바다였다. 쉽게 말해서 둘 중 하나에 반드시 발목이 잡히는 상황이었다.

웨스트햄이 바로 그런 상황이었다. '본즈와 램파드는 웨스트햄 수비진의 스킬라와 카리브디스다'. 이 문장을 그냥 지나쳤더라도, 다른 문구에서 또다시 막혔을 가능성이 있다. 물론 〈가디언〉 스포츠 기자가 그렇게 썼다면 내가 이렇게 오래 기억하지 못했을 것이다. 기사를 쓸 때 이 점은 꼭 기억하는 것이 좋다. 기자는 다음과 같이 다르게 쓸 수도 있었다. '본즈와 램파드와 함께라면, 당신은 딜레마에 빠질 것이다', '본즈와 램파드 중 하나를 선택하라고 하면 이러지도 저러지도 못할 것이다', '본즈와 램파드 중 하나를 선택하는 것은 악마에게 잡힐지 깊고 푸른 바다에 빠질지 선택하는 것만큼이나 어려운 일이다'. 하지만 독자를 생각했기 때문에 기자는 전혀 다른 표현을 선택했다.

〈더선〉에서는 스킬라와 카리브디스를 언급할 수 없다. 독자들이 나처럼 누군지 전혀 감을 잡지 못할 것이 분명하기 때문이다. 하지만 〈가디언〉은 모든 독자가 대학 교육을 받아서 스킬라와 카리브디스를 잘 알고 있다. 〈가디언〉에서는 〈더선〉보다 더 높은 수준의 글쓰기 기준을 요구한다. 〈더선〉은 나처럼 술집에서 농담 따먹기를 좋아하는 노동자들에게 가벼운 웃음을 주기에 적합하다. 이에 반해 〈가디언〉은 본지는 물론이고 독자들이 훨씬 생각이 깊고 수준이 높다고 여긴다. 그래서 고작 축구 기사 하나도 두 신문사는 전혀 다르게 접근한다. 같은 상품을 다루지만, 대상이 다르다. 〈더선〉은 특정한 계층의 독자를 정확히 겨냥하며 〈가디언〉은 고상한 상류층의 취향을 반영한 것이다.

나는 독자에 맞게 기어를 바꿀 수 있는 사람이 대단하다고 생각한다. 노동자 대부분이나 일반인은 〈가디언〉을 읽지 않으므로 그들에게 맞출 필요가 없다. 평범한 대중은 구체적인 사실을 빨리 알고 싶어 할 뿐, 화려한 미사여구로 포장된 글을 읽으며 언어의 아름다움을 음미하는 것을 좋아하지 않는다. 그런가 하면 선별된 단어를 사용하여 공들여 쓴 글을 선호하는 사람들도 있다. 우리는 두 가지 부류를 파악하고 언제 어디에서 둘 중 하나가 더 적절한지 판단해야 한다. 상품이나 브랜드만 고려할 것이 아니라, 광고의 대상을 주의 깊게 고려해야 한다. 그게 진정한 타기팅이며, 우리가 할 일이다. 타기팅은 자동화 알고리즘을 사용해서 광고를 실시할 장소나 지역을 정하는 것보다 훨씬 큰 개념이다.

그것은 다양한 미디어를 통해 다양한 사람들을 겨냥하여 다양한 광고를 만드는 것이다.

44

인플루언서는
무엇에 영향을 받는가?

2018년, 로스앤젤레스의 매장 오픈 행사에 패션 블로거 여러 명이 초대되었다. 이탈리아 브랜드 팔레시Palessi는 최근 아르마니가 빠져나간 건물을 인수했다. 이는 팔레시가 미국에 오픈한 첫 매장이었다. 패션의 선두에 있다고 자부하는 사람이라면 팔레시를 외면하지 못할 것이다. 오픈 행사는 초대장을 받은 사람만 참석할 수 있었으며, 비공개로 최신 신발을 미리 볼 수 있었다. 지금까지 팔레시의 신발은 밀라노, 피렌체, 로마에서만 판매되었다. 매장은 이탈리아 스타일로 완벽하게 꾸며져 있었다. 미니멀리즘의 분위기가 강렬했으며 주요 색상은 회색이었다. 날개가 달린 사자의 흰색 조각상과 금빛 마네킹이 있었고, 신발이 마치 보석처럼 진열되어 있었다. 그리고 매력적인 외모의 젊은 직원이 초대 손님들에게 샴페인과 카나페를 가져다주었다.

인플루언서들은 모두 흡족했다. 자신들이 초대받은 이 특별한 이벤트가 어떤 것인지 보여주기 위해 영상을 블로그에 올려서 팔로워들에게 보여 주었다. 다들 신발을 보고 감탄사를 내뱉었다. 당장이라도 사고 싶어서 견디기 힘들 정도였다. 물론 가격이 저렴한 것은 아니었지만, 지미 추, 발렌시아가, 루부탱과 비슷한 수준이었다. 인플루언서들은 팔레시의 한정판 신발을 구매하기 위해 최대 600달러까지 지불했다.

신발을 구매한 후, 밀실로 초대된 인플루언서들은 신발이 원래 한 켤레에 19.99~39.99달러라는 설명을 들었다. 팔레시는 사실 저가 신발 브랜드인 페이리스Payless의 또 다른 이름이었다. 이번 행사는 처음부터 끝까지 녹화되고 있었고, 페이리스는 이 영상을 광고에 사용하는 데 동의하면 신발값을 돌려줄 것이고, 신발도 공짜로 가져가면 된다는 조건을 제시했다. 물론 모든 인플루언서가 이 조건에 동의했다.

그리고 수천 명의 팔로워를 보유한 패션 블로거들이 실제 신발과 구별할 수 없다고 말하는 영상이 페이리스에 올라왔다. 물론 인플루언서들이 거절했다면, 페이리스도 어쩔 수 없이 환불해줬을 것이다. 하지만 인플루언서들은 그 점을 생각하지 못한 것 같았다. 이렇게 페이리스는 별것 아닌 제품에 대해 환상적인 광고를 완성했다. 그렇다고 해서 비싼 신발을 사는 사람들이 이제 페이리스 신발을 살까? 그건 절대 아니다.

신발은 고급 시장의 고객이 지불하는 가격에서 극히 일부분을 차지할 뿐이다. 그들은 사실 독점 브랜드를 구매하는 것인데, 이들은 무엇을 위해 돈을 내는 걸까? 이 세상에서 가장 부유한 사람만이 가질 수 있는 신발이 자기에게 있다는 것을 모든 사람에게 보여주려는 것이다. 그렇게 하면 자신이 남들과 구별되며 특별한 존재라는 기분이 든다. 물론 페이리스 브랜드는 그런 고급 브랜드가 아니었다.

그렇다면 페이리스는 어떤 브랜드이며 주요 고객층은 누구였을까? 부자처럼 화려해 보이고 싶지만 그렇게 할 재정적 여유가 없거나, 반대로 재정적 여유가 있어도 굳이 드러내 보이고 싶은 마음이 없는 여성을 위한 가성비 브랜드이다. 그저 순진하지는 않은 사람들, 다시 말해 돈도 있지만 감각이 더 뛰어난 사람들에게 어울리는 똑똑한 신발이다. 페이리스 시장에서 저 광고는 효과가 있었을까? 물론이다. 그들은 주기적으로 신발 구매에 거액을 투자하는 사람, 부자에게 조언해주는 인플루언서들이 제품의 차이를 구분하지 못한다는 것을 알았다. 이건 레드카펫 행사에 페이리스 신발을 신고 등장해도 아무도 모를 것이라는 뜻이었다.

이제 페이리스는 전혀 다른 브랜드로 자리 잡았다. 에이전시는 사람이 모두 다르고 각자 원하는 바도 다르다는 것을 깨달았다. 나는 이 점이 중요하다고 생각한다. 그래서 브랜드도 다양한 것을 아우를 수 있어야 한다. 성공한 사람들만 맹목적으로 뒤쫓는 것은 현명한 일이 아니다. 그들이 성공한 것처럼 보여도, 그들의 시장은 당신이 몸담은 시장과 아무 관련이 없을지도 모른다. 그러므로 브랜드에 대해 고민하기 전에 시장을 먼저 연구해야 한다.

브랜드를 정의하면 자신의 현재 위치를 알 수 있지만, 시장을 연구하면 앞으로 어디로 나갈 수 있는지 알게 된다.

45

끝없이 움직이는 추를
쫓아가지 마라

1649년, 올리버 크롬웰은 찰스 1세를 참수형에 처했다. 크롬웰은 호민관이자 그 어떤 왕보다 강력한 독재자였다. 그는 모든 형태의 파티, 노래, 춤, 음주, 축하 행위를 금지했으며 심지어 화려한 드레스를 입는 것도 허용하지 않았다. 누구도 그와 감히 논쟁을 벌이지 못했다. 그의 통치는 절대적이었다. 크롬웰이 사망하자 국가 원수의 품위를 위해 웨스트민스터 사원에 매장하였다. 하지만 추는 반대 방향으로 움직이기 시작했다. 왕의 아들은 왕위를 되찾은 후, 크롬웰의 시신을 파내서 참수형에 처했다. 그의 목은 국회의사당 밖에 있는 막대에 꽂힌 상태로 20년간 방치되었다.

추는 결국 다른 방향으로 움직인다.

1794년, 막시밀리앙 드 로베스피에르는 프랑스 국민공회 의장을 지냈다. 프랑스에서 최고의 권력을 가졌으며 '공포 정치'를 추진했다. 수많은 사람을 단두대에서 처형했기에 아무도 감히 반대 입장에 서지 못했고, 그의 말에 이의조차 제기하지 못했다. 하지만 추는 반대 방향으로 움직였다. 그는 체포되어 총살당했으며 이름 없는 묘지에 묻혔다.

추는 결국 다른 방향으로 움직인다.

1922년, 베니토 무솔리니가 이탈리아 수상이 되었다. 파시스트인 그는 공포와 폭력을 정치 수단으로 사용했다. 모든 사람이 무조건 그의 말에 복종했다. 하지만 1943년, 추는 반대 방향으로 움직이기 시작했다. 무솔리니와 그의 정부는 체포되어 총살되었으며 두 사람의 시체는 주유소 밖 가로등에 서꾸로 매달리고 말았다.

추는 결국 다른 방향으로 움직인다.

1950년, 조지프 매카시 상원의원은 연설 중에 공산당원 205명이 미국 정부에서 일하고 있다고 주장했다. 그가 이렇게 마녀사냥을 주도함에 따라 조금이라도 공산주의자로 의심되는 사람은 해고되었다. 온 나라가 매카시의 주장에 사로잡혀 있었고, 그에 대해 반대 의견을 속삭이는 것조차 다들 두려워했다. 하지만 1954년, 추는 반대 방향으로 움직이기 시작했다. 모두가 매카시를 피했다. 모두에게 외면당하여 우울해진 그는 왕따가 되어 술을 진탕 마시는 것으로 생을 마감했다.

추는 결국 다른 방향으로 움직인다.

1966년, 강청은 중앙문혁소조 부조장이 되었다. 강청은 마오

쩌둥의 아내였으며 남편을 제외하고는 중국 내에서 가장 큰 권력을 손에 넣었다. 그녀는 10년간 73만 명을 박해하고, 3만 5천 명을 죽이는 일을 진두지휘했다. 하지만 1976년 마오쩌둥이 사망하자 추는 반대 방향으로 움직였다. 강청은 체포되어 사형 선고를 받았다. 나중에 무기징역으로 감형되었으나 1991년에 감옥 화장실에서 스스로 목을 맸다.

추는 결국 다른 방향으로 움직인다.

현재 정통성을 가진 것이라고 여겨지든, 의문의 여지가 없다고 주장하든 간에, 역사를 보면 결국 그 상황은 뒤집히고 만다. 가장 큰 힘이나 영향력을 발휘하는 순간에는 뿌리를 깊이 내리고 단단히 자리 잡은 것처럼 보이더라도 말이다. 광고계에 입문하는 젊은 사람들은 현재의 정설이 무엇이든 간에 그것이 변하지 않는 광고의 진리라고 생각하기 때문에 배우려고 안간힘을 쓴다.

브랜드 목적, 빅데이터, 광고 기술, 행동 과학, 워키즘wokeism[정치적으로 깨어 있다는 뜻의 woke에서 파생된 단어 - 옮긴이], 밀워드 브라운, 닐슨 평점, 건 리포트[글로벌 광고업계 평가보고서 - 옮긴이], 간섭은 죽었다, 캠페인은 죽었다, 광고는 죽었다 등에 대해 말이다. 사람들은 그것이 단지 일반적인 견해일 뿐이라는 사실을 깨닫지 못한다. 그런 것은 영원히 지속될 수 없다. 추가 다른 방향으로 움직일 때 당신은 어디로 향할 것인가? 현재 유행에만 치중할 것이 아니라 광고가 존재하는 이유와 광고의 진짜 목적을 배우는 것이 더 낫지 않을까? 어느 분야든 기본 진리를 알게 되면, 유행이 변해도 그것을 붙잡을 수 있다.

끝없이 방향이 바꾸어 움직이는 추를 따라가려고 허둥지둥할 필요가 없다.

46

게르니카를 세상에 알린
피카소의 그림

1937년 4월 26일 월요일 오후 4시 30분이었다. 스페인 바스크 지역의 작은 마을은 마침 장날이었다. 쇼핑객들은 머리 위에서 쾅 하는 소리를 들었다. 고개를 들어 보니 이탈리아와 독일 비행기가 파도처럼 밀려들었고, 알 수 없는 것이 비행기에서 낙하하기 시작했다. 몇몇 쇼핑객은 비명을 지르며 도망쳤지만, 아무 소용이 없었다. 낙하하는 것이 바로 폭탄이었기 때문이다. 강한 폭발물인 폭탄을 맞자, 건물이 그대로 폭파되었다. 이로 인해 많은 사람이 죽거나 잔해에 파묻혔다.

구조대가 와서 죽거나 다친 사람을 꺼내려 할 때 두 번째 폭탄 세례가 이어졌다. 이번에는 비행기에서 떨어진 것이 폭발물이 아니라 소이탄[표적물을 소각 파괴할 목적으로 제조된 탄약 - 옮긴이]이었다. 그들은 왜 처음에 폭탄을 떨어뜨리고 그다음에 소이탄을 사용한 것일까? 폭격기는 스페인 내전에서 프랑코 장군이 파시스트의 승리를 돕는 데 기여한 독일의 콘도르 군단이었기 때문이다. 콘도르 군단의 지휘관은 볼프람 폰 리히트호펜 중령이었고, 폭격은 조만간 벌어질 더 큰 전쟁을 위한 실험이었다. 독일은 전쟁이 더 커질 것임을 알고 있었다.

그들의 목표는 도시를 파괴하는 가장 효과적인 방법을 알아내는 것이었다. 그래서 그들은 먼저 고폭탄을 투하했다. 이렇게 하면 가스관을 부수고 대기의 가연성을 높이며 수도관을 파괴하여 소방관이 화재를 진압할 수 없었다. 또한 폭발의 잔해 때문에 응급 서비스를 방해했고, 전기 및 전화선이 파괴되어 대응 방안을 위해 서로 협조하기 어려웠다. 그런 다음에 화염 폭탄을 투하했는데, 이렇게 하면 가스 폭발을 일으키고 목조 건물을 모두 파괴할 수 있었다. 송수관도 다 파괴되었기에 화재를 진압할 방도가 아예 없었다. 이렇게 되자 도시 전체가 철저히 파괴되었다. 고작 두 번이었지만 매우 효율성이 높은 공격이었다. 독일은 이날 배운 교훈을 훗날 영국에 사용했다. 그러자 영국도 이 방법으로 독일을 공격했고, 미국도 일본에 이런 방식으로 공격을 가했다.

바스크 지역에 투여한 폭탄으로 300명이 목숨을 잃었다. 다른 도시도 폭탄 공격을 통해 수천만 명이 사망한 사례가 있지만, 오늘날까지도 바스크의 폭탄 공격이 훨씬 더 널리 알려져 있다. 바스크보다 훨씬 큰 대도시가 공격받은 것보다 바스크 폭탄 공격이 더 많이 알려진 이유는 무엇일까?

그것은 바로 피카소가 폭탄 투하를 당한 바스크 지방의 작은 도시의 이름을 따서 '게르니카'라는 작품을 남겼기 때문이다. 그는 이 작품을 1937년 파리 국제박람회의 스페인관에 전시했다. 작품은 높이 3.6미터, 길이 약 8미터였으며 흑백 대비가 두드러져서 그림이라기보다는 다큐멘터리의 한 장면 같았다. 어떤 비평가는 이렇게 말했다.

"온몸, 손, 발바닥, 말의 혀, 어머니의 가슴, 두 눈에서 저항을 느낄 수 있다. 두 눈으로 보고 나면 그들의 고통이 크게 와닿는다."

'게르니카'는 덴마크, 노르웨이, 스웨덴, 런던, 리버풀, 리즈, 맨체스터, 브라질, 밀라노, 뉴욕, 시카고, 샌프란시스코, 필라델피아에서 전시되었다. 넬슨 록펠러는 이 그림을 매입해서 뉴욕에 있는 유엔 건물에 걸고 싶었지만, 피카소가 원본을 팔려고 하지 않았다. 록펠러는 이 작품을 흉내 낸 대형 태피스트리를 주문했다. 피카소는 프랑코 치하의 독재 정권이 지배하는 한, 스페인에서는 이 그림을 전시할 수 없다고 딱 잘라 말했다.

1975년, 프랑코가 사망하자 스페인에 민주주의가 복원되었다. 1981년에서야 이 그림이 스페인에 반환되어 마드리드에 있는 프라도 미술관에 전시되었다. 자체 미술관이 건설되자 첫해에만 백만 명 이상의 방문객이 찾아왔다. 제2차 세계 대전에 수많은 도시가 파괴되었지만, 이 그림 한 점 때문에 작은 소도시가 수많은 사람에게 기억되고 있다.

이 세상의 모든 일이 잘못되는 것처럼 보일 때 우리는 아무것도 할 수 없을지 모른다. 그런 생각이 들 때 창의성이 담긴 작품 하나가 얼마나 큰 힘을 발휘했는지 기억하기를 바란다.

47

광고는 중립이 아니다

2014년, 〈뉴욕 타임스〉는 뉴스룸 직원 100명을 해고해야 했다. 신문 판매량은 급감했고, 사람들은 뉴스와 사설을 온라인으로 확인했다. 소유주는 언론인의 임무가 더는 뉴스 보도가 아니며 구독자 유치라고 분명히 밝혔다. 구독자를 통해 광고 수익을 얻기 때문이었다. 〈뉴욕 타임스〉는 온라인으로 이동하여 사용자 제작 콘텐츠를 통해 비용을 절감하게 되었다. 요리, 게임, 라이브 이벤트, 콘퍼런스, 해외여행, 심지어 브랜드가 뉴스 보도를 후원하는 등 이는 기존의 저널리즘과 비교할 때 큰 차이점이었다. 하지만 실제로 〈뉴욕 타임스〉를 먹여 살린 것은 그런 요소가 아니었다.

그것은 바로 도널드 트럼프와의 싸움이었다. 공식적으로 트럼프와 〈뉴욕 타임스〉는 서로 몹시 싫어했다. 트럼프는 '추락하는 〈뉴욕 타임스〉'라는 표현과 '가짜 뉴스'라는 말로 〈뉴욕 타임스〉를 공격했다. 하지만 트럼프는 〈뉴욕 타임스〉에 가장 고마운 은인이 되었다. 자유주의 언론은 트럼프에 대한 비판적인 기사를 끊임없이 발표했다. 2015년에만 약 20억 달러 상당의 가치를 투자한 것인데, 다른 후보보다 6배 이상 많은 금액이었다. 그리고 트럼프에 관한 기사는 다른 어떤 것보다 진보적인 언론 매체에 더 많이 팔렸다. 유출된 테이프에서 (당시 트럼프를 반대하던) CNN은 그에게 출마하라고 권하면서 CNN이 후원하는 토론에서 이기는 방법을 조언하기까지 했다. CBS 사장 레스 문베스는 "트럼프가 미국에 좋은 대통령은 아니었을지 몰라도 CBS에는 감사할 만한 존재였다."라고 말했다.

트럼프가 〈뉴욕 타임스〉를 미워할수록 더 많은 자유주의 엘리트가 그것을 배지처럼 당당하게 내세웠다. 2016년까지 〈뉴욕 타임스〉의 온라인 구독자는 27만 6천 명이었으며 이는 2015년보다 10만 명이 증가한 것이다. 2017년, 온라인 구독 총액은 3억 4천만 달러였으며, 2016년 대비 46퍼센트의 증가를 기록했다. 2019년에 온라인 전용 구독자는 총 520만 명이었는데, 이는 100만 명이나 증가한 것이다. 이렇게 그들은 1년 일찍 2020년 온라인 수익 목표액 8억 달러를 달성했다.

싸움이 벌어지면 대개 사람들은 둘로 나뉘어 한쪽 편을 든다. 〈뉴욕 타임스〉는 트럼프를 악마로 묘사했기에 트럼프를 반대하는 사람들에게 이 잡지는 필독서로 자리 잡았다. 트럼프는 〈뉴욕 타임스〉를 악마로 취급했다. 이로 인해 종이 신문 판매량이 급증하고 온라인 구독자도 많이 증가했다.

　여기에서 현재 광고계의 사고방식과는 정반대의 현상을 볼 수 있다. 흔히 대립과 논쟁은 부정적이며, 무슨 방법을 써서라도 이를 피해야 한다고 생각한다. 그래서 상대를 공격하는 것을 꺼리고 혹시 그런 행동을 하면 즉시 사과문을 발표한다. 조용히 있는 것, 말썽을 일으키지 않는 것, 중립을 유지하는 것, 문제에 휘말리지 않는 것을 중시하지만, 사실 이는 광고가 존재하는 이유와 정반대라고 할 수 있다. 〈뉴욕 타임스〉도 반대 방향을 선택했기에 도널드 트럼프와 정면으로 맞붙은 것이다. 말썽을 일으키지 않았다면 〈뉴욕 타임스〉는 회사 문을 닫았을지 모른다. 하지만 미 대통령과의 싸움은 그들에게 일어난 최고의 사건이었다.

　유명한 광고 캠페인 중에도 이런 사례가 많다. 광고에 사용된 유명한 갈등의 사례를 소개하자면 미국 자동차 렌탈 업체인 허츠 대 에이비스, 폭스바겐 대 디트로이트, 나이키 대 모든 스포츠신발, 애플 대 IBM, 버진 애틀랜틱 대 영국 항공, 맥 대 마이크로소프트, 버거킹 대 맥도날드 등을 들 수 있다. 다들 한 번쯤 연구할 만한 가치가 있다.

　싸움은 사람들의 이목을 끌고, 다양한 언론사에 거론되며 그로 인해 더 많은 관심이 쏠리게 된다. 사람들은 어느 편을 들지 고민하게 되는데, 이는 성장하는 소규모 브랜드에 유리하다. 대형 브랜드가 원하는 것은 현상 유지이므로 모든 상황을 베이지색 상태로 유지하려 한다. 하지만 소규모 브랜드는 어떤 수단을 써서라도 시장 점유율을 늘려야 한다. 애덤 모건의 《잇팅 빅 피쉬Eating the Big Fish》에 관련 사항이 자세히 안내되어 있다. 도전장을 내미는 브랜드는 도망치거나 숨지 말고 도전해야 한다.

도전하고 싶지 않다면, 뭐하러 광고를 하는 걸까?

6장

속이고, 뺏고, 싸우는 아이디어 쟁탈전

CROSSOVER
THINKING

48

그들은 왜
여기에 돈을 쓰는가?

내가 광고계에 입문했을 때, 모든 브리프에는 '우리는 왜 광고하는가?'라는 섹션이 따로 있었다. 요즘 브리프에는 이것이 없어졌다. 너무 뻔해서 굳이 물어보지도 않는다.

"우리는 왜 광고하는가? 라는 질문이 무슨 뜻이냐고 하면, 사람들이 우리가 만드는 제품을 더 많이 사기를 바란다는 것이죠. 바보 같이 그걸 꼭 물어봐야 해요?"

그 말은 맞는 부분도 있지만 틀린 부분도 있다. 물론 사람들이 물건을 사기를 바라는 마음은 있지만, 광고가 그 목표를 달성하는 데 어떤 역할을 수행하느냐가 관건이다. 그래서 어떤 광고든 광고를 시작하기 전에 이 질문을 검토해야 한다. 문제는 모든 사람이 답만 가지고 있을 뿐, 질문은 하지 않는다는 것이다. 질문이 뭔지 모르는데 어떻게 자기가 가진 답이 옳다고 확신할 수 있을까? 기획부의 원래 목적은 바로 아무도 생각하지 않는 질문을 던지는 것이다. 광고에 돈을 쓰기 '전에' 그 돈을 쓰려는 목적을 생각해 보는 것이다.

G. K. 체스터턴은 저차원 사고와 고차원 사고를 구분하는데, 오래전에 사용된 가스 랜턴 가로등에 관한 이야기를 사용하여 차이점을 보여주었다. 수많은 사람이 가로등을 철거하려고 한 자리에 모였다. 노인 한 사람이 다가와서 말했다.

"이보게, 가로등을 철거하기 전에 이걸 만든 이유부터 생각해 보게. 가로등의 가치를 고려해야 하지 않겠어?"

하지만 그의 의견은 사람들이 듣고 싶어 하는 말이 아니었다. 사람들은 노인의 말을 무시해버렸다. 그들은 가로등을 아래로 내려서 산산이 부서뜨렸다. 어떤 사람은 철을 원했기에 가로등을 다 부숴버렸다. 어떤 사람은 가스 회사를 미워하는 마음으로 가로등을 부숴버렸다. 어떤 사람은 가로등이 사생활을 침해한다고 생각했고, 또 다른 사람은 가로등의 디자인이 마음에 들지 않는다고 했다. 어떤 사람은 가로등이 너무 구식이라고 했다. 저마다 이유는 모두 달랐다. 아무튼 가로등은 산산조각이 났고 사람들은 어둠 속에서 각자 가로등을 부순 이유를 내놓았다.

하지만 사방이 어두워서 상대방이 보이지 않았다. 그들은 차차 노인의 말이 일리가 있었다고 느끼기 시작했다. 애초에 가로등을 세운 데에는 그만한 이유가 있었을 것이다. 하지만 이제 가로등은 부서졌고, 사람들이 모여서 이야기할 공간을 비춰줄 가로등은 어디에도 없었다. 그들은 저차원 사고를 했는데, 원하는 것을 곧바로 실행에 옮기자는 식이었다. 이에 반해 실행하기 전에 이유를 자세히 알아보라고 말한 노인은 고차원 사고를 권했다.

고차원 사고는 월등하지만, 더 어렵게 느껴지기 때문에 외면당하기 쉽다. 이와 비슷하게 '체스터턴의 울타리Chesterton's fence'라는 표현이 있다. 어떤 사람이 들판에 울타리가 쳐진 것을 보게 된다. 왜 울타리가 설치되었는지 모르지만, 일단 울타리를 허물기로 한다. 하지만 체스터턴은 울타리를 친 이유를 모르면, 그것을 허물면 안 된다고 지적한다. 어떤 상황이 존재하는 이유를 파악하기 전까지는 그 상황에 대처할 준비가 되지 않았다고 봐야 한다.

마찬가지로 우리는 광고하기 전에 어떤 문제를 해결하려고 광고를 제작하는지 파악해야 한다. 뭐가 문제인지도 모른다면, 어떻게 광고를 통해 문제를 해결할 수 있겠는가? 하지만 현실을 보면 우리는 이 조언을 제대로 따르지 않는다. 많은 경우에 맹목적으로 광고를 제작하고 좋은 결과를 기대한다.

최근에 어떤 광고 전문가가 다른 에이전시가 제작한 광고에 대해 의견을 주고받는 것을 보았다. 그들은 광고의 핵심을 이해하지 못했다. 브랜드도 기억하지 못했고, 사람들이 해당 제품을 구매하는 이유도 잘 모르는 것 같았다. 그들은 결국 다음과 같이 뻔한 결론을 내렸다.

"글쎄, 일단 우리가 이 광고를 대화의 주제로 삼고 있잖아. 그 것만 봐도 광고 효과는 있는 기지."

이런 생각이 과연 '우리는 왜 광고하는가?'에 대한 올바른 대답이라고 할 수 있을까? 절대 아니다. 하지만 우리는 광고의 목적조차 물어보지 않는다. 질문을 멈추면 생각도 멈추게 된다. 자동주행 장치를 작동한 것처럼 늘 하던 대로 반복적이고 예상할 수 있는 방식으로 일을 처리한다.

게리 세이벌링은 말했다.

"마케터는 단순히 그들이 사용하는 도구의 도구로 전락했다."

49

다른 사람의 일도
알아야 한다

1965년, 짐 클라크는 영국 그랑프리[영국의 자동차 경주 대회 - 옮긴이]에서 선두를 달리고 있었다. 그는 나중을 위해 뭔가 아껴두는 것을 원치 않았다. 오히려 가능한 한 빨리 격차를 최대한 벌리는 쪽을 선호했다. 포뮬러 원에 출전하는 자동차는 어마어마한 압력을 받기 때문에 수십 바퀴를 돌고 나면 부품이 고장 나거나 심하게 마모된다는 점도 잘 알고 있었다. 그래서 자동차 상태가 양호할 때 최대한 격차를 벌려두려고 노력했다. 경주가 절반 정도 진행되었을 때 그는 35초나 앞서 있었다. 하지만 그때부터 문제가 생기기 시작했다.

엔진에서 오일이 새기 시작한 것이다. 포뮬러 원 경주에서 엔진에 문제가 생긴 것은 아주 심각한 상황이었다. 이런 경주용 자동차에서 큰 소음이 발생하는 이유는 자동차 엔진이 일반 엔진과는 비교도 할 수 없을 정도로 빠르게 회전하기 때문이다. 그만큼 엔진이 빠르게 과열되는데, 엔진처럼 회전하는 부품들은 윤활유와 밀접한 관련이 있다. 윤활유가 없으면 회전하는 부품은 쉽게 과열되고 결국 부풀어 올라서 엔진 작동이 멈추게 된다. 클라크는 엔진오일 압력 게이지 바늘이 갑자기 내려가는 것을 보고 이 점을 알아차렸다. 그는 다른 운전자와 달리 엔진을 손바닥 보듯 훤히 알고 있었다. 그리고 오일 압력 게이지가 코너 부분에서 가장 많이 떨어진다는 점에 주목했다.

클라크는 엔진을 잘 알고 있었다. 그는 유년 시절, 가족이 살던 스코틀랜드 농장에서 트랙터를 직접 손보기도 했다. 코너에서 압력이 낮아진다면, 원심력 때문에 오일 공급 파이프에서 오일이 밀려나는 것이었다. 클라크도 이 점을 알고 있었다. 그래서 코너를 돌 때 어떻게든 자동차를 최대한 부드럽게 다루어야 했다. 다행히 35초나 앞서 있는 상황이 크게 도움이 되었다.

그는 코너를 돌 때 기어를 중립으로 바꾸어 엔진이 가볍게 돌기만 하도록 만들었다. 이렇게 하면 유압이 높아지는 것을 방지할 수 있었다. 그러다가 직선 코스에서 다시 기어를 높였다. 직선 코스에서는 원심력이 문제가 되지 않기에 공급 파이프의 오일 유입량이 다시 급증했다. 이렇게 하려면 시간 손실을 감수해야 했다. 1바퀴 돌 때마다 거의 2초씩 느려졌다. 게다가 1바퀴를 돌 때마다 BRM을 모는 그레이엄 힐 선수가 그의 뒤를 바짝 따라붙었다.

6바퀴를 남긴 시점에서 클라크는 19초를 앞서 있었다. 2바퀴가 남았을 때 클라크는 9.6초 앞서가고 있었다. 마지막 1바퀴를 남긴 시점에서는 클라크가 고작 6초 앞선 상황이었다. 클라크는 그레이엄 힐을 3.2초 차이로 제치고 결승선을 통과했다. 이렇게 세세한 점에 주의를 기울인 덕분에 클라크는 그해에 포뮬러 원 세계 챔피언과 인디애나폴리스 500에서 우승을 차지했다.

〈타임스〉는 포뮬러 원 최고의 드라이버를 선정하면서 클라크를 역대 최고의 드라이버로 지목했다. 화려한 운전 기술도 한몫했지만, 그것이 전부는 아니었다. 자동차가 작동하는 원리를 세세하게 알고 있었기에 그는 남들과 확연히 다른 운전 기술을 선보였다. 클라크는 자신의 업무만 아는 것이 아니라 다른 사람의 일까지 다 안다는 장점이 있었다. 다른 선수는 피트에 차를 세워야 했지만, 클라크는 엔진을 비롯하여 기계 전반을 잘 알고 있었기에 코너링을 할 때 기어를 중립으로 바꾸는 방법을 선택했다.

우리에게도 이것은 비밀 무기가 될 수 있다. 우리에게 영향을 주는 사람들이 하는 일을 잘 파악하는 것이다. 우리의 경우에는 디렉터, 포토그래퍼, 타이포그래퍼, 애니메이터, 일러스트레이터의 업무를 잘 알아야 한다. 더 나아가 기획자, 미디어, 고객 관리자, 클라이언트도 잘 파악해야 한다. 이들의 업무를 잘 이해하면, 우리 업무에 영향을 주는 주요 결정을 그들의 손에 맡기는 것이 아니라 우리가 직접 관여할 수 있다. 나는 실제로 이런 사례를 많이 보았다. 종종 사람들이 놓친 부분을 발견하여 그들을 이기거나 놀라게 할 수 있다. 그들은 자기 일이 아니라고 생각해서 아예 눈길을 주지 않는다. 그들의 말도 일리가 있다. 그 일은 그들이 맡은 일은 아니다.

그렇기 때문에 당신이 그런 점을 다 파악하고 있으면 압도적인 우위를 차지하게 될 것이다.

50

종이 클립 하나로
집을 얻은 비밀

2005년, 카일 맥도날드는 종이 클립과 집 한 채를 맞교환하는 것이 가능한지 궁금해졌다. 물론 말도 안 되는 일이었다. 하지만 '종이 클립을 약간 더 나은 것과 교환하는 방식을 계속 거치다 보면 결국 가능하지 않을까?'라고 생각했다. 그는 자기 생각이 가능한지 알아보려고 '종이 클립 챌린지The Paperclip Challenge'라는 웹사이트를 만들었다.

두 명의 소녀가 종이 클립과 물고기 모양 펜을 맞바꾸자고 했다. 어떤 사람이 펜을 보더니 수작업으로 조각한 문손잡이와 바꾸자고 했다. 또, 어떤 사람은 문손잡이를 보더니 캠핑용 휴대 난로와 바꾸고 싶다고 했다. 또 다른 사람은 눈썰매를 새로 샀다며 캠핑용 휴대 난로를 기존에 쓰던 눈썰매로 바꿔 주겠다고 했다. 이야기가 흥미로워진다. 종이 클립에서 눈썰매까지 온 것이다.

이제 어떤 사람이 눈썰매를 갖고 싶다며 캐나다로 캠핑 여행을 떠날 기회와 맞바꾸자고 했다. 사람들은 삿고 싶은 마음은 있지만 경제적으로 감당하기 힘든 것을 발견하고는 어떤 것을 제안하며 맞교환할지 고민하고 있었다. 덕분에 상황은 점점 흥미진진해졌다. 다음에는 캠핑 여행을 원한다는 사람이 나타나서 대형 밴과 바꾸자고 제안했다. 한 록 그룹은 밴이 필요하다며 음반 계약과 바꿔갔다.

과거에는 이런 물물교환이 가능했다. 돈이 없으면 창의력을 발휘해서 물물교환을 시도했다. 그러자 어떤 음악가가 음반 계약을 넘겨주면 자기 아파트를 1년간 무상으로 빌려주겠다고 했다. 앨리스 쿠퍼의 비서는 거처가 필요했고, 아파트 무상 사용권을 넘겨주면 앨리스 쿠퍼와 오후 시간을 함께 보내도록 마련하겠다고 제안했다. 그러자 어떤 사람이 앨리스 쿠퍼와 오후 시간을 보낼 수 있다면 스노우볼motorised KISS snow globe을 내놓겠다고 했다. 콜린 번스타인이라는 할리우드 프로듀서는 스노우볼을 수집하는 취미가 있었는데, 위의 스노우볼이 그의 관심을 끌었다. 스노우볼을 얻기 위해 그는 다음에 제작할 영화에 출연할 기회를 주겠다고 했다. 물론 출연료가 지급되며 출연진에 이름도 올릴 기회였다.

그러자 캐나다 서스캐처원의 키플링이라는 마을에서 영화 출연 기회를 잡으려고 작은 집을 제공하겠다고 했다. 인구가 고작 1천 명밖에 되지 않는 마을이었는데 매각할 목적으로 집을 몇 채 지어둔 것이었다. 이들은 영화의 해당 배역에 대한 오디션이 자기네 마을에서 열릴 거라고 광고했다. 약 3천 명이 모여들었고, 행사장에는 빨간색 종이 클립 로고가 큼지막하게 게시되어 있었다. 이 이야기와 키플링 타운은 전국적으로 언론에 노출되었다.

맥도날드는 종이 클립 하나로 결국 집을 얻어냈다. 이렇게 하는 데 거의 1년이 걸렸으며 14번의 맞교환이 이어졌다. 여기에서도 배울 점이 있다. 맥도날드는 현재 가진 것보다 조금 더 좋은 것과 맞교환하는 방식을 고수했다. 하지만 광고업계에 종사하는 사람들은 최종 목표에만 집중하는 경향이 있다. 쉽게 말해서 종이 클립 하나로 집을 얻으려 한다.

종종 클라이언트는 '버진Virgin과 같은 광고를 원합니다'라고 말한다. 하지만 그는 버진 브랜드를 만들기까지 얼마나 긴 세월이 필요했는지 모르는 것 같다. 버진은 수백만 달러를 쏟아부었으며 수십 년간 리처드 브랜슨과 같은 유명 재벌을 브랜드의 대변인으로 사용했다.

우리는 시간이 지남에 따라 단계적으로 변화하고 진화하여 결국 우리가 원하는 바를 이루어주는 아이디어를 찾아야 한다. 이것을 두고 '발이 달린 아이디어'라고 부르기도 했다. 예를 들어, 컴페어더마켓[영국의 가격 비교용 웹사이트 - 옮긴이]은 13년간 '미어캣' 광고를 변화, 발전시켰고 덕분에 지금은 시장을 완전히 장악하고 있다. 한편, 이 시장을 소유하고 있던 컴퓨즈드닷컴과 머니슈퍼마켓은 같은 시기에 완전히 새로운 광고를 많이 시도했다.

미어캣은 단순한 아이디어에서 출발하여 간단한 단계를 계속 거치면서 발전했다. 기존의 두 회사는 한 번에 큰 성공을 거머쥐기 위해 여러 차례를 시도하다 실패를 거듭했다. 비유적으로 말해서 두 회사는 종이 클립을 집 한 채와 곧장 맞바꾸려고 한 것이다. 하지만 사다리를 오를 때 사다리의 가장 높은 칸까지 한 번에 뛰어오르는 것은 불가능하다. 그보다는 사다리를 한칸 한칸 순차적으로 올라가야 한다. 광고를 개선하는 것은 오랫동안 공들여 만든 파일 위에 돈을 올려놓는 것이다. 하지만 새 광고를 만드는 것은 모든 것을 바닥부터 시작하여 새로운 파일을 만드는 것이다.

실력을 갖춘 광고 에이전시는 이 둘의 차이가 무엇인지 클라이언트에게 설명할 줄 알아야 한다.

51

아이들의 생명을 구한
10센트의 힘

1921년, 프랭클린 D. 루스벨트는 소아마비에 걸렸다. 당시 그는 39세였다. 평생 불구가 되었고, 사실상 휠체어와 한 몸이 되었다. 1927년, 그는 어린이 소아마비 퇴치 운동을 벌이기 위해 조지아 웜스프링 재단Georgia Warm Springs Foundation을 설립했다. 하지만 소아마비는 전염병이었고 재단 이름은 좀 더 인상적이어야 했다. 그래서 국립 소아마비 재단National Foundation for Infantile Paralysis으로 이름을 바꾸었다. 하지만 이름이 너무 거창하고 호소력이 부족하여 자금을 충분히 확보하지 못했다.

루스벨트는 당대 최고의 스타로 손꼽히던 에디 캔터에게 도움을 청했다. 그는 캔터에게 미국에 사는 모든 사람이 재단에 1달러씩 보내게 할 방법이 있느냐고 물었다. 캔터는 대공황이라서 다들 어렵기 때문에 아무도 1달러의 여유가 없다고 했다. 하지만 모든 사람이 10센트 정도를 보내게 만들 수는 있을 거라고 농담처럼 덧붙였다. 그러고는 두 사람은 말없이 서로를 바라보았다. 1달러보다 10센트가 더 애달픈 감정을 자극했다. 그리고 아이들을 돕는다는 명분에는 10센트가 더 적절해 보였다. 10센트라면 어린아이들에게도 기부를 권할 만한 금액이었다.

두 사람은 극장용 광고를 제작하여 영화 상영 전에 내보낼 생각이었다. 대개 영화 상영 전에 방영되는 것은 '시간의 행진The March of Time'이라는 뉴스였다. 두 사람은 그 시간을 활용하기로 마음먹고, 광고 이름도 '마치 오브 다임The March of Dime[다임은 10센트 동전을 가리킨다 - 옮긴이]'으로 정했다. 광고는 많은 사랑을 받았다. 수천 명의 아이가 작지만 소중한 힘을 보태어 서로 도우려고 행진에 나선 것 같은 느낌을 주었다.

에디 캔터는 다음과 같이 사람들의 마음에 호소했다.

"누구나 10센트 정도는 보낼 여력이 있을 겁니다. 10센트 동전 10개면 1달러가 되죠. 백만 명이 10센트씩만 보내주시면 총액은 10만 달러가 됩니다."

전국 곳곳의 많은 사람이 이 말에 마음이 흔들렸다. 모금 첫 달, 백악관에는 10센트 동전 형태로 총 26만 8천 달러가 도착했다(현시세로 환산하면 약 460만 달러에 해당한다). 프랭클린 D. 루스벨트는 자신의 생일에 라디오 방송에서 다음과 같이 소감을 밝혔다.

"지난 며칠 동안 트럭을 가득 채우고도 남을 만큼 많은 우편물이 백악관에 도착했습니다. 어제는 약 4~5만 통의 편지가 우편실에 도착했는데, 오늘은 그보다 훨씬 더 많은 편지가 왔습니다. 얼마나 많은지 말로 다 표현할 수 없습니다. 우편물이 가득 채워진 가방이 몇 개인지만 셀 수 있는 상황이니까요. 가방마다 10센트짜리 동전과 25센트짜리 지폐, 심지어 어른들과 아이들이 선물로 보낸 달러 지폐도 들어 있습니다. 주로 다른 아이들이 건강해지도록 도와주고 싶어 하는 아이들이 보낸 것이죠. 생일에 이런 광경을 볼 수 있어서 정말 힘이 납니다."

'마치 오브 다임'이라는 이름은 사람들의 상상력을 사로잡았다. 결국 그들은 국립 소아마비 재단의 이름도 마치 오브 다임으로 바꿨다. 이렇게 대성공을 거둔 덕분에 90년이 지난 지금까지도 그 이름이 사용하고 있다.

조너스 소크 박사의 백신 연구에도 자금을 지원할 정도로 자금은 빠른 속도로 모였다. 1955년까지 마치 오브 다임의 기부액은 22억 달러를 넘었다. 시기적으로도 매우 적절했다. 1938년, 소아마비 어린이 환자는 1,000명당 1.3명이었다. 1943년에서 1950년까지는 1,000명당 최대 10명을 기록했고, 1950년부터 1956년까지는 1,000명당 20명, 즉 두 배로 증가했다. 1952년 한 해에는 52,000명의 환자가 발생했으며 3,000명이 사망했다. 그러나 마치 오브 다임이 백신 자금 조달을 지원했고, 1962년에는 환자가 1,000명으로 줄어들었다.

1979년에는 미국에 소아마비 환자가 단 한 명도 없었다. 1988년 이후 전 세계적으로 소아마비는 99퍼센트나 감소했으며, 결국 완전히 사라질 것이라는 예상이 나왔다. 마치 오브 다임은 현재 어린이에게 발생하는 모든 형태의 선천적 결함을 연구하는 자금을 지원한다. 소아마비를 정복한 것은 거만하고 가식적인 언어가 아니었다. 모든 사람에게 인간적으로 조금씩 다가가서 말을 건넨 것이 효과가 있었다. 모든 사람이 자기도 뭔가 할 수 있다고 생각했고, 모든 사람이 자기가 중요한 역할을 해야 한다고 생각했다.

크게 생각한 것이 아니라 작게 생각한 것이 성공의 비결이었다.

52

글자 하나 바꿔서
승리하는 법

휴대 전화가 등장하기 전에는 모두 유선 전화나 공중전화를 사용했다. 돈이 부족하면 교환원을 연결했다. 영국에서는 '상대방에게 요금을 넘겨 달라'고 요청했고, 미국에서는 '컬렉트 콜'이 가능하냐고 물어보았다. 전화 교환원은 요청받은 번호로 전화해서 요금 지급 의사를 확인받은 후에 통화를 연결해 주었다.

미국에서는 AT&T가 사실상 독점기업으로서 시장을 완전히 장악했다. 그러다가 1993년에 MCI라는 기업이 18~23세 고객, 즉 대학에 가려고 집을 떠나는 젊은 층을 겨냥해서 시장 점유율을 차지하려고 시도했다. 대학생이 되면 멀리 고향에 있는 부모에게 전화해야 하는데, 학생이라면 누구나 그렇듯이 장거리 전화를 감당할 경제적 여유가 없었다. 부모는 컬렉트 콜로 전화하라고 아이들에게 당부했다. 하지만 AT&T의 컬렉트 콜은 전화를 연결하려면 전화 교환원에게 돈을 내야 했기에 상당히 비싼 편이었다.

하지만 MCI는 자동 서비스를 시작했다. 지정 번호와 진화번호를 차례로 걸면 전화 교환원을 거치지 않아서 훨씬 저렴하게 장거리 통화를 할 수 있었다. MCI가 사용한 지정 번호는 1-800-COLLECT였다. 이것을 먼저 누른 다음에 원하는 전화번호를 눌러야 했다.

이 서비스는 큰 인기를 얻었다. MCI의 시장 점유율은 14퍼센트에서 20퍼센트로 증가했고, 같은 기간에 AT&T의 시장 점유율은 66퍼센트에서 60퍼센트로 하락했다. 이에 AT&T에서도 다이렉트 다이얼 콜 서비스를 즉시 도입했다. 이들은 1-800-OPERATOR를 전화번호 앞에 붙여서 사용하도록 안내했다.

하지만 여기에서 MCI의 창의성을 엿볼 수 있다. MCI는 미국 사람들이 스펠링에 약하다는 점을 간과하지 않았다. 많은 사람이 OPERATOR라는 단어는 기억하지만, 스펠링은 OPERATER로 기억한다는 것을 알고 있었다. 사실 단어 자체는 일종의 연상 기호였고, 실제로 전화기에서 이 스펠링을 누르려면 673-72867을 눌러야 했다. MCI는 673-72837이라는 번호를 구입해 두었다. 사람들이 'O'를 'E'로 잘못 입력할 경우를 예상한 것이다.

누군가 OPERATOR에서 마지막 O를 E로 잘못 입력하면, AT&T가 아니라 MCI의 장거리 전화 서비스로 연결되었다. 이 아이디어는 아주 성공적이었다. AT&T에서는 1-800-OPERATOR를 대대적으로 광고했지만 많은 사람이 1-800-OPERATER를 누르는 바람에 MCI의 사업이 날로 번창했다. 하지만 MCI는 AT&T의 지정 번호를 미리 가로채둔 사실을 밝히지 않았다. AT&T가 열심히 자사 서비스를 광고할수록 사실 MCI에 도움을 주는 꼴이었다.

MCI는 광고에 1억 5천 달러를 사용했지만, AT&T는 14억 달러를 쏟아부었다. 결국 AT&T에서도 MCI의 계략을 알게 되었고, 1-800-OPERATOR라는 지정 번호를 더는 사용하지 않기로 했다. 하지만 기존의 지정 번호를 사용하지 말라고 소비자들에게 알리느라 또다시 수백만 달러를 지출해야 했다.

나는 MCI가 자신들의 전략을 전혀 발설하지 않은 점을 높이 평가한다. MBA를 취득한 전문가는 마케팅 교과서에서 배운 것을 탈피하는 사고를 하지 못하지만, MCI는 그런 식으로 제한된 사고를 하지 않았다. 그들은 마케팅 교과서에 국한되지 않는 사고를 해야 한다는 점을 알고 있었다. 이것이 결국 광고 아이디어로 연결되어 수익과 시장 점유율 상승으로 가져온 것이다. 이렇게 기존 통념에 얽매이지 않는 것이 MCI의 큰 장점이 되었다. 실제 세상과 실제 사람들에 대해 생각함으로써 경쟁업체를 완전히 따돌릴 수 있었다. AT&T는 소비자 행동에 대한 기존 통념대로 업무를 처리했다. 이에 반해 MCI는 실제 사람들이 행동하는 방식을 잘 관찰했다. 마케팅 교과서에서는 이런 사실을 배울 수 없다.

실제 세상에는 진정한 의미의 창의적 사고를 펼칠 기회가 무궁무진하다.

53

평균이 가진 함정

학창 시절, 제3세계의 평균 수명이 35살이라는 말을 들었다. 그래서 당연히 대부분 사람이 35세에 죽는다고 생각했다. 그런데 오랜 세월이 지난 후, 그게 잘못된 생각이라는 것을 깨달았다. 가장 주된 사망 원인은 영아 사망, 즉 5세 이전에 사망하는 아이들이었다. 이 아이들이 잘 자랐다면 70세까지 살 기회가 있었다. 어떤 사람은 아기 때 죽었고, 어떤 사람은 70세에 죽었다. 그 차이를 나누면 35세가 된다. 따라서 대다수 사람이 35세에 죽지 않았지만 평균 수명은 35세였다. 우리는 평균과 대다수를 혼동하는 경향이 있다. 평균치는 현실 세계에 존재하지 않는다. 그냥 서류상에 나타나는 숫자일 뿐이다.

1952년, 미 공군은 프로펠러 비행기를 제트기로 교체하는 중이었다. 제트기에서는 모든 일이 두 배 빠르게 진행되므로 조종사의 반응도 두 배 빨라져야 했다. 그런데 비행기는 점점 더 많이 추락하기 시작했고, 하루 만에 17번이나 추락했다. 알고 보니 조종사들은 그렇게 빠른 속도로 일을 처리할 수 없었다. 문제는 조종석이었다. 조종석은 1926년 비행기가 천으로 덮인 복엽기 당시의 평균 크기에 맞춰져 있었다. 지난 30년간 조종사의 평균 신체 수치가 변했는지 확인할 필요가 있었다. 그래서 하버드를 갓 졸업한 길버트 다니엘스에게 설문 조사를 맡겼다.

길버트는 조종사 4,603명을 대상으로 140가지 수치를 측정했다. 그런 다음 상위 10개 치수, 즉 키, 어깨너비, 가슴둘레, 허리둘레, 엉덩이둘레, 다리 길이, 팔을 뻗은 실이, 몸통 둘레, 목둘레, 히벅지 둘레의 평균치를 계산했다. 그는 조종사 대부분이 평균치에 맞을 거라고 생각했다. 하지만 계산한 결과를 보면 조종사 중 단 한 명도 평균치에 맞지 않았다. 어떤 면에서는 평균에 맞았지만, 다른 수치에서는 평균을 벗어나는 사람도 있었다. 목둘레, 허리둘레, 팔을 뻗은 길이만 보더라도 평균에 해당하는 조종사는 전체의 3.5퍼센트에 불과했다. 결국 그는 평균치에 해당하는 조종사는 아무도 없다는 결론을 내렸다. 이렇게 되자 공군은 어찌할 바를 몰랐다. 평균치에 해당하는 조종사가 없으니, 조종사에게 맞는 조종석을 설계할 방도가 없었다. 사실, 다니엘스도 처음으로 평균이란 존재하지 않는다는 점을 깨달았다. 그는 말했다.

"개인에게 필요한 무언가를 설계하려 한다면 평균이라는 개

넘은 전혀 쓸모가 없어요. 전 그걸 확실히 깨달았죠."

'평균적인 소비자'에 대해 이야기할 때도 이 점을 명심하는 것이 좋다. 평균적인 소비자란 사실 존재하지 않는다. 평균적인 소비자를 겨냥한 마케팅과 광고는 사실 잘못된 것이다. 미 공군이 이 문제를 해결한 방법에서 다음과 같은 모토가 생겨났다. '평균치에 따르는 것을 금지하고 가장자리에 맞춰서 설계하라'.

하지만 이 모토를 어떻게 실천에 옮겨야 할까? 조종석을 조종사 한 사람 한 사람에 맞춰서 일일이 따로 설계할 수는 없기 때문이다. 물론 그렇게 일일이 설계하지는 않았다. 대신 조종사가 직접 자기 몸에 맞게 조종석을 설계하도록 만들어 주었다. 그리고 조종석을 변경할 수 있게 만드는 조정 기능을 생각해냈다. 물론 현재 우리에게는 아주 친숙한 개념이다. 좌석의 높이, 다리 공간, 의자의 각도, 각종 조종 장치 등을 모두 조종사에게 맞출 수 있게 했다. 그러면 각 개인에게 완벽하게 들어맞는 조종석을 구현할 수 있는 것이다.

요즘 우리가 타는 자동차에는 이것이 이미 당연한 기능이다. 그들은 기술에 개인을 맞춘 것이 아니라 개인에게 기술을 맞추는 방향으로 변경했다. 물론 이 방법은 매우 효과적이었다. 우리는 평균적인 인구 통계를 알고리즘에 집어넣고, 평균치에 해당하는 사람들을 대상으로 평균적인 광고를 뿌리는 것보다 개인 맞춤을 지향하는 방법을 생각해 볼 수 있다. 평균치에 딱 맞는 사람은 어디에도 존재하지 않는다. 아인슈타인도 평균치에 맞는 사람이 존재하지 않는다는 점을 이미 알고 있었기에 다음과 같은 말을 남겼다.

"모든 사람은 천재다. 물고기를 판단할 때 나무를 기어오르는 능력을 기준으로 삼는다면, 물고기는 평생 자기가 멍청하다고 생각하며 살게 될 것이다."

54

계단 기어오르기 시위

미국에는 신체 장애인이 약 2천 5백만 명 정도 된다. 1990년, 이들은 불평등 때문에 그들의 삶이 더 힘들다고 생각했다. 그들은 버스를 타고, 가게나 음식점, 영화관, 전시회에 가고 싶었다. 비장애인처럼 어디든 편하게 다닐 수 있어야 한다고 생각했다. 미국 장애인법은 의회에서 통과되지 못하고 오랫동안 논의 중인 상태로 남아 있었다. 법안은 계속 보류되었다. 간절히 부탁하고 반복적으로 요청해도 소용이 없는 것 같았다. 그래서 장애인들은 가장 효과적인 광고를 흉내 내기로 했다.

계속 말만 하는 것이 아니라 일종의 시위를 벌인 것이다. 목발이나 휠체어를 사용하는 장애인 60명이 워싱턴에 있는 국회의사당에 찾아갔다. 그곳은 미국 정부가 자리 잡은 곳이었기에 미국의 역량이 허락하는 범위 내에서 가장 웅장하고 화려하게 지은 건물이었다. 대리석으로 된 계단을 올라가면 웅장하고 위엄있는 입구가 나타났다. 장애인 60명은 이 계단 앞에 도착하자 목발을 내던지거나 휠체어에서 내렸다. 그들은 국회의사당 계단을 기어오르기 시작했다. 그들이 이 건물에 접근할 수 있는 유일한 방법이 이것뿐이라는 것을 직접 보여주었다. 79개의 단단하고 넓은 대리석 계단 위로 장애인 60명이 기어 올라가는 모습은 그 건물의 웅장함과 큰 대조를 이루었으며, 그 때문에 지켜보는 사람들은 더 큰 부끄러움을 맛보았다.

설상가상으로 계단을 기어 올라가는 60명의 성인 장애인 옆에 10살 된 여자아이가 눈에 띄었다. 제니퍼 길런 채핀스는 뇌성마비 환자였다. 소녀는 휠체어에서 내려와 다른 장애인과 함께 계단을 기어오르기 시작했다. 나중에 제니퍼는 당시 물을 달라고 하자, 수십 명의 기자와 카메라맨이 앞다투어 물병을 내밀었던 모습이 기억난다고 했다.

전 세계에서 가장 강력하고 자부심이 강한 나라의 웅장한 정부 청사 기관 앞 계단을 수십 명의 장애인이 기어오르는 모습은 매우 충격적이었다. 하지만 딱딱한 대리석 계단을 기어오르느라 어린아이의 손과 무릎에 피가 흐르는 모습은 더욱 극적인 장면을 연출했다. 게다가 장애인법을 두고 열띤 논쟁이 이어지는 장소의 바로 바깥에서 이런 장면이 연출되자 더 가슴 아프게 느껴졌다. 말은 한마디도 하지 않았지만, 장애가 있는 사람들이 비장애인과 같은 권리를 누리는 것이 얼마나 힘든지 명확히 보여주었다.

　이 장면을 본 사람은 그들이 가진 장애와 정부에게 외면받는 현실이 얼마나 가혹한지 절실히 느낄 수 있었다. 긴 세월 동안 계속해서 법안 통과를 요구한 것보다 한 번의 시위가 훨씬 더 강력한 효과를 발휘했다. 이들이 계단을 기어 올라간 지 얼마 되지 않아서 의회는 장애인법을 통과시켰다. 지금은 버스, 기차, 비행기, 음식점, 가게 등 모든 곳에 장애인 출입이 가능하다. 장애인도 직장, 식사, 여행, 화장실 등을 비장애인처럼 사용할 수 있다.

　우리는 여기에서 가장 효과적인 광고가 어떤 것인지 배울 수 있다. 강한 주장을 내세우거나 연설하거나 약속할 필요도 없고 상대방에게 요구하는 것도 아니다. 그저 사실을 간단하지만, 효과적인 방식으로 보여주면 된다. 모든 사람이 직접 눈으로 확인하고 진실의 힘을 가슴 깊이 새기게 해주어야 한다. 사실 사람들은 길고 지루한 잔소리에 별로 반응하지 않는다.

　그보다는 각자의 머릿속에 사실을 조합하여 하나의 의견이 만들어지게 유도하는 것이 훨씬 낫다.

55

나쁜 데이터는
우리의 눈을 가린다

2018년 〈영국의학저널〉은 하버드 의과대학 로버트 예 교수의 논문을 발표했다. 낙하산을 사용하거나 사용하지 않고 비행기에서 뛰어내리는 행동에 관한 논문이었다. 낙하산 사용 여부는 생존 가능성에 아무런 영향을 주지 않는다는 것이 논문의 결론이었다. 논문의 제목은 '항공기에서 뛰어내릴 때 사망 및 주요 외상을 예방하기 위한 낙하산 사용에 관한 무작위 대조 실험'이며, 빈 배낭을 멘 대조군과 비교할 때, 안전장치를 착용하더라도 항공기에서 뛰어내리는 사람의 사망이나 중상 가능성이 크게 줄어들지 않는 것으로 나타났다는 것이다.

연구를 위해 총 92명이 인터뷰했으나 그중에서 참가 자격을 갖춘 사람은 23명뿐이었다. 12명은 낙하산을 사용하여 비행기에서 뛰어내렸고, 13명은 낙하산 없이 뛰어내렸다. 그런데 양쪽 모두 큰 상처나 해를 입지 않았다. 낙하산 사용 여부와 관계없이 두 집단의 실험 결과는 같았다. 그런데 이 논문에는 아주 작은 글씨로 경고문이 들어 있었는데, 아무도 이를 눈치채지 못했다. '참가자들의 사망이나 중상 위험이 더 낮았던 이유는 평균 고도 0.6미터(표준 편차 0.1)에서 평균 0km/h(표준 편차 0)로 움직이는 항공기에서 뛰어내렸기 때문이었다'. 쉽게 말해 그들은 땅에 가만히 서 있는 비행기에서 뛰어내린 것이다. 의자 위에서 뛰어내린 것과 다를 바 없다. 그 점에 대한 경고가 문서에 들어 있었으나 거의 숨겨지다시피 해서 사람들의 눈길을 끌지 않았다.

하지만 그 경고문은 큰 차이를 만들어낸다. 경고문을 읽지 않은 사람은 누구나 까마득히 높은 하늘에서 엄청난 속도로 날아가는 비행기 밖으로 뛰어내리면 무시무시한 결과가 이어진다고 생각할 것이다. 머릿속에서 '비행기', '뛰어내리기', '낙하산'과 같은 단어가 연결되면 높은 허공에서 누군가 뛰어내리는 모습을 상상하게 된다.

로버트 예 교수는 이것 때문에 논문을 쓰게 되었다. 그는 사람들이 연구 논문에서 세부 사항은 가볍게 뛰어넘고 섹시한 부분만 최대한 선정적으로 제시하는 점을 지적한 것이다. 사람들은 논문의 흐름에 크게 도움이 되지 않는 평범한 부분에는 신경 쓰지 않으며 제목을 화려하게 만들어 주는 부분에만 집중한다. 로버트 예 교수의 연구는 연구를 오용하고 자료를 잘못 이해하는 현실을 풍자

한 것이다. 교수는 맥락이 중요하다고 지적한다.

얼마 전, 나는 TV를 보고 신문을 읽었다. 뉴스는 온통 일주일에 와인 1병을 마시면 암 발병 위험이 증가한다는 연구 결과에 관한 내용이었다. 하지만 이는 구체적인 맥락이 없어서 사실을 확실한 결과라고 볼 수 없었다. 일주일에 와인 1병을 마시는 이유를 묻는 사람은 한 명도 없었다. 어쩌면 스트레스가 많아서 와인을 찾는 것일 수 있다. 그런 상황이라면 와인을 마시든 아니든 간에 스트레스 때문에 암이 생길 수 있다. 하지만 그들은 이미 흥미로운 기삿거리를 찾았기에 더 깊이 파고들지 않았다.

수리 통계학의 창시자인 칼 피어슨은 "상관관계가 인과관계를 의미하는 것은 아니다."라는 말을 남겼다. 낙하산의 예시처럼, 질문이 잘못되면 특정한 데이터를 산출할 수 있을지는 모르나, 맥락을 무시하면 엉뚱한 결과가 나온다. 문제의 핵심은 낙하산 여부에 따른 차이가 아니었다. 지상에 고정된 물체에서 뛰어내리는 것과 공중에서 움직이는 물체에서 뛰어내리는 것의 차이가 핵심이었다. 하지만 데이터에 관해 아무도 그 점을 묻지 않았다. 결국 데이터를 보고도 핵심을 찾지 못한 것이다. 데이터는 단지 숫자일 뿐, 어떤 결론도 제공하지 못한다. 데이터의 역할은 결론을 제시하는 것이 아니다.

인간에게는 데이터에 없는 소프트웨어가 있다. 그것이 바로 상식이다.

56

페널티 킥을 맞은
골키퍼의 불안

철학 블로그에서 알베르 카뮈와 그의 골키퍼 시절에 관한 글을 읽었다. 카뮈 같은 철학자가 골대에 서 있는 모습은 뭔가 어울리는 느낌이 있다. 골키퍼란 외로운 역할이다. 팀에 속하지만 혼자 따로 있어야 한다. 골키퍼는 여러 제약에 따라 움직여야 한다. 자기 팀이 득점하더라도 골키퍼 자신과는 무관해 보일지 모른다. 하지만 상대편이 득점하면 골키퍼가 오롯이 책임을 져야 한다. 카뮈는 골문을 지키고 서서 자신의 역할에 이상한 특성이 있다는 점을 충분히 생각해 볼 수 있었다. 사실 나는 골키퍼가 팀에서 벗어나 있는 존재라고 생각해 본 적이 없었다. 자기가 어떻게 하느냐에 따라 팀의 승패가 좌우된다면 그 중압감을 얼마나 클까. 생각이 여기까지 미치자 빔 벤더스의 〈페널티 킥을 맞은 골키퍼의 불안〉이라는 영화가 생각났다.

이 영화는 골키퍼가 살인을 저지른 후 어디에 숨을지 고민하는 내용이었다. 골키퍼는 축구 경기를 보러 갔다가 페널티 킥 장면을 보게 된다. 그는 페널티 킥을 마주하는 것이 어떤 기분인지 설명한다. 어느 한쪽으로 몸을 날려야 할지 고민이 된다. 만약 그가 몸을 던진 방향과 반대로 공이 날아가면 어떻게 할 것인가? 골키퍼와 페널티 킥을 차는 선수는 서로의 예상을 앞서기 위해 치열한 심리전을 벌인다. 이와 비슷하게 골키퍼는 멀리 도망가지 않고 고향으로 돌아가서 남들의 눈길을 피하지 않고 평범한 일상을 이어간다. 그는 경찰이 특별하게 자신을 찾으려고 애쓰는지 알지 못하지만, 경찰은 숨으려고 애쓰지 않는 사람을 굳이 찾으려 하지 않을 것이다. 그제야 나는 골키퍼가 얼마나 외로운 역할인지 깨달았다. 특히 페널티 킥을 막아야 하는 중압감이 매우 크다는 것도 알게 되었다.

최근 10시즌 동안 발생한 965번의 페널티 킥에 관한 통계를 살펴보았다. 그중에서 168개, 즉 17.4퍼센트는 골키퍼가 왼쪽이나 오른쪽으로 몸을 던져 막아낸 페널티 킥이었다. 그런데 가장 놀라운 사실은 골키퍼가 사이드 방향으로 몸을 던지지 않고 골문 중간에 그냥 서 있었다면 페널티 킥의 33퍼센트를 잡아냈을 것이라는 점이었다. 그렇다면 '골키퍼는 제자리에 가만히 서서 세이브를 두 배로 늘릴 수 있었는데, 왜 그렇게 하지 않았을까?'라는 궁금증이 생긴다.

대니얼 카너먼은 이를 가리켜 '규범 이론norm theory'이라고 하며, '부서진 감정broken emotions'이라는 표현을 사용한다. 관중이 보고 싶어 하는 장면 때문에 골키퍼가 어쩔 수 없이 행동을 취한다는 것이다. 기본적으로 기대되는 규범에 따라 행동하면 좋은 결과가 나오거나 더 많은 인정을 받는다. 그러나 규범과 반대로 행동하면 실패하기 쉽고 더 큰 실망감을 느끼게 된다. 그래서 대다수가 기대하는 대로 행동하는 것이 가장 안전하다고 생각한다. 그렇게 해서 성공하면 아주 만족스러운 것이고, 실패하더라도 아주 심각한 상황이라고는 느끼지 않는다.

골키퍼의 입장에서 보자면, 가만히 서 있는 것이 아니라 화려하게 몸을 날리는 모습을 보여주는 것이 규범에 부응하는 행동이다. 대중은 통계치를 모른다. 그들은 골키퍼가 가만히 서 있는 것보다는 날아오는 공을 향해 몸을 날리는 모습을 보기 원한다. 한번은 프로팀의 골키퍼에게 웨스트햄 골키퍼에 대해 어떻게 생각하는지 물어보았다. 그는 웨스트햄 골키퍼가 실력이 썩 좋지 않다고 생각했다. 나는 "왜 그렇게 말해요? 골키퍼가 선방하는 모습을 보았잖아요?"라고 반문했다. 그 전문가는 설명했다.

"그게 바로 그 골키퍼가 별로 못한다는 증거입니다. 자기 포지션을 벗어날 때만 멋진 모습으로 막아내잖아요. 그가 정말 위치 감각이 좋다면 그가 서 있는 곳으로 공이 날아올 겁니다. 관중들에게는 별로 인상적인 모습이 아니겠지만, 그렇게 하면 골대를 통과하는 공이 적어지고, 결국 더 많은 경기에서 승리하게 됩니다."

우리가 하는 일과도 유사점이 있는 것 같다. 우리도 관중 앞에서 뛰어다니는 선수와 비슷한데, 주로 동료들에게 좋은 인상을 남기거나 상을 받으려고 노력할 때가 있다. 실제로 무엇이 효과적인지 보여주는 통계에는 관심이 없고, 그저 사람들의 눈에 우리가 어떻게 보이는지에 신경을 쓴다. 어쩌면 관련 업계에서 좋은 평가를 받거나 화려한 이미지를 얻는가를 매우 중요하게 여길지 모른다. 어쩌면 최상의 결과를 얻지 못해도 남들이 보기에 인상적인 행동을 하거나 좋은 이미지를 주려고 애쓸지 모른다.

그것은 이미 자기 포지션을 벗어나 관중들의 기대를 만족시키는 데에만 집중하고 있다는 의미일 것이다.

57

멈춰 세우고, 흥미를 갖게 하고, 안으로 들어오게 하라

최근에 딸아이 제이드와 함께 런던의 웨스트엔드 레인을 걷고 있었다. 햄스테드 남쪽의 번화가였는데, 서점 두 개가 서로 가까이 자리 잡고 있었다. 서점 한 곳은 열려 있었지만, 사람이 없었다. 별로 눈길이 가지 않아서 우리는 그냥 지나쳤다. 두 번째 서점은 바깥에 나무로 된 샌드위치 보드를 내놓았다. 거기에는 끈으로 묶은 작은 갈색 꾸러미가 20개 정도 올려져 있었다. 그 위에 '6.99파운드면 책과 블라인드 데이트를 할 수 있습니다'라고 쓰여 있었다. 그리고 작은 꾸러미에는 간단한 시놉시스가 쓰여 있었다. 하지만 안에 들어 있는 책의 제목은 알려주지 않았다. 몇 가지를 소개하자면 다음과 같다.

'문제를 바로잡다 - 목록 - 결혼 - 장애 아동 - 크게 소리 내 웃다', '감옥을 제집처럼 드나드는 사람 - 18세기 - 에로틱 - 귀신 - 마술적 사실주의', '이상한 가족 - 요크셔 - 방금 이혼한 사람들 - 로맨틱 코미디 - 귀엽고 매력적인', '도피 계획 - 이래라저래라하는 남편 - 재발견 - 새로운 시작 - 프로방스', '선과 악 - 두려움과 욕망 - 판타지 호러 - 클래식 - 카니발을 타다'.

제이드와 나는 거기에 적힌 말을 소리 내 읽으면서 어떤 책을 묘사한 것인지 맞히려 했다. 제이드는 '죽게 내버려 두다 - 등산 - 겨울 공포 - 역사적인 - 오한'이라고 읽더니 "조 심슨의 《터칭 더 보이드Touching the Void》예요. 내가 좋아하는 작품이죠."라고 말했다. 나도 하나를 집어 들고 읽어보았다. '사람 모양의 로봇 - 디스토피아 지구 - 현상금을 쫓아다니는 사람 - SF 걸작 - 기발하고 녹장적인'. 나도 무슨 책인지 맞혔다. "《안드로이드는 전기양의 꿈을 꾸는가?》인 것 같은데? 리들리 스콧 감독이 이 책에서 영감을 얻어서 〈블레이드 러너〉라는 작품을 만들었지."

사람들은 우리 부녀가 대화하는 모습을 보더니 샌드위치 보드의 건너편에 붙어 있는 작은 갈색 꾸러미에 쓰인 글을 읽기 시작했다. 금세 대여섯 명이 모여서 꾸러미를 집어 들고 거기에 쓰인 글을 읽었다. 어떤 사람은 책을 찾으러 서점 안으로 들어갔다. 우리가 꾸러미에 쓰인 글을 읽고 이야기하는 모습만 보고 서점 안으로 들어간 사람도 있었다. 그 시간 내내 다른 서점에는 아무도 발길을 주지 않은 것도 흥미로웠다. 그 서점도 사람들이 찾아와주기를 바랄 것이다. 하지만 이쪽 서점이 훨씬 똑똑했다.

그들은 창의적으로 사람들의 이목을 끌었다. 우선 이쪽 서점은 안으로 들어오라고 하지 않고 '6.99파운드면 책과 블라인드 데이트를 할 수 있습니다'라는 흥미로운 문구로 사람들이 잠시 발길을 멈추게 했다. 그러고 나서 호기심을 자극하는 문구로 사람들에게 궁금증을 일으켰다. 책을 좋아하는 사람이라면 거기 멈춰서서 읽어보지 않을 수 없는 방법이었다. 이렇게 사람들이 많이 찾아오는 흥미로운 곳으로 보이게 만든 것 자체가 서점에는 좋은 광고였다. 근처에 있는 텅 빈 서점과 달리 책을 좋아하는 사람들은 누구나 이곳을 그냥 지나치지 못했다.

핵심은 서점 두 곳이 서로 가까이 있었는데 한 곳은 특별한 노력을 기울였고 다른 한 곳은 아무런 노력을 하지 않았다는 것이다. 한 서점 주인은 자신의 가게를 더 매력적이고 흥미를 자극하는 곳으로 만들었다. 심지어 행인들이 자기도 모르게 서점 홍보에 참여하게 했다. 온라인 광고, 타기팅, 알고리즘, 빅데이터는 하나도 등장하지 않았다. 그저 창의성을 조금 발휘한 것이 전부였다. 우리도 책을 좋아하고 당신도 책을 좋아하니 책과 함께 즐거운 시간을 보내자고 제안한 것이다.

광고의 역할은 상대방이 지나갈 때 무엇을 파는 것이 아니다. 광고의 역할은 사람을 멈춰 세우고, 흥미를 갖게 만들고, 가게 안으로 들어오게 만드는 것이다. 누구나 웨스트엔드 레인에 있는 이 작은 서점에서 광고, 마케팅, 미디어의 원리에 대해 많은 점을 배울 수 있다.

아담 바라트는 이런 말을 남겼다.

"말을 물가로 끌고 가려고 하지 말고, 목이 마르게 만들어라."

7장

뜬구름 같은 아이디어를 실감나게 표현하는 유일한 방법

CROSSOVER
THINKING

58

데이터보다 효과적인
이야기의 힘

1842년, 아동고용위원회가 제2차 보고서를 발표했다. 어린 소녀들은 하루 16시간, 일주일에 6일씩 삯바느질을 했다. 고작 8살밖에 되지 않은 소년들은 하루 11시간씩 광산에서 석탄 수레를 끌었다. 커다란 기계를 청소하다가 팔다리가 잘리는 아이들도 있었고, 어떤 경우에는 목숨을 잃기도 했다. 선택지는 둘뿐이었다. 비인간적인 환경에서 일하든지 아니면 굶어 죽어야 했다.

하지만 모든 사람이 이 사실에 괴로워하는 것은 아니었다. 토머스 맬서스라는 성직자는 가난한 사람들을 걱정할 필요가 전혀 없다고 생각했기에 다음과 같이 말했다.

"가난한 자들은 자연스럽게 굶어 죽게 내버려 두는 편이 낫다. 그러면 넘치는 인구도 줄일 수 있어서 좋기 때문이다."

부유한 사람들도 대부분 그런 태도를 보였다. 가난한 사람은 멍청하고 게을러서 육체노동 외에는 아무 쓸모가 없는 존재라고 여겼다. 그들을 교육하느니 차라리 말이나 소를 가르치는 것이 낫다고 생각했다. 부자들은 부자가 자수성가한 사람이라고 생각했다. 그래서 부를 쌓는 것 자체를 목표로 삼고 이를 추구하는 것이 매우 가치 있는 일이라고 여겼다.

위원회의 한 위원은 나서서 젊은 작가에게 일반 대중이 가난한 사람들을 잔인하게 대하는 관행을 뿌리 뽑을 수 있게 도움이 될 만한 팸플릿을 만들어달라고 부탁했다. 그의 목적은 부유층의 탐욕스러운 태도에 사람들의 이목을 집중시키는 것이었다. 젊은 작가의 이름은 찰스 디킨스였다. 그리고 팸플릿의 제목은 〈빈곤층의 자녀를 대신하여 영국 국민에게 보내는 호소〉라고 정했다. 디킨스는 콘월 지역의 주석 광산과 런던의 이스트엔드에 자리 잡은 필드레인 래그드 학교를 찾아갔다. 그런데 그곳의 상황을 직접 보자 머리끝까지 화가 나서 도저히 팸플릿을 만들 수 없었다. 이성에 호소하는 것만으로는 아무것도 바꿀 수 없었다. 사실이나 수치를 제시하는 것은 누구나 할 수 있다. 하지만 디킨스는 사람들의 감정을 건드려야 한다고 느꼈다. 그는 위원장 사우스우드 스미스 박사에게 말했다.

"처음에 생각하신 것보다 20배 정도 강한 힘으로 망치에 얻어맞은 느낌이 들 겁니다."

찰스 디킨스는 《크리스마스 캐럴》을 만들었다. 예전에 그는 스코틀랜드의 어느 묘비에서 '에베네저 레녹스 스크루지 – 식사를 담당하던 사람meal man' 이란 글귀를 본 적이 있었다. 식사를 담당하던 사람이란 옥수수 상인을 가리키는 말이었다. 하지만 디킨스는 글자를 잘못 보고 나쁜 사람mean man이라고 이해했다. 그래서 그는 돈밖에 모르는 지독한 주인공에게 스크루지라는 이름을 붙였다.

스크루지는 돈이 초래하는 고통과 비참함에 개의치 않는 사람, 인류애라고는 전혀 찾아볼 수 없는 인물이었다. 하루는 유령이 스크루지를 찾아와서 과거와 현재, 미래의 모습을 보여주었다. 스크루지는 타이니 팀이라는 장애인 아이가 힘겨워하는 모습을 보고 마음이 먹먹해졌다. 이 아이가 생명을 부지힐 수 있냐고 묻자, 유령은 대답했다.

"가난한 자들은 자연스럽게 죽도록 내버려 두는 편이 나아. 그러면 넘치는 인구도 줄일 수 있잖아."

토머스 맬서스라는 성직자의 말을 그대로 인용한 것이었다. 유령은 스크루지에게 굶어 죽기 직전의 꼬마 두 명을 보여주었다. 사실 그것은 디킨스가 학교에서 본 아이들의 모습이었다. 유령은 설명했다.

"남자아이의 이름은 무지함이고 여자아이의 이름은 부족함이야. 둘 다 조심해야 해. 특히 남자아이를 더 조심하는 게 좋을 거야."

스크루지는 꿈에서 본 상황에서 큰 교훈을 얻고 자기 행동을 바꾸었다.

그가 얻은 교훈이란 고용주가 근로자의 복지에 책임이 있다는 것이었다. 지금까지 부유한 사람들은 한 번도 그런 생각을 해본 적이 없었다. 역사상 처음으로 사회적 책임이라는 개념이 딱딱한 사실관계, 감정 없는 숫자와 데이터가 아니라 감정을 담은 인간적인 방식으로 표현된 것이었다. 첫해에 이 책은 13번이나 재판되었고, 미국에서만 200만 부가 팔려나갔다. 사람들은 무미건조하고 사실만 나열한 보고서는 절대 읽지 않지만, 이 책은 읽고 또 읽었다. 여러 해가 지나면서 이 책은 48회 연극으로 각색되었고, 28회 영화로 제작되었다. TV에는 87회, 라디오 방송에는 25회 등장했다. 오페라 작품으로 4번, 발레 공연으로 2번, 만화와 소설이 합쳐진 형태의 책으로 15번, 비디오 게임으로 2번 각색되었다. 책으로 출간된 이후, 매년 크리스마스 시즌이면 학교 수업에서도 사용되었다.

월트 디즈니는 "사람들을 교육하려면 즐겁게 해 주어야 한다. 반대로 해서는 결코 효과가 없다."라고 말했다.

59

동질감을 부르는 표현들

미국 텍사스 교통부는 한 가지 골칫거리를 안고 있었다. 고속도로에 버려진 쓰레기를 치우는 데 연간 2천만 달러가 들었다. 매년 그들은 '미국을 아름답게 유지합시다', '텍사스에 쓰레기를 버리지 마세요'와 같은 캠페인을 진행했지만, 아무 소용이 없었다. 게다가 이 문제는 매년 17퍼센트씩 증가하고 있었다. 존 오스틴 국장은 GSD&M이라는 광고 에이전시에 도움을 요청했다. 에이전시에 근무하던 팀 맥클루어는 대니얼 B. 시렉이라는 연구원에게 이 문제를 정의해보라고 요청했다. 그는 고속도로의 쓰레기 대부분은 18~24세 남성이 버린 것이라고 했다. 이들은 픽업트럭을 타고 다니면서 맥주 캔이나 패스트푸드를 먹고 남은 쓰레기를 차창 밖으로 던지곤 했다. 이들은 혈기 왕성하고 반항적이었으며, 쓰레기는 그저 남의 일이라고 여겼다.

맥클루어는 기존의 광고가 이들의 언어를 사용하지 않고 있다는 점을 깨달았다. 젊은 남성들은 쓰레기를 버리지 말라거나 미국을 아름답게 유지하자는 말에 전혀 공감하지 않았다. 젊은 남성들의 관심을 끌려면 그들의 언어로 말을 걸어야 했다. 그는 어릴 때 엄마가 해준 말을 떠올렸다. '이 방은 난장판이구나', '난장판을 좀 치우렴', '누가 이렇게 난장판을 만든 거지?'. 그는 바로 이거야! 그게 바로 젊은 남자들이 사용하는 표현이라는 생각이 들었다. 그래서 '텍사스를 난장판으로 만들지 마!'라는 문구를 만들었다. 표현도 적절했지만 거만하고 도전적인 말투도 적절했다.

그러나 교통부 이사회를 설득하기란 쉽지 않은 일이었다. 맥클루어는 말했다.

"이사회는 다들 107세 정도의 노인이었어요. 그중 한 분이 최소한 '~해주시겠어요?'라고 하면 좋겠다고 말씀하셨죠. 하지만 저는 안 된다고 했어요. 그렇게 하면 문구를 다 망치니까요."

결국 교통안내부 책임자인 돈 클라크가 나서서 이사회의 반대를 무시하고 이 문구를 통과시켰다. 우선 사람들이 이 표현에 친숙해지도록 범퍼 스티커를 제작하여 트럭 휴게소와 식당에서 나눠주기 시작했다. 그리고 나서 이듬해에 TV 광고를 시작했다.

제50회 코튼볼에서 스티비 레이 본은 기타로 블루스곡을 선곡하면서 말했다.

"매년 텍사스 고속도로에 버려진 쓰레기를 줍는 데 2천만 달러가 넘게 듭니다. 텍사스를 난장판으로 만드는 것은 텍사스주에 대한 모욕일 뿐만 아니라 엄연한 범죄입니다."

그는 카메라를 정면으로 응시하면서 "텍사스를 난장판으로 만들지 마!"라고 말했다. 그러자 모든 사람이 배지, 티셔츠, 모자, 범퍼 스티커 등에 그가 한 말을 넣고 싶어 했다. 그리고 텍사스주 출신의 유명인들도 저 문구가 나오는 광고에 출연하기를 원했다. 그 후 12년 동안 윌리 넬슨, 매튜 맥커너히, 조지 포먼, 척 노리스, 리앤 라임즈, 조지 스트레이트, 어슬립 엣 더 휠, 패뷸러스 썬더버즈처럼 텍사스 출신이라는 점을 자랑스럽게 생각하는 사람들과 손잡고 26개의 TV 광고를 제작했다. 후에 미국 대통령에 당선된 조지 W. 부시도 연설에서 이 표현을 언급했다.

그렇다면 사람들이 쓰는 언어로 제작한 광고는 어떤 효과가 있었을까? 캠페인을 벌인 첫해에는 쓰레기가 29퍼센트 감소했다. 두 번째 해에는 쓰레기가 54퍼센트 줄어들었다. 그리고 3년째 되는 해에는 72퍼센트 감소했다. 이는 교통부 이사회가 적절하다고 생각한 표현이 아니라, 사람들이 실제로 사용하는 표현을 주로 사용했기 때문에 이러한 효과가 나타난 것이다.

그들이 평소에 쓰는 표현을 사용하자 그들도 자연스럽게 대화에 참여했다. 그래서 사람들은 새로 만들어진 광고에 동질감을 느꼈고, 기꺼이 광고 문구를 행동에 옮겼다. 광고란 이런 식으로 만들어야 한다. 돈을 쏟아붓는 것이 아니라 머리를 써야 한다. 적극적으로 사람들의 머릿속에 파고들어서 그들이 평소에 쓰는 언어로 그들에게 말을 걸어야 한다. 잔소리를 퍼붓는 것이 아니라 그들이 이해하고 받아들일 수 있는 방식으로 말을 걸어야 한다. 그렇게 하면 우리가 원하는 행동을 유도할 수 있다.

먼저 그들이 뭘 원하는지 알아내야 한다.

60

모세의 착각과
지식 태만

1970년, 미국의 두 심리학자 그레고리 킴블과 로렌스 썰너런는 〈심리학 개관〉에 논문을 발표했다. 논문에는 어떤 질문에 대한 사람들의 대답이 소개되었는데, 처음 네 개의 질문에는 답이 쓰여 있고, 마지막 답은 빈칸으로 남겨진 질문에 대한 사람들의 반응을 보여주었다.

질문 1) 도토리는 어느 나무에서 나오는가?

답) 오크 나무oak

질문 2) 재미있는 이야기를 뭐라고 하는가?

답) 농담joke

질문 3) 개구리는 어떤 소리를 내는가?

답) 개굴개굴croak

질문 4)　cape[망토라는 뜻 - 옮긴이]를 다른 말로 뭐라고 하는가?

답)　　　망토cloak

질문 5)　달걀의 하얀 부분을 무엇이라고 하는가?

답)　　　노른자yolk

이제 잠시 멈추어 생각해 보면 마지막 질문의 답이 틀린 것을 알 수 있다. 하지만 질문을 듣자마자 사람들이 내놓은 대답은 예상했던 것과 일치했다. 그들의 머릿속에는 일정한 리듬이 형성되어 '오케oke' 소리가 들어간 단어가 먼저 떠오른 것이다. 이것을 '노른자 현상Yolk Phenomenon'이라고 한다.

1981년, 미국의 두 심리학자 토마스 에릭손과 마크 맷슨은 언어 학습 및 언어행동학회지에 흥미로운 논문을 발표했다. 두 학자는 사람들에게 다음과 같은 질문을 했다.

"모세가 방주에 태운 동물은 종류별로 몇 마리였을까요?"

예상대로 응답자 대부분이 두 마리라고 대답했다. 하지만 정답은 두 마리가 아니다. 정확히 말하면 정답은 없다고 해야 한다. 방주에 동물을 데리고 들어간 사람은 모세가 아니라 노아였기 때문이다. 이 이야기는 '모세의 착각Moses illusion'이라고 알려져 있다. 노른자 현상처럼 '지식 태만Knowledge neglect'의 일종이라고 볼 수 있다.

지식 태만이란 실제로는 옳은 답을 알지만, 문제에 들어 있는 다른 요소 때문에 주의 집중이 흐트러져서 정답을 찾지 못하는 현상이다. 모세의 착각에서 응답자들은 '동물 몇 마리'라는 표현에 현혹된 것이다. 그 표현에 집중하느라 질문 자체에 오류가 있다는 점을 간과했고, 결국 엉뚱한 대답을 내놓았다.

우리도 광고할 때 이런 실수를 저지른다. 핵심적인 부분은 간과하고 별로 중요하지 않은 부분을 해명하려고 한다. 상식적으로 주목받지 못하는 광고는 효과가 없다. 상식적으로 사람들의 기억에 남지 못하는 광고는 효과가 없다. 상식적으로 사람들에게 행동할 이유를 제시하지 못하는 광고는 효과가 없다. 그런데 모든 부서가 브랜드 목적에만 매달리기 때문에 이런 상식을 모두 간과해버린다.

그 결과, 광고는 오로지 브랜드 목적을 보여주기에 급급한 방식으로 진행된다. 사람들의 이목을 끄는 것, 사람들의 기억에 오래 남는 것, 그들에게 행동할 이유를 주는 것은 모두 무시된다. 노른자 현상이나 모세의 착각처럼 당연한 것으로 여겨진다. 사실 광고는 지식 태만의 전형적인 예시라고 할 수 있다. 우리는 이런 기사가 들어 있는 출판물을 읽지만, 아직도 거기에 묘사된 사람들과 똑같이 행동한다. 이목을 끌고 기억에 남고 행동할 이유를 주는 것이 광고의 목적인데, 우리는 이 목적을 잊고 있다.

뻔한 브랜드 목적을 담는 도구의 역할만 해서는 안 될 것이다.

61

문법은 중요하지 않아

영국 브리스틀에 사는 어떤 남자는 구두점을 잘못 사용하는 것을 참지 못했다. 사실 많은 사람이 구두점을 제대로 사용하지 않지만, 이 남자는 그 문제를 그냥 좌시하지 않는다는 점이 달랐다. 그는 10년 넘게 밤거리를 돌아다니며 각종 표지판의 구두점을 수정했다. 특히 아포스트로피를 잘못 사용하는 것이 매우 거슬렸다. 그래서 밤이 되면 3미터짜리 막대기와 접착식 비닐을 들고 다니면서 아포스트로피가 빠진 곳에 써넣거나 잘못 사용된 아포스트로피를 덮어버렸다.

그가 처음으로 고친 간판 중 하나는 Amys Nail's[에이미 네일숍이라는 뜻 - 옮긴이]이었다. Amy's Nails가 정확한 표현이었다. 그다음에는 Cambridge Motor's(케임브리지 모터스)였다. 그는 아포스트로피를 감쪽같이 지워버렸다. 그리고 나서 테스코Tesco[영국 최대의 식품, 잡화 판매 회사 - 옮긴이)로 가서 Fish is not just for Friday's(생선을 금요일에만 먹으라는 법은 없죠)라는 문구에서 아포스트로피를 지워버렸다. Gardeners Patch(가드너스 패치)와 Roxfords Pet Shop(록스포드 펫 샵)에는 각각 아포스트로피를 써넣었다. Vincenzo & Sons Gentlemens Hair Stylist(빈센조앤썬즈 남성미용실)과 Herberts Bakery(허버츠 베이커리)에도 아포스트로피를 추가했다. 반대로 Computer Course's(컴퓨터 코스)와 Pizza Fast Fire'd(피자 패스트 파이어)에서는 아포스트로피를 지워버렸다.

Please Clean Up After You're Dogs(댁의 개가 지나간 자리는 치워주세요)라는 문구에서는 아포스트로피와 e를 지워야 했다. 최고의 진정성을 뜻하는 문구인 Authenticity at it's Best에서도 아포스트로피를 지웠다. Toilet ONLY for Disabled Elderly Pregnant Children(장애인, 노약자, 임산부, 어린이 전용 화장실)을 뜻하는 문구에는 콤마를 여러 개 넣어야 했다. Tux & Tail Gentlemens Outfitters(턱스 앤 테일 남성 정장)과 Robin Hoods of Treece(로빈후즈 오브트리스)에는 각각 아포스트로피를 하나씩 추가했다.

이 남성은 자기가 문법 자경단원이라고 말했다. 일반적인으로는 이 사람이 너무 까다롭고 세세한 규칙을 앞세운다고 했겠지만, 이 경우에는 동정심이 느껴졌다. 나는 그럴 만한 이유가 있다면 규칙을 깰 수도 있다고 생각한다. 하지만 아무 이유 없이 부주의하거나 게으름을 피우는 것은 찬성할 수 없다. 귀찮은 것을 싫어하는 사람들은 규칙을 계속 무시해버린다.

기호의 목적은 의사소통이다. 의사소통을 시도하는 사람과 상대방 양측, 모두에게 정확해야만 의사소통이 원활하게 이루어진다. 나는 오랫동안 런던 최고의 아트 디렉터로 손꼽히는 고든 스미스와 함께 일했다. 그는 난독증이 있어서 철자를 자주 틀렸다. 객관적으로 이해할 만한 상황이다. 하지만 자신의 약점을 대충 보아 넘기기에는 자존심이 강한 사람이었다. 그는 주머니에 항상 철자를 확인하는 작은 전자 기기를 가지고 다니면서 모든 단어와 콤마, 아포스트로피의 사용이 정확한지 확인했다. 이런 확인 작업은 누구도 대신해줄 수 없다. 고든은 '자기'가 만든 모든 광고의 아주 사소한 부분까지 철저히 확인한다. 바로 이런 태도 때문에 흔히 볼 수 있는 게으르고 대충 일하는 사람이 아니라 런던에서 최고 실력을 인정받는 아트 디렉터가 되었을 것이다.

문자 메시지를 보낼 때처럼 스펠링이 틀려도 별로 문제가 되지 않는 경우도 있다. 상대방은 메시지를 보내는 당신이 말하는 방식을 잘 알 것이다. your를 ur로, because를 coz로 여러 번 줄여 써도 별로 문제가 되지 않는다. 이런 방식을 몇 주에 걸쳐서 써야 하는 글에 적용할 때도 있다. 본인이 젊은 감각을 유지하고 최신 유행에 민감하다는 것을 보여주는 '요즘 아이들처럼Down wiv da kidz'이라는 말이 있다. 쉽게 말해서 할머니가 핫팬츠를 입고 있다고 상상하면 된다.

한번은 보수정당 선거 포스터에 사치는 EDUKASHUN ISN'T WORKING(규육은 작동하지 않습니다)이라는 표현을 사용했다. 일부러 스펠링을 틀리게 한 데에는 이유가 있었다. 하지만 정확하게 EDUCATION ISN'T WORKING(교육은 작동하지 않습니다)이라고 썼다면 훨씬 바람직했을 것이다. 아무튼 이 표현을 사용한 사람은 똑똑한 척하려는 의도는 없었다. 그냥 귀찮았을 뿐이다. 일부러 규칙을 어기려고 한 것이 아니라 남들이 어떻게 생각할지 전혀 신경 쓰지 않았다. 세부적인 부분에는 조금도 관심을 기울이지 않았다. 이런 점을 보면 광고를 보는 소비자를 무시한다는 생각이 든다.

"이 정도면 충분하다고 할 수 있잖아. 무슨 말인지 이해할 거야. 누가 그렇게 자세히 보겠어?" 라고 생각할지 모른다.

우리가 이런 것이 거슬리지 않는다면, 다른 사람에게 이런 것이 거슬리리라 생각할 이유도 없을 것이다.

62

단순함은 언제나
복잡함을 이긴다

1830년, 사람들은 장거리 통신에 전기를 사용할 수 있는지 궁금해하기 시작했다. 이 방법은 전신telegraphy이라고 이름이 붙었는데 두 가지 전신이 등장하여 경쟁을 벌였다. 영국에는 윌리엄 쿡 경과 찰스 휘트스톤 경이 있었고, 미국에는 레오나르드 게일과 새뮤얼 모스가 있었다. 쿡과 휘트스톤의 시스템은 전기 신호가 오면 수신자 측의 바늘을 수기 신호와 같은 패턴으로 바꿀 수 있는 더 정교한 방식이었다. 정보를 송수신하려면 고도로 복잡한 장비가 필요했다. 그리고 두 사람이 필요했다. 한 사람은 바늘을 지켜봐야 하고, 다른 사람은 불러주는 대로 글자를 받아적어야 했다. 영국에서는 주로 시외 연락에 사용되었으므로 충분히 잘 작동했다.

하지만 게일과 모스의 방식은 미국처럼 탁 트인 방대한 공간이나 소도시에 더 적합했다. 그들의 시스템은 훨씬 단순해서 스위치로 전류를 이어주거나 차단할 수 있고, 전류의 흐름을 아주 짧게 하거나 조금 길게 하는 정도로 조절하는 게 전부였다. 전류가 짧게 흐르면 점으로 표시하고 약간 길면 선으로 표시했다. 두 사람은 점과 선을 배열하여 알파벳을 만들었다. 이 시스템에는 다른 부품이나 정교한 장비가 전혀 없었다. 점과 선을 간단하게 소리로 표현했기에 기계를 지켜볼 사람은 필요 없었고, 글자를 받아적을 작업자 한 명이면 충분했다.

E는 점 하나면 충분했다. I는 점 2개, T는 선 1개, M은 선 2개였다. 다른 글자는 점과 선을 적절히 섞어서 표현했다. 어딘지 알 수 없는 곳에 혼자 덩그러니 앉아 있는 사람도 메시지를 송수신할 수 있었다. 이 시스템은 개발자의 이름을 따서 모스 부호라고 불렸다.

쿡과 휘트스톤이 개발한 시스템은 자취를 감추었으나 모스 부호는 그 후 수백 년간 모든 통신 체계를 지배했다. 쿡과 휘트스톤의 시스템은 복잡한 하드웨어 중심으로 만들어졌기 때문에 실패했다. 이에 반해 모스 부호는 세상에서 제일 단순한 소프트웨어인 사람들 중심으로 작동했기에 성공할 수 있었다.

모스 부호는 전기 공급에 상관없이 어디에서나 배우고 사용할 수 있었다. 항해에 나선 배는 조명을 깜박거리게 해서 점과 선으로 이루어진 메시지를 보낼 수 있었다. 감옥에 있는 죄수는 양철 컵으로 창살을 톡톡 두드려서 메시지를 보낼 수 있었다. 하드웨어가 전혀 없는 상황에서도 사람들은 이런 식으로 모스 부호를 응용할 수 있었다. 1941년 포로수용소에서 알렉시스 카스다글리 소령은 다른 수용소로 이동할 때 가져갈 손뜨개 벽걸이를 만들었다. 독일군은 이 벽걸이가 영국군이 얼마나 무기력한지 보여준다고 생각했기에 이것을 벽에 걸도록 허락해 주었다. 하지만 영국인 죄수들은 누구나 벽걸이 무늬에 들어 있는 패턴이 무슨 의미인지 알 수 있었다. '망할 놈의 히틀러'라는 문구가 모스 부호로 벽걸이 전체를 도배하다시피 했다.

1966년 베트남에 추락한 어느 미군 비행사는 동영상을 만들라는 명령을 받았다. 그는 카메라를 향해 말했다. "필요할 때는 적절한 음식, 옷, 의료 서비스를 받고 있습니다." 하지만 그는 이 말을 하는 동시에 눈을 깜박였다. 모스 부호로 '고문하다'라는 단어를 표현한 것이다.

모스 부호가 발명된 지 200년이 지나도록 여전히 쓰이는 이유는 간단하기 때문이다. 모스는 사람의 심리를 고려할 때 복잡한 것보다 단순한 것이 효과적이라는 점을 잘 알고 있었다. 여기에서 우리는 교훈을 얻어야 한다. 복잡한 것은 커다란 이불처럼 안정감을 줄 수 있다. 우리가 꽤 똑똑한 사람이라는 착각을 주고 더 안전하다고 느끼게 만든다. 하지만 현실에서 복잡한 것은 일종의 약점이 된다. 단순한 답을 찾기 위해 깊이 생각해 보지 않았다는 뜻이기 때문이다. 단순하게 될 때까지 계속 노력하지 않고 복잡한 상태에서 해결 과정을 멈추어 버렸다는 뜻이다. 그렇게 하면 결코 사람들의 마음 깊이 파고들 수 없다.

　단순함은 언제나 복잡함을 이기고 만다.

63

진실을 알리는
창의적인 방법

작은 글자로 인쇄된 부분은 아무도 읽지 않으므로, 그곳에는 어떤 내용이든 다 숨길 수 있다.

〈가디언〉에서는 영국 맨체스터에 본사를 둔 퍼플이라는 회사의 사례를 소개한다. 2017년, 2만 2천 명이 무료 와이파이 서비스에 가입했다. 하지만 이들은 작은 글자로 된 부분을 읽지 않아 화장실 청소, 막힌 하수구 뚫기와 같은 사회봉사 활동 1,000시간에 동의했다는 것을 알지 못했다. 어떤 경우에는 첫 아이가 태어나면 완전히 넘겨주겠다는 조건에 동의한 사람도 6명이나 있었다. 그들도 작은 글씨로 된 부분을 확인하지 않은 것이었다.

어떤 기업은 이 부분으로 장난을 친다. 2010년 4월 1일, 게임스테이션의 작은 글씨에는 해당 부분의 박스에 체크 표시를 지우지 않으면 '불멸의 영혼을 주장할 수 있는 권리에 대해 양도 불가의 옵션'을 승인하는 것이라고 명시했다. 애플의 아이튠즈 최종 사용자 라이선스 협정에는 이런 문구가 있다. '화재, 지진, 핵사고, 좀비와의 전쟁 등 당사가 통제할 수 없는 원인으로 인한 이행 지연이나 불이행에 대해 당사는 책임을 지지 않습니다'.

작은 글자로 된 부분은 이제 농담이 되어 버렸다. 아무도 이 부분을 정독하지 않는다. 그냥 화면을 아래로 쭉 내려서 체크박스에 동의해 버린다. 일부 기업은 사용자가 이렇게 빨리 지나가 버리는 것을 좋아한다. 여행 보험에 관련된 사례를 살펴보자. 보니 솔버그는 남편과 다코타에서 휴가를 보내던 중 남편이 사망했다. 솔버그는 의료비와 같은 만일의 사태에 대비하여 여행 보험에 가입해두었지만, 작은 글씨로 된 부분을 제대로 읽지 않았다. 그녀가 보험사에 청구할 수 있는 최대 금액은 고작 846달러였다. 차액인 2만 8,333달러는 본인이 직접 부담해야 했다. 낸시 모건도 '어떤 이유로든 취소'라는 문구가 쓰인 여행자 보험에 가입했다. 그러나 그녀도 작은 글씨를 제대로 읽지 않았다. 나중에 취소해야 하는 상황이 되었을 때, 그녀가 취소하려는 이유는 작은 글씨로 나열된 이유에 해당하지 않아서 결과적으로 환불을 받을 수 없었다.

사실 이런 관행 때문에 여행 보험사의 평판이 좋지 않을 수밖에 없다. 하지만 스퀘어마우스라는 여행 보험 업체는 이런 식으로 평판이 떨어지는 것을 원하지 않았다. 그들은 업계 내 다른 기업과 달리, 모든 고객에게 작은 글씨로 된 부분을 꼼꼼하게 읽어보라고 권장했다. 보험금을 청구할 때 기분 나쁘게 깜짝 놀라는 일을 방지하려는 것이었다.

스퀘어마우스는 보험 계약서에서 작은 글자로 된 부분을 읽는 소비자가 1퍼센트밖에 안 된다는 것을 알면서도 이 부분을 개정했다. 7페이지 하단에 '꼭 읽어보세요'라는 문구와 함께, 이 부분을 처음 발견한 사람에게 1만 달러를 지급한다고 기재했다. 도나 앤드루는 스퀘어마우스의 작은 글씨로 된 부분을 처음으로 읽은 사람이었다. 미국 조지아주 출신의 고등학교 교사인데, 그녀의 전공은 소비자 경제학이었다. 그녀는 "이런 말을 하면 괴짜처럼 들리겠지만, 소비자가 이용당하는 일이 없도록 계약서를 꼼꼼히 검토하는 방법을 배워서 알고 있죠."라고 말했다. 앤드루는 스퀘어마우스에서 1만 달러를 받았을 뿐만 아니라 어린이 문맹 퇴치 자선 단체를 위한 기금 1만 달러와 자신이 근무하는 학교 도서관에 기부할 5천 달러도 받았다.

한편 스퀘어마우스의 새로운 시도는 CBS 뉴스, 〈워싱턴 포스트〉, 〈USA 투데이〉, 〈머니 매거진〉, 〈포브스〉, 〈여행+레저〉, 〈피플〉, 〈야후〉, 〈트래블 위클리〉 등에 보도되었다. 이처럼 언론에서 큰 관심을 받은 것은 1만 달러의 상금을 훨씬 능가하는 가치를 창출했다. 이제 어떤 여행 보험 회사가 정직성과 신뢰라는 브랜드 이미지를 갖게 되었는지 맞혀보길 바란다. 휴가 시 여행 보험에 가입해야 할 때 사람들 사이에서 입소문이 얼마나 많이 퍼질지 생각해 보라.

브랜드는 이미지와 일맥상통하며, 이미지는 결국 평판을 뜻한다. 브랜드를 구축할 때 우리가 꼭 기억해야 할 교훈이다.

진실을 알리되, 놀라움을 안겨주면서도 창의적인 방식으로 그렇게 해야 한다.

64

실례합니다,
그게 무슨 뜻이죠?

중세 시대의 관습법에 따르면 여자는 남편의 소유물이었다. 남편은 가축이나 자녀처럼 종종 아내를 훈육해야 했다. 그렇지만 아내를 죽이지 않도록 적절한 정도의 힘만 사용해야 했다. 1782년, 프랜시스 불러 판사는 이러한 사건에 대한 판결을 내려야 했다. 그는 한 남자가 절굿공이[방망이처럼 생긴 무거운 주방 도구 - 옮긴이]로 아내를 때려 숨지게 한 혐의로 유죄 판결을 받은 이전 판례를 참조했다. 당시 판결문은 다음과 같았다.

"법에 따라 남편이 아내의 잘못이나 문제를 바로잡을 수 있지만 절굿공이는 그렇게 하는 데 적합한 도구가 아니다."

불러 판사는 가이드라인이 더 구체적이어야 한다고 생각하여 다음과 같이 판결했다.

"남편은 아내를 때리더라도 자기 엄지손가락보다 크지 않은 막대기를 사용해야 처벌받지 않는다."

그러자 제임스 길레이라는 만화가를 불러 판사의 캐리커처를 그린 다음 '엄지손가락 판사'라는 제목을 붙였다.

이 규칙은 그 후에도 지속되었다. 1824년 미시시피 법원 판결에 따르면 남성은 엄지손가락보다 굵지 않은 지팡이를 사용하여 가정 내에 규율을 세울 수 있다고 알려준다. 또한, 1868년 노스캐롤라이나에서는 한 피고인이 자기 아내에게 '손가락 두께 정도'의 지팡이를 사용한 것으로 알려졌다. 그는 손가락이 엄지손가락보다 가늘다는 이유로 풀려났다. 대법원은 후에 이 판결이 유효하다고 보았다.

1917년 베이른 스테드만이라는 법학자는 자기 엄지손가락의 굵기를 넘지 않는 매를 사용할 경우라면 '아내를 적절한 수준으로 체벌'하는 것을 허용하는 오랜 관습법을 인용했다. 1976년 여성 인권 옹호자인 델 마틴은 상투적인 예시로 이 법을 인용했다. '관습법은 남편이 자기 엄지손가락보다 크지 않은 채찍으로 아내를 때리는 것을 허용하는 쪽으로 개정되었다. 여기에서 엄지손가락 법칙, 즉 경험법칙이라는 말이 나온 것이다'. 1977년 매 맞는 여성에 관한 책에는 이런 표현이 등장했다. '19세기 영국 아내들이 남편과 법제도에 의해 그토록 가혹한 취급을 당한 이유는 바로 경험법칙 때문이었다'. 이런 식으로 '경험법칙'이라는 표현은 널리 사용되었다.

위키피디아에서는 경험법칙을 '이론이 아니라 실질적인 경험에 따라 쉽게 배우고 쉽게 적용할 수 있는 절차나 표준'이라고 정의한다. 흥미롭게도 위키피디아는 휴리스틱을 정의할 때도 '경험법칙'이라는 개념을 사용한다. 휴리스틱은 사람들이 문제를 해결하거나 빠르고 효율적으로 판단하게 해주는 정신적인 지름길이다. 이러한 '경험법칙'을 사용하면 의사결정 시간이 줄어들며, 사람들이 다음 행동 방침에 대해 끊임없이 생각하지 않고도 업무를 수행할 수 있다.

행동 경제학에서는 휴리스틱을 인지적 편향이라고 부른다. 인지란 '사고나 추리처럼 의식적이고 지적 능력을 사용하는 것'이며, 편향이란 '어떤 사람이나 어떤 대상을 선호하거나 반대하는 경향을 보이는 것'이다. 따라서 간단히 설명하자면 경험법칙은 휴리스틱이고, 휴리스틱은 곧 편견에 사로잡힌 사고방식을 가리킨다. 행동 경제학에서 인지적 편향은 확인 편향, 가용성 편향, 매몰 비용 편향, 앵커링 편향, 프레이밍 효과 편향, 행위자 - 관찰자 편향 등을 모두 포함한다. 물론 이런 표현들은 외부인에게 상당히 부담스럽고, 어렵게 들린다. 하지만 실제로는 어렵고 긴 단어로 포장된 것에 불과하며, 결국은 경험법칙을 가리킨다. 그리고 경험법칙은 어리석기 짝이 없는 중세 시대 법에서 나온 것이다. 그러니 길고 복잡한 표현에 겁먹을 필요가 없다. 포장을 걷어내고 실제로 무슨 뜻이 들어 있는지 알아보라. "실례합니다. 그게 무슨 뜻이죠?"라고 묻는 것도 좋은 경험법칙이자 경험적 방식이다.

사람들이 길고 복잡한 표현을 사용하지만 정작 그게 무슨 뜻인지, 어디에서 나온 표현인지 모르는 경우가 많다는 점에 놀라게 될 것이다.

65

차단 알고리즘의
엉뚱한 실수

몇 년 전, 영국 스컨소프 병원은 새로운 컴퓨터 시스템을 설치했다. 본격적으로 가동한 첫날, 직원들은 평소대로 이메일을 사용했다. 하지만 점심 무렵이 되자, 이메일에 답장이 전혀 오지 않는다는 사실을 알게 되었다. 그들은 시스템을 확인했고, 시스템에는 전혀 문제가 없었다. 문제는 새로 설치한 시스템의 필터였는데, 이 필터는 외설적인 표현을 찾아서 차단해주는 것이었다. 물론 컴퓨터는 단어의 뜻을 이해하지 못한다. 그저 문자의 연결을 통해 단어를 인지할 뿐이다. 컴퓨터에는 외설스러운 표현이라서 금지된 단어 7개의 목록이 들어가 있었다.

그런데 그중에서 가장 외설스러운 단어는 스컨소프 이름의 두 번째, 세 번째, 네 번째, 다섯 번째 글자였다. 스컨소프라는 이름은 직원들이 작성한 모든 이메일에 포함되어 있었다. 그래서 병원 외부인이 답장하기 버튼을 누르는 순간, 컴퓨터는 주소에 있는 글자를 확인한 결과 이를 외설스러운 표현으로 간주하여 차단한 것이다. 이렇게 해서 컴퓨터 업계에는 '스컨소프 문제'라는 표현이 생겼다.

지금도 전 세계 모든 지역의 컴퓨터 시스템에는 금기어가 미리 정해져 있다. 벨기에 정치 후보자 루크 아누스Luc Anus도 바로 이런 이유로 차단당했다. 제프 골드의 시타케 머시룸Shitake Mushrooms 이라는 웹사이트도 마찬가지였다. 아룬 딕싯Arun Dikshit, 벤 슈먹 Ben Schmuck, 마이크 딕먼Mike Dickman, 크레이그 콕번Craig Cockburn, 더글라스 쿤츠Douglas Kuntz, 제임스 버츠James Butts, 브라이언 완쿰 Brian Wankum도 이름 때문에 난처하기는 마찬가지였다. 페니스톤 Penistone, 미들섹스Middlesex, 클리데로Clitheroe, 라이트워터Lightwater 와 같은 지명도 같은 이유로 차단되었다.

영국왕립조류보호협회도 tit[젖가슴을 뜻하는 속어지만 새 이름에 종종 이 단어가 사용됨 - 옮긴이], cock[수탉을 뜻하지만, 남성의 성기를 가리키는 비속어로 쓰이기도 함 - 옮긴이], boobies, shag와 같은 단어 때문에 차단되었다. 맨체스터 시의회 기획부도 erection[건립, 대형 구조물이란 뜻 외에 남자의 발기를 뜻함 - 옮긴이]을 포함하는 이메일이 차단되는 통에 어려움을 겪었다. 더들리 출신의 시의원은 방문객에게 현지 음식인 고기 경단faggot[남성 동성애자를 비하하는 뜻으로도 쓰임 - 옮긴이]이 아주 맛있다고 말했다가 차단당했다. 아스널 축구 클럽과 프랑스 TV 방송국 카날 플러스도 비슷한 문제를 겪었다. 또 다른 필터는 ass를 butt으로 자동 변환했다. 그래서 'classic'은 'clbuttic'으로, 'assassinate[암살하다는 뜻 - 옮긴이]'는 'buttbuttinate'가 되어 버렸다. 호니먼 박물관도 여러 차례 차단되었고 딕 휘팅턴 팬터마임도 비슷한 처지였다. 이처럼 기술상의 문제는 그저 과도한 경계심에 발생하는 것처럼 보인다.

하지만 실제로는 그렇지 않다. 미국의 테크니컬 라이터[전문적인 정보를 제공하는 사람 - 옮긴이] 카베 와델은 한 가지 실험을 해보았다. 그는 아주 위험한 가짜 코로나바이러스 관련 정보를 포함한 7가지 광고를 페이스북에 제출했다. 그는 자기보존협회라는 가상의 광고주를 내세웠다. 그중 하나의 광고에는 이런 문구가 있었다. '코로나바이러스는 사기꾼들이 하는 말이에요. 그냥 평소처럼 생활하면 됩니다'. 두 번째 광고에는 '사회적 거리 두기는 아무 소용 없는 짓이니 그냥 무시하세요'라는 문구가 들어 있었다. 세 번째 광고에는 '30세 이하의 젊은 사람은 코로나바이러스에 전혀 감염되지 않아요. 안전합니다'라고 했으며, 네 번째 광고에는 '집 안에 있지 말고 일상생활로 복귀하세요'라고 했다.

모든 광고가 승인받는 데는 불과 몇 분이 걸리지 않았다. 하지만 광고를 실행하기 전에 사이트는 폐쇄되었다. 이로써 와델은 자신의 주장을 명확히 전달했다. 페이스북은 지난해 광고로 300억 달러를 벌었으나, 인력이 부족해서 알고리즘을 활용하여 자동으로 광고를 심사한다고 밝혔다. 하지만 기술은 두 가지 측면에서 모두 실패하고 있는 것 같다. 정작 차단해야 하는 것은 차단하지 못하고, 차단하면 안 되는 것을 차단하기 때문이다. 구식처럼 보이지만 기술보다 뛰어난 인간의 두뇌를 다시 사용해야 하지 않을까?

인간이 기술보다 더 똑똑하기 때문이다.

66

진리는 제품에 있다

토머스 제퍼슨은 미국 건국 주역의 한 사람이자 독립선언서를 작성한 사람이다. 그는 철학자였다. 당시 철학자란 스스로 생각하고, 보편적인 지혜에 의문을 제기하는 사람을 뜻했다. 제퍼슨도 이런 시도를 했기에 혁명가로 여겨진다. 그는 속기 쉬운 사람들을 조종하려고 만든 규칙처럼 보이는 것은 전부 반대했다. 이 때문에 면도칼을 가져다가 성경 일부를 찢어내고 자신만의 성경을 만들었다. 마태복음, 마가복음, 누가복음, 요한복음에서는 예수의 말씀을 제외한 나머지 부분을 모두 떼버렸다. 기적을 행한 기록도 결국 사람들에게 강한 인상을 주는 것이 주요 목적이라는 이유로 다 찢어내 버렸다.

역사학자 에드윈 스콧 가우스타드는 설명한다.

"기적에 도덕적 교훈이 들어 있다면, 그 교훈은 남지만, 기적은 사라진다. 제퍼슨은 예수를 무속인이나 신앙을 내세워 치료하는 사람이 아니라 훌륭한 도덕적 교훈을 베푸는 교사로 알리려 했다."

제퍼슨은 교육받지 못한 사람들은 기적에 현혹되기 때문에 기적이나 마법 같은 일을 보여주면 예수의 가르침이 묻혀버리고 교회의 권위가 떨어진다고 생각했다.

제퍼슨 본인의 말을 인용하자면 다음과 같다.

"예수의 가르침에서 순수한 원리를 뽑아내려면, 사제들이 그분의 가르침에 입힌 인위적인 가식을 걷어내야 한다. 사제들은 가식을 다양한 형태로 변형하여 자신의 부와 권력을 축적하는 도구로 활용했다. 우리는 그런 것을 다 제거하고 예수의 가르침만 남겨야 한다. 사제들은 예수의 가르침을 모호하게 만들었다. 자신들의 잘못된 생각을 덧붙이고 일반 사람이 알아듣기 어렵게 표현을 바꾸었다. 그렇게 해서 사람들이 스스로 예수의 가르침을 깨닫지 못하게 하려는 것이다. 내가 인쇄된 책에서 한 구절 한 구절 잘라내서 예수의 가르침이 명확히 드러내도록 재배열하는 것은 거름 구덩이에서 다이아몬드가 금방 눈에 띄는 것처럼 그분의 말씀이 명확히 드러나게 하려는 것이다."

제퍼슨은 마지막에 이런 결론을 내렸다.

"나는 이보다 더 아름답고 소중한 윤리적 가르침을 본 적이 없다. 이것은 내가 진정한 그리스도인, 즉 예수의 가르침을 따르는 제자임을 증명하는 문서가 될 것이다."

제퍼슨은 그리스도의 말씀을 신실하게 믿었다. 하지만 기적을 행하는 초인간적 존재에 깊은 감명을 받은 것은 아니었다. 그는 기적을 행하는 것이 불필요한 쇼맨십이라고 여겼다. 진리는 매우 강력하기에 따로 꾸미거나 단장할 필요가 없었다. 하지만 성직자들은 진리만으로는 충분치 않기에 평범한 사람들에게 좋은 인상을 주려면 진리를 단장해야 한다고 생각했다. 그들은 진리 자체는 그들과 무관한 것이라고 여겼다. 종종 진리 하나만으로는 충분하지 않다고 믿는 사람들이 이런 태도를 보인다. 그들은 더 흥미롭고, 더 설득력이 넘치며, 더 강력한 것을 찾으려 한다.

마케팅 분야도 마찬가지다. 진리 하나만으로는 충분하다고 하기 어렵다. 사실 이것이 마케팅의 존재 기반이라고 할 수 있다. 제품이 팔리려면 진실을 넘어서 사람들을 유혹하고 그들에게 확신을 심어주는 역할을 하는 사람들이 필요하다.

다들 그랬듯이, 나도 이것이 광고의 기반이자 출발점이라고 생각했다. 나는 BMP에서 초보 카피라이터로 일할 때 신규 자동차 광고를 맡았다. 그래서 어떻게 차를 팔아야 할지, 어떻게 사람들이 차를 구매하도록 설득할지 고민했다. 결국 BMP의 전무이사 데이비드 배터비를 찾아가서 이 차를 판매할 방법을 도저히 모르겠다고 하자 그는 말했다.

"생각해 봐. 이 차를 만든 사람들은 '차를 만들고 나서 이걸 팔아줄 광고 에이전시를 알아보면 되겠지'라고 생각하지 않았을 거야. 이 차를 생산하려고 공장 전체를 준비하는 데 이미 수백만 파운드를 투자했어. 이 자동차에 맞는 시장이 있는지 알 수 없는 상태에선 그렇게 하지 않았을 거야. 생산자는 과연 누가 이 차를 살지, 왜 이 차를 선택할 거라고 생각했을지 알아내란 말이야."

그의 설명을 듣고 나서야 광고 에이전시가 개입하기 전에 이미 제품에 진리가 있다는 것을 깨달았다.

요즘에는 제품이라는 말을 잘 쓰지 않는다. 사실 제품이 존재하는 것이 아니라 브랜드가 존재할 뿐이다. 마케팅 전문가 특히 '전략가'는 제품이라는 말만 듣고도 코웃음을 친다. 그들은 브랜드 목적을 개발해야 한다는 것을 알기 때문이다. 그렇게 하지 못하면 아무도 해당 브랜드를 구매하지 않는 것이 요즘 현실이다. 하지만 이상하게도 사람들은 우리가 엉뚱한 방향으로 가도 여전히 제품을 구매한다.

엉뚱한 방향으로 가도 진리만 찾으면 된다.

8장

이것은
실수일까,
아이디어일까?

CROSSOVER
THINKING

67

아이디어는
새로운 조합에서 나온다

우리 부모님은 차를 맛있게 만드는 방법을 두고 의견이 일치한 적이 한 번도 없었다. 어머니는 항상 우유를 먼저 넣으려 했고, 아버지는 무조건 우유는 두 번째에 넣어야 한다고 생각했다. 아트 디렉터인 고든 스미스와 나도 같은 문제가 있었다. 고든은 항상 우유를 먼저 넣으려 했고, 나는 우유는 두 번째에 넣는 게 더 낫다고 생각했다. 아내는 고든의 편을 들었지만, 조지 오웰은 내 편이었다. 그는 우유를 두 번째에 넣어야 하는 이유에 대해 유명한 글을 남겼다.

수학자인 로널드 피셔는 1920년에 영국 하트퍼드셔의 로담스테드 실험 기지에서 근무했다. 그는 동료이자 생물학자인 뮤리엘 브리스톨에게 차를 한 잔 만들어주겠다고 했다. 브리스톨은 그가 차를 만드는 모습을 지켜보다가 돌연 "멈춰."라고 말했다. 피셔는 무슨 문제라도 있냐고 했다. 그녀는 말했다.

"우유를 먼저 넣었잖아. 난 그 방식을 좋아하지 않아."

피셔는 그녀에게 괜한 트집을 잡는다고 반박했다. 그것은 단순한 열역학의 문제였다. 액체 B에 액체 A를 추가하는 것은 액체 A에 액체 B를 더하는 것과 똑같으며 어느 것을 먼저 넣느냐는 상관이 없었다. 하지만 브리스톨은 그렇지 않다면서 맛이 다르다고 주장했다.

둘 다 과학자였으므로 브리스톨의 주장을 검증할 논리적인 방법은 단 하나뿐이었다. 다른 과학자들이 둘러앉아 지켜보는 가운데 피셔는 여덟 잔의 차를 만들었다. 한 가지 절차만 빼고는 모두 똑같은 방법으로 만들었다. 4개의 컵에는 우유를 먼저 넣었고, 다른 4개 컵에는 우유를 나중에 넣었다. 블라인드 테스트였기에 브리스톨은 어느 것이 우유를 먼저 넣거나 나중에 넣은 것인지 알 수 없었다. 모두가 지켜보는 가운데, 브리스톨은 여덟 잔을 차례로 맛보았다. 브리스톨은 여덟 번 모두 우유를 넣은 순서가 어떤지 맞혔다. 이렇게 브리스톨의 말이 옳다는 것이 증명되었지만 피셔는 여전히 믿지 못했고, 그 때문에 마음이 불편했다.

논리적으로 말이 안 되는 상황이었다. 수학자인 피셔는 공식이 있어야 한다고 생각했다. 숫자에는 진실이 있다는 것이 그의 지론이었다. 피셔는 방정식을 만들기 시작했다. 순전히 운이 좋았을 확률은 얼마나 될까? 실수를 저지를 가능성은 어느 정도였는가? 샘플을 훨씬 크게 만들었다면 결과가 달라졌을까? 무작위 변수를 추가해서 실험하면 어떤 결과가 나올까? 자신도 모르는 사이에 피셔는 차 테스트 분석을 넘어 보다 정확한 통계 분석을 얻기 위해 테스트를 실행하는 방법을 개발하기에 이르렀다. 당시 피셔는 자신이 통계 분석이라는 학문의 초석을 이루는 귀무가설null hypothesis[영가설이라고도 함 - 옮긴이]을 세우고 있다는 사실을 깨닫지 못했다.

1925년 피셔는 《연구직 노동자에 대한 통계적 방법Statistical Methods for Research Workers》을 출간했다. 이 책은 지금도 대학에서 가르치는 통계학의 기본서로 인정받고 있다. 덴마크 통계학자 앤더스 할드는 피셔를 가리켜 '거의 혼자 힘으로 현대 통계학의 기초를 마련한 천재'라고 평가한다. 영국의 행동학자 리처드 도킨스는 그를 '다윈 이후로 가장 위대한 생물학자'라고 칭찬한다. 나는 통계학이나 피셔의 저서를 하나도 이해하지 못한다. 하지만 차 한 잔을 끓이는 것 같은 예상치 못한 곳에서 영감을 얻을 수 있다는 점은 잘 알고 있다. 우리는 전혀 기대하지 않은 곳에서 영감을 얻고자 노력해야 한다.

조지 루카스는 B급 공상과학 영화를 만들기 시작했을 때 자신이 수십억 달러 규모의 제국을 건설하고 있다고 생각하지 않았다. 앤디 워홀은 자신에게 마지막 남은 음식이었던 수프를 사용하여 실크 스크린 기법의 작품을 만들었을 때 자신이 새로운 예술 운동을 시작하고 있다는 점을 깨닫지 못했다. 스티브 잡스는 돈을 내지 않고 다이포그래피 수업을 들었지만, 자신이 컴퓨터에 혁명을 일으키고 있다고 생각하지 못했다. 쿠엔틴 타란티노는 비디오 가게에 근무하면서 질이 나쁜 외국 영화를 보았는데, 그때 자신이 영화계를 뒤엎고 있다고 생각하지 않았다.

아이디어는 새로운 조합이기 때문에 우리는 아이디어가 어디서 생길지 결코 알 수 없다. 그리고 영감을 얻으려고 강의를 듣거나 책을 읽거나 미술관을 찾는 것은 좋은 방법이 아니다.

그런 것은 창의성이 이미 사용된 결과가 전시된 장소에 지나지 않는다.

68

예상치 못한 일을
반겨라

1903년 프랑스의 화학자 에두아르 베네딕투스는 실험실에서 근무 중이었다. 그는 맨 위 선반에 있는 유리병이 필요해서 사다리를 타고 올라갔다. 하지만 올라가는 도중 그만 선반에 놓인 유리병을 떨어뜨리고 말았다. 바닥에 떨어진 병은 깨졌다. 하지만 이상하게도 유리병은 원래 모양을 그대로 유지하고 있었다. 금이 가긴 했지만, 깨진 조각이 모두 제자리에 있었기 때문에 병 모양이 그대로 유지되었다. 사실 그의 조수가 전날 그 유리병을 쓰고는 씻지 않고 올려다 놓은 것이었다. 병의 내부는 혼합물의 잔여물인 질산셀룰로오스 또는 액체 플라스틱으로 코팅된 상태였다. 수분이 증발하자 병 내부는 눈에 보이지 않는 투명한 막으로 덮인 것이었다.

베네딕투스는 신문에서 자동차에 관한 기사를 읽은 적이 있었다. 자동차 사고로 사람들이 앞 유리를 관통하게 되면 유리 파편에

목을 다쳐서 목숨을 잃는 경우가 있다는 것이었다. 1909년 그는 자신이 발견한 안전유리로 특허를 얻었다. 히지만 아무도 관심을 보이지 않았다. 그러다가 제1차 세계 대전이 벌어지자, 육군이 방독면의 눈을 가리는 부분에 그가 발명한 유리를 사용했다. 헨리 포드는 안전유리의 가치를 인정하였고, 1929년 모든 포드 차량에는 안전유리를 기본 사양으로 사용했다. 이제 세계 전역에서 생산되는 모든 자동차에는 베네딕투스가 우연히 발견한 안전유리가 사용된다.

1879년 존스 홉킨스대학교에서 콘스탄틴 팔베르크는 콜타르 유도체인 벤조산 황화물을 실험하고 있었다. 그는 베네딕투스의 조수처럼 게으름을 피우느라 손을 씻지 않았다. 그리고 그날 저녁 팔베르크는 빵을 먹었다. 그런데 이상하게 빵에서 단맛이 강하게 느껴졌다. 버터는 고사하고 아무것도 바르지 않았는데도 맛이 좋았다. 그는 머리를 갸우뚱하다가 손가락을 핥고서는 답을 알게 되었다. 손가락에서 단맛이 강하게 느껴졌기 때문이다. 종일 실험에 사용한 벤조산 황화물에서 단맛이 나는 것이 분명했다. 1886년에 팔베르크는 이것으로 특허를 얻었다. 하지만 이 또한 처음에는 사람들의 관심을 얻지 못했다. 하지만 제1차 세계 대전 중 설탕 공급량이 부족해지자 이것이 설탕 대체재로 널리 사용되었다. 그리고 1950년대에 와서는 역사상 처음으로 일반 대중에게 다이어트가 유행하자 이 물질도 큰 인기를 얻었다. 그의 실수는 현재 사카린이라는 이름으로 알려졌으며 다이어트 산업 전반의 근간을 이루고 있다.

1946년 퍼시 스펜서는 레이시언이라는 회사에서 엔지니어로 근무했다. 그는 레이더 마그네트론의 군사 응용 분야를 연구했다. 그는 실험하던 중 주머니에서 뭔가 끈적한 덩어리가 느껴졌다. 알고 보니 주머니에 넣어둔 초콜릿 바가 녹아버린 것이었다. 레이더 마그네트론에서 전자파가 발생해 초콜릿 바에 열이 전달된 것이었다. 이렇게 스펜서는 우연히 전자레인지를 발명했다. 전자레인지는 1955년 레이더레인지Radarange라는 이름으로 출시되었지만, 무게가 수백 파운드였고, 한 마디로 실패작이었다. 1967년에는 훨씬 작은 기기로 다시 출시되었다. 음식도 전자레인지에 넣을 수 있도록 포장해서 팔았다. 전자레인지는 불과 5년 만에 사용량이 백만 대로 늘어났다. 현재 스펜서가 우연히 발명한 이 기계는 미국 가정의 90퍼센트에서 사용되고 있다.

이처럼 우연한 기회에 창의적인 결과가 나올 수 있다. 이 점은 우리에게 어떤 의미가 있을까? 존 웹스터는 예기치 않게 찾아오는 운에 항상 마음을 열어두라는 말을 자주 했다. 그는 말했다.

"네 문제가 뭔지 아니? 네 광고는 딱 스크립트로 만들 정도는 되지만, 운 좋은 사건이 개입할 여지는 조금도 없다는 거야."

그의 말이 옳았다. 나는 내가 스크립트에 적어놓은 것을 구현하는 데 급급했다. 내 직업이 카피라이터인 만큼, 논리적으로 의사소통하는 것은 내게 매우 중요한 일이다. 하지만 존은 아트 디렉터이며, 논리에 반짝이는 별 가루를 뿌리는 것이 자기 일이라고 생각한다. 그는 항상 예상치 못한 일이 기존 아이디어에 어떤 변화를 불러오는지 찾으려 한다. 브리핑 실수로 후속 녹음이 잘못된 경우, 예상치 못한 음악이 사용된 경우, 위치가 틀린 경우, 캐스팅에 실수가 발생한 경우 등 이렇게 예기치 못한 일이 생기면 아이디어는 전혀 다른 방향으로 흘러갈 수 있다.

존의 사고방식은 오슨 웰스의 말을 생각나게 한다.

"상대방이 원하는 대로 해주지 말고, 그들이 절대 꿈꾸지 못했지만, 가능한 것을 보여줘."

69

기술 의존이 가져온
오류

    2015년 미국 시카고에 사는 이프티카르 후세인은 자신의 자동차에 시동을 걸었다. 그는 아내와 함께 인디애나주로 갈 생각이었다. 그는 GPS에 세부 주소를 입력했다. 그런 다음 GPS의 안내를 따랐다. 그는 어느 다리에 도착했다. 경고문이 붙어 있었고 통행을 막는 트래픽콘이 놓여 있었지만, 후세인은 GPS의 안내에 따라 트래픽콘을 피해서 그냥 직진했다. 사실 GPS를 다시 확인했지만, 아무리 봐도 그냥 직진하라는 안내였다. 그는 자신의 상식을 접어놓고 기술을 믿어보기로 했다. 주변은 매우 캄캄했다. 그는 다리를 따라 직진했으나 갑자기 끊어진 다리 끝에서 아래로 떨어지고 말았다. 그의 차는 13미터 이상 추락하여 폭발했고, 곧장 화염에 휩싸였다. 후세인은 간신히 목숨을 건졌지만, 그의 아내는 사망했다.

    2015년 브라질 리우데자네이루에 사는 프란시스코 무르무라는 차를 타고 떠날 준비를 하고 있었다. 그는 아내와 함께 해변으로 갈 생각이었다. 두 사람은 GPS에 목적지를 입력했다. GPS 안내에 따라 운전하다 보니 그는 이상한 느낌이 들었다. 그들은 빈민가 한복판을 달리고 있었다. 뭔가 불안한 느낌이 들었지만, GPS가 최신 기술이므로 가장 좋은 길을 알 거라고 믿었다. 그래서 두 사람은 상식적으로 판단하지 않고 기술을 믿었다. 결국 두 사람은 총격전이 일어나는 장소에서 빌이 묶여 버렸다. 프란시스코는 겨우 살아남았지만, 마약 밀매범과 갱단의 총격전에 아내는 현장에서 사망하고 말았다.

2009년 영국 요크셔에 사는 로버트 존스는 BMW를 몰고 떠날 준비를 하고 있었다. 그는 목적지를 GPS에 입력한 다음 GPS의 안내대로 운전했다. 그런데 GPS를 따라가다 보니 이상한 길이 나타났다. 길이 너무 좁아서 힘들었지만 GPS가 최신 기술이니 가장 좋은 길을 알려주는 거라고 믿었다. 존스는 자신의 상식을 접어두고 기술에 의존했다. 도로는 곧 1차선밖에 되지 않는 좁은 길로 변했고, 이 길도 사람이 겨우 걸어 다닐 만한 통로로 좁아지더니 이마저 곧 자취를 감추었다. 앞바퀴가 절벽 끝에 걸려 있는데도 GPS는 직진하라는 말뿐이었다. 어떤 차가 지상에서 30미터 높이에 매달리다시피 한 상태로 있다는 신고를 받은 경찰이 현장에 나타났다. 존스는 현장에서 체포되었다. 적절한 주의를 기울이지 않고 운전한 것 때문에 900파운드나 되는 벌금형을 받았다.

2013년 벨기에에 사는 사빈 모로는 차에 시동을 걸었다. 그녀는 브뤼셀까지 60킬로미터를 운전할 생각으로 GPS에 목적지를 입력했다. 그녀는 도로 표지판은 신경 쓰지 않고 GPS 안내에만 집중했다. GPS가 최상의 경로를 알려줄 것이므로 그녀는 운전에만 집중할 생각이었다. 모로는 자신의 상식을 접어두고 기술에 의존했다. 하지만 60킬로미터 치고는 시간이 너무 오래 걸렸다. 주유소에 두 번이나 들러야 했고, 하룻밤이 지난 후에야 브뤼셀에 도착했다. 사실 GPS가 알려준 경로는 크로아티아 자그레브를 경유하는 것이라서 그녀는 1,450킬로미터나 운전한 것이었다. 이런 경험을 해본 사람은 이들 외에 수천 명이 넘을 것이다. 그들은 모두 기술이 사람의 생각을 대신해주지 못한다는 점을 깨달았다.

나도 비슷한 경험이 있다. GPS를 믿고 따라갔는데, 막다른 골목에 멈추거나 끝이 보이지 않는 고속도로 공사장을 계속 빙빙 돌기도 했다. 결국 나는 차를 잠시 세우고 GPS를 꺼버린 다음 종이 지도를 꺼내서 길을 찾아야 했다. 나는 기술의 스위치를 꺼 버리고 상식의 스위치를 켜야 했다.

하지만 광고에서는 이런 전환을 시도하지 않는 것 같다. 상식적으로 생각하면 지금 질 낮은 광고가 너무 많아서 사람들의 눈살을 찌푸리게 한다. 그런데 기술은 타기팅이 그 어느 때보다 효율적이라고 말하며 그게 가장 중요하다고 여긴다. 방금 스카이에 방영되는 1시간짜리 프로그램에서 광고와 프로모션 개수를 세어보니 총 46개였다. 이는 시간당 23분을 차지하는데, 우리는 매달 30파운드를 지불하며 우리가 차지하는 시간의 35퍼센트를 다시 판매한다. 우리는 현재 광고가 오염 물질과 같다는 걸 알지만, 기술은 그런 것에 개의치 않는다. 기술은 알고리즘과 마이크로마케팅에 대해서 알려준다. 기술은 데이터를 전달할 뿐, 상식이란 전혀 없기 때문이다.

따라서 맹목적으로 기술에 의존하면 우리도 상식 없이 행동하게 된다.

70

행운은 준비된 자에게
찾아온다

미국에서는 바비큐와 그릴, 스테이크와 버거를 직접 요리하면서 전체 과정을 논하는 것이 아주 남자다운 일로 여겨진다. 여름이면 맥주 광고에 차가운 맥주잔을 들고 자동차 엔진을 논하듯이 그릴 이야기에 열중하는 남자들이 등장한다.

마이클 보엠은 새로운 그릴을 개발했을 때 이 시장에 관심이 있었다. 그는 고기를 굽는 부분을 약간 경사지게 만들면 더 건강에 좋은 음식이 될 거라고 생각했다. 그렇게 하면 고기에서 나온 기름을 그릴 아래의 트레이로 모을 수 있었다. 그는 이 아이디어를 주방용품 대량 제조업체인 샐턴에 팔 생각이었다. 하지만 샐턴의 반응은 뜨뜻미지근했다. 그릴을 기울인 모양으로 만들 거라면 왜 지금까지 그런 제품이 없었겠는가? 이것이 좋은 아이디어라면 왜 아무도 시도하지 않았겠는가?

그 제품을 팔려면 다른 그릴과 차이점을 둔 이유를 만들어야
했다. 그래서 이 제품은 멕시코 음식용 그릴로 분류하고 파히타 익
스프레스fajita express라는 이름을 붙였다. 전시회에서 이 그릴을 선
보였지만, 좋은 반응을 얻지는 못했다. 멕시코 음식에 왜 이렇게
기울어진 모양의 그릴을 사용해야 하는지 아무도 이해하지 못했
고, 그래서 그릴은 거의 팔리지 않았다. 하지만 보엠은 이것이 좋
은 제품이라는 확신이 있었다. 마케팅만 잘하면 좋은 반응을 얻을
것 같았다.

그는 이 제품이 건강에 더 좋다는 것을 확신했다. 그릴을 실제
로 사용하는 남자들에게 그 점을 내세워 제품을 판매할 방법이 관
건이었다. 그는 스포츠 에이전트에게 광고 전면에 등장하는 데 관
심이 있는 유명인 고객이 있는지 물어보았다. 이 부분이 전체 이야
기의 핵심이다. 지금까지는 모든 점이 논리적이었다. 하지만 계속
논리적인 것만 고집했다면 결코 성공하지 못했을 것이다.

에이전트는 당시 가장 인기 있는 고객인 슈퍼스타 레슬링 선
수 헐크 호건을 불러냈다. 호건은 여자들에게 인기가 많았다. 에이
전트는 호건에게 주방 제품에 이름을 빌려주면 엄청난 돈을 벌 수
있다고 알려주었다. 호건이 무슨 일이냐고 묻자, 에이전트는 미트
볼 메이커와 건강에 좋은 그릴이 있다고 말했다. 호건은 잠시 생각
하더니 대답했다.

"첫 번째 제품의 아이디어가 마음에 들어요. 헐크 마니아 미트

볼 메이커라고 이름 붙이고 광고해 봅시다."

에이전트는 "좋습니다. 그러면 그릴은 어떻게 할까요?"라고 물었다. 호건은 "흠, 제 팬들은 바비큐에 별로 관심이 없을 텐데요."라는 말로 거절했다.

에이전트는 다른 고객에게 전화를 걸었다. 헐크 호건만큼 유명하지 않지만 나이가 많은 조지 포먼이라는 권투 선수였다. 그는 오래전에 '킨샤사의 기적'으로 알려진 경기에서 무하마드 알리에게 패배했다. 하지만 20년 후, 컴백을 선언하고 헤비웨이트급 세계 타이틀을 탈환했다. 그는 45세에 역사상 가장 나이가 많은 헤비웨이트급 챔피언이 되었다. 권투 선수로서의 경력을 보면 73회의 경기에 출전했으며 68회를 녹아웃으로 승리했다. 번쩍거리는 트렁크를 입고 승리를 과시하는 편이 아니라 다른 사람에게 두루 존경받는 선수였다.

조지 포먼은 전화를 받고 그릴 광고에 참여했다. 제품명도 '조지 포먼의 저지방 살코기 그릴 기계'로 바꾸었다. 이제 건강을 챙기는 것은 몸에 딱 붙는 옷을 입는 깡마른 젊은 남성만이 아니라 일반 남성들도 관심을 두는 부분이 되었다. 스테이크를 굽고 맥주를 마시는 일반 남성들도 건강을 챙기는 것이 필요하다고 생각하게 되었다. 조지 포먼은 웃는 얼굴과 재미있는 말투로 아무렇지도 않게 자신을 깎아내리기도 했다. 그 모습이 너무 독특해서 주변의 어떤 것보다 크게 이목을 집중시켰다. 조지 포먼은 그릴을 1억 개나 팔아치웠다. 그는 약 2억 달러를 벌었는데, 이는 그가 복싱 선수로서 지금까지 벌어들인 총수익의 2배였다. 정말이지 아주 운이 좋은 광고였다.

하지만 마이클 보엠은 '행운이란 준비된 상태에서 기회를 맞이할 때만 찾아온다'는 점을 알고 있었다.

71

질문하고, 질문하고, 또 질문하라

1977년 미국의 최대 은행 시티코프는 렉싱턴가 53번지에 뉴욕 본사를 지었다. 이 건물은 9층 높이의 기둥 4개에 45도 각도의 지붕을 덮은 59층 건물이었다. 바로 옆에 있는 교회를 옮길 수 없었기 때문에 기둥 위에 건물을 올리고, 부지 위에 건물을 지을 수 없었기 때문에 공중에 짓게 된 것이다. 네 기둥이 모서리 부분에 자리 잡았으면 버티는 힘이 가장 좋았겠지만, 교회 때문에 기둥을 모서리에 둘 수 없어서 측면에 배치했다. 기울어진 모양의 지붕은 이 부분을 상쇄하는 400톤의 동조질량댐퍼tuned mass-damper[높은 빌딩이나 층간, 교량에 적용하여 바람이나 진동으로부터 구조물을 보호하는 것 - 옮긴이]로 사용되었다.

프린스턴대학교에서 구조 엔지니어링을 전공한 다이앤 하틀리는 이를 주제로 논문을 썼다. 다이앤은 이 건물을 지은 회사를 찾아갔다. 구조 엔지니어 책임자는 윌리엄 렘메쉬리에였다. 보조 엔지니어인 조엘 웨인스타인이 그녀에게 모든 계산 자료와 청사진을 보여주었다. 그들은 논문이 완성되면 책에 사용하는 조건으로 그녀에게 1만 달러를 주기로 약속했다. 다이앤은 매우 신이 났다. 하지만 세부 수치를 검토한 후 그녀의 기분은 완전히 달라졌다. 아무리 계산해봐도 구조 엔지니어들의 계산 방식이 이해되지 않았기 때문이다. 다이앤이 보기에 엔지니어들은 강풍이 건물 측면으로 불어닥치는 경우만 계산했다. 하지만 이런 경우라면 기둥이 각 모서리에 자리 잡고 있어야만 건물이 안전했다. 하지만 이 건물의 경우, 기둥은 측면에 박혀 있었다. 강풍이 모서리에 미치는 영향을 계산해 보니 건물의 강도는 엔지니어들이 계산한 값의 60퍼센트에 불과했다.

다이앤은 보조 엔지니어에게 전화를 걸어서 어떻게 이런 설계가 가능하냐고 따졌다. 그는 기둥이 아주 튼튼하다고 몇 마디 중얼거리더니 전화를 끊어버렸다. 다이앤은 수치를 다시 확인한 다음 또 전화를 걸었다. 이번에는 아무도 전화를 받지 않았다. 책에 대한 인세를 이야기하려고 전화를 걸었을 때도 전화를 받지 않았다. 다이앤은 계속 연락이 닿지 않자 결국 포기하고 이 문제를 잊은 채 생활했다. 그녀는 자신의 전화 이후 무슨 일이 있었는지, 왜 아무도 다시 전화하지 않았는지 알지 못했다.

그렇게 약 20년이 흘렀다. 사실 그녀가 제기한 문제는 회사의 최고 경영진까지 전달되었는데, 다이앤의 계산은 맞고 그들의 계산은 틀렸다는 사실을 발견했다. 그들은 자신들이 세운 건물이 강풍에 무너질 수 있다는 것을 깨닫고는 몹시 당황했다. 만약 건물이 무너지면 수천 명이 사망할 수도 있다. 그들은 건물에 박아 넣은 200개의 주요 볼트가 제 역할을 해내지 못할 거라는 점을 깨닫고는 어찌할 바를 몰랐다. 볼트 위에 2인치 두께의 강철판을 용접해야 하는데 그 작업만 해도 2개월이 걸렸다. 사람들이 공포에 질리는 일을 막으려고 보수 작업은 비밀리에, 그것도 밤에 이루어졌다. 아무에게도 보수 작업에 대해 알리지 않았다. 10개의 블록 반경 이내를 대피시키기 위해 뉴욕 경찰이 대기하고 있었으며 적십자 요원들 2,000명이 상시 대기했다. 그리고 3개의 기상 서비스를 연중무휴 24시간 내내 모니터링했다. 다행히 신문사는 모두 파업 중이었고, 허리케인도 예상을 빗나가서 다른 경로로 사라졌다.

관계자들은 모두 비밀을 지키기로 약속했기에 아무도 입을 열지 않았다. 20년이 흐른 후인 1995년, 조 모겐스턴은 어느 파티에서 우연히 이 사실을 알게 되었다. 그는 관련 사실을 조사한 다음 〈뉴요커〉에 기고했다. 미국의 공영 방송 PBS는 그의 폭로를 읽고 엄청난 다큐멘터리를 제작했다.

다이앤이 학교를 졸업한 지 20년 정도 지난 어느 날 저녁이었다. 그녀의 남편은 다이앤에게 아래층으로 내려와서 TV를 좀 보라고 말했다.

"여보, 이것 좀 봐. 너무 기가 막혀서 보고도 못 믿을 거야."

그제야 다이앤은 구조 엔지니어 딤딩자가 자신의 전화에 묵묵 부답으로 대응한 이유를 알게 되었다. 다이앤이 발견한 점은 그 건물을 지은 사람들이 미처 깨닫지 못한 점이었다. 그들은 비밀을 지키는 데 급급하여 아무에게도 그 점을 말하지 않았다. 이제 적어도 다이앤은 자신이 수치에 질문을 제기한 덕분에 수천 명의 목숨을 건졌다는 점을 알게 되었다.

우리도 주저하지 말고 나서서 질문하는 것이 중요하다는 점을 깨달아야 한다. 나보다 높은 사람들이 항상 더 많이 알 거라고 지레짐작해서는 안 된다. 설령 상대방이 매우 힘이 세고 큰 영향력을 행사하며 경험이 많고 천하무적과 같은 존재로 느껴진다고 해도 예외가 될 수 없다. 또는 자신이 너무 바보처럼 보일까 봐 덜컥 겁이 나도 그들을 무턱대고 믿어서는 안 된다. 어떤 점이 잘 이해되지 않을 때, 그냥 입을 다물고 있는 것은 우리가 할 수 있는 최악의 행동이다.

다이앤 하틀리의 말처럼 "우리는 결코 질문을 멈추지 말아야 한다."

72

객관적인 지식을
소유했다는 착각

몇 년 전, 유명 셰프 나이젤라 로슨은 스파게티 까르보나라에 크림을 넣자고 제안했다. '미식가'들은 즉시 분개했다.

"까르보나라에 절대 크림을 넣으면 안 되는 걸 모른다고? 달걀 노른자가 크림 같은 맛을 만들어 주잖아! 셰프라는 사람이 도대체 무슨 말을 하는 거야?"

다들 오랜 전통이 있는 이탈리아 요리법을 무시했다며 그녀를 강하게 비난했다. 〈이탈리아 요리법에 대한 분노: 이탈리아 사람들을 화나게 만든 나이젤라 로슨의 까르보나라 요리법〉이라는 기사 제목도 등장했다.

소셜 미디어에 등장한 표현은 더 날카로웠다.

"나이젤라, 당신은 멋진 여성이지만 당신이 말하는 방식은 이탈리아 요리법을 죽이는 거야. 까르보나라에는 절대 크림을 넣으면 안 된다고!"

이렇게 말하는 사람도 있었다.

"나이젤라, 이 세상에는 크림으로 타르트를 얹어야 하는 요리가 아주 많아요. 이탈리아 요리는 이 세상에서 최고임을 자부하는데 군이 당신이 끼어들어서 망치지 말아줘요."

"큐브 모양의 판체타? 화이트 와인? 더블 크림? 파마산 치즈? 이런 건 까르보나라가 아니죠. 그건 그냥 똥 덩어리죠. 부끄러운 줄 아세요!"

수많은 사람이 전문가임을 자처하며 끼어들어서 오랜 전통을 가진 이탈리아 요리법의 진정성을 고수해야 한다고 주장했다. 그런데 여기에는 한 가지 문제점이 있었다. 까르보나라 스파게티는 이탈리아의 정통 요리가 아니었다.

이것은 1944년에 로마를 탈환하는 미 군부대를 위해 만들어진 음식이다. 당시 군인들은 매일 같은 보급 식량을 먹어서 질릴 대로 질려 있었다. 그들은 지금까지 먹어보지 않은 새로운 자극을 원했다. 하지만 미네스트로네 수프로는 뭔가 부족했다. 부대에는 달걀과 베이컨이 넉넉했고 이탈리아 사람들은 파스타를 많이 가지고 있었다. 양측은 이 재료를 모두 합쳐서 까르보나라라는 새로운 메뉴를 만들어냈다. 미국인도 이탈리아인들도 모두 새로운 메뉴를 좋아했다. 하지만 메뉴 개발 초기에도 레시피를 놓고 의견이 분분했다. 어떤 사람은 리가토니가 낫다고 하고, 또 어떤 사람은 스파게티가 더 낫다고 했다. 판체타(삼겹살)를 좋아하는 사람도 있었고, 구안치알레(돼지 목살)를 좋아하는 사람도 있었다. 어떤 사람은 페코리노 치즈를 좋아하고 어떤 사람은 파마산 치즈를 좋아했다. 양파가 들어가야 맛있다고 말하는 사람도 있고, 양파를 싫어하는 사람도 있었다.

모든 사람은 원래 자신만의 스타일이 있는데, 여러 해가 지나면서 '미식가'들은 역사적으로 딱 하나의 정통 스타일만 있었던 것처럼 행동했다. 그들의 주장은 완전히 틀렸으며 핵심을 놓치고 있었다. 핵심은 맛있는 음식을 만드는 것이지 역사의 한 부분을 재현하는 것이 아니었다. 하지만 어떤 사람들은 자신의 주관적인 의견이 유일한 객관적 현실이라고 착각한다.

우리 업계에도 이런 착각에 빠진 사람을 많이 만날 수 있다. 나는 최근 트위터에 피버트리 광고의 다음과 같은 주장이 마음에 든다는 글을 남겼다. '진토닉의 75퍼센트는 믹서 음료입니다. 그렇다면 가장 좋은 믹서를 사는 게 맞지 않을까요?' 상당히 흥미로운 발상이라고 생각했다. '최고의 진을 마시려고 비싼 값을 치르는 건데, 가장 저렴한 재료에 돈을 아낀다면 진토닉의 맛을 다 망치지 않겠는가?'

테오도르 래빗[마케팅의 신이라고 불렸던 미국의 경제학자 - 옮긴이]은 다음과 같은 유명한 말을 남겼다.

"지난해 1/4인치 드릴이 100만 개나 팔렸다. 사람들이 1/4인치 드릴을 원해서가 아니라 1/4인치 구멍을 뚫어야 했기 때문이다."

피버트리가 이런 방식으로 브랜드의 시장 점유율을 확장하는 것이 흥미롭게 느껴졌다. 하지만 얼마 지나지 않아서 다음과 같은 의견이 쏟아졌다. '75퍼센트는 토닉이 너무 많은 거야. 뭐 하러 그렇게 낭비를 해?', '진토닉은 60대 40 비율보다 더 높게 혼합하면 안 돼', '나라면 절대 토닉과 진을 50/50 이상으로 혼합하지 않을 거야. 그렇게 하면 진을 망치는 거야.' 마케팅에 대한 의견은 하나도 없고 전부 진을 마시는 방법에 대한 이야기였다. 그리고 객관적이 아니라 전부 주관적인 생각이었다(위의 의견은 모두 마케팅 전문가들이 제시한 것이다). 몇 년 전 BMP에 근무할 때 저런 의견이 있으면 '사소한 것의 핵심을 찌른다'라고 표현했다.

내가 보기에 많은 광고가 사소한 것의 핵심을 찌르는 방향으로 가고 있다.

73

돈이 알아서
따라오게 하라

최근 미국 캘리포니아에 돈이 비처럼 쏟아져 내린 사건이 있었다. 북쪽으로 이어지는 고속도로에 1달러와 20달러 지폐를 가득 담은 꾸러미를 운송하는 무장 차량이 달리고 있었는데 갑자기 차량 뒷문이 열렸다. 돈 꾸러미는 도로 바닥에 다 쏟아졌다. 빠르게 달리는 자동차들이 만든 바람 때문에 지폐는 눈송이처럼 휘날렸다. 살면서 좀처럼 보기 드문 광경이었다. 하지만 그 후에 이어진 상황은 모두를 더 놀라게 했다.

운전사들은 생각 없이 모두 브레이크를 밟았다. 시속 112킬로미터로 달리고 있던 그들은 고속도로 한가운데서 비상등을 켜고 차를 세웠다. 그들은 차 문을 열고 즉시 내렸다. 다들 차를 버려두고는 정신없이 돈을 줍기 시작했다. 공중에 날아다니는 지폐를 낚아채기도 하고, 도로 밖으로 날려간 지폐를 주우러 뛰어갔다. 다들 소리를 지르는 등 야단법석이었다. 돈을 보는 순간 모두 이성을 잃고, 곧바로 차를 세우고는 돈을 주우러 다니기 시작했다. 시간이 갈수록 더 많은 운전자가 도로에 쏟아져나왔다. 고속도로에 길게 늘어선 차량 행렬은 더 길어졌다.

다행히 다친 사람은 없었다. 하지만 도로로 뛰쳐나온 운전자들은 제정신이 아니었다. 돈이 날아다니는 광경을 보는 순간 이성적인 사고력은 일순간 정지된 것 같았다. 나도 누구 못지않게 돈을 좋아하지만, 사람들에게 '제발 머리를 써라'라고 말하고 싶었다.

그 상황에서 당신이 20달러 지폐 20장을 주웠다고 생각해 보자. 그러면 총 400달러일 것이다. 그런데 고속도로 한가운데 버려두다시피 한 당신의 차가 커다란 트럭에 깔리면 어떻게 되겠는가? 그러면 2만 달러 정도를 손해 보게 된다. 아니면 당신의 차가 사고를 내서 누군가 사망했다고 가정할 수도 있다. 또는 무릎을 꿇고 땅바닥에 떨어진 돈을 줍다가 트럭에 치여 목숨을 잃었을 수도 있다. 그런 상황을 생각해 보면 20달러 지폐를 아무리 많이 주워도 전혀 도움이 되지 않는다. 그런데도 어떤 사람은 공짜로 돈을 얻을 기회를 보는 순간 다른 것을 모두 잊어버린 것처럼 행동한다.

여기서 돈에 대해 한 가지 짚고 넘어갈 점이 있다. 돈 자체는 마법 같은 힘이 없다. 고작 종잇조각에 불과하기에 아무런 가치가 없다. 돈과 다른 것을 맞교환할 수 있다는 것이 돈의 유일한 가치이다. 그러므로 차를 세우고 내려서 돈을 주우러 다니기 전에 아주 잠깐만 생각해 보기를 바란다. 저기서 지폐 몇 장을 줍는 것이 과연 얼마나 가치가 있을까?

만약 이곳이 어느 작은 도시의 거리였다면 그나마 이해할 만했을 것이다. 그런 곳에 사는 사람들은 가진 것이 거의 없을 테니 말이다. 하지만 이 경우는 달랐다. 고급 차량이 많이 다니는 고속도로였다. 하지만 사람들은 돈이 일종의 마법 같은 도구라서 무엇을 원하든 자동으로 다 얻게 해 준다고 생각하는 것 같다. 어떤 사람은 자동차에 시동을 걸어둔 채로 차 문을 닫고 나와서 돈을 줍기 시작했다. 하지만 자동차 문이 잠겨버려서 고속도로 한가운데서 차에 다시 들어가지도 못하게 되었다. 경찰은 이들을 체포하고 차를 견인시켰다. 아마 그들이 받은 벌금은 고속도로에 내려서 주운 돈과는 비교도 안 될 정도로 많았을 것이다.

경찰은 뉴스를 통해 이러한 행동은 공짜로 돈을 얻을 기회가 아닌 절도에 해당한다고 밝혔다. 경찰 대변인은 "TV 세트를 운송하는 트럭이 고속도로에 TV를 떨어뜨렸다고 가정해 봅시다. 그러면 냉큼 TV를 주워서 가져갈 사람은 아무도 없을 겁니다."라고 설명했다. 하지만 돈은 두뇌의 판단을 우회하는 마약과 비슷하다. 경찰은 자동차 번호판과 돈을 주워가는 사람들의 얼굴이 찍힌 영상이 많았고, 48시간 이내에 돈을 돌려주지 않으면 형사 고발하겠다고 밝혔다. 그러자 사람들은 마지못해 주운 돈을 돌려주려고 나타났다.

사람들은 돈을 종착지, 즉 모든 것의 측정 기준이나 최종 목표로 보는 경향이 있다. 그렇다고 해서 무작정 돈을 좇아가는 것은 무의미한 짓이다. 우리가 훌륭한 일을 해내면 돈은 알아서 따라올 것이다. 그러므로 일을 좇는 것이 더 합리적이다. 하지만 어떤 사람은 돈을 좇는다. 그들은 훌륭한 일을 하고 있는데, 다른 직장에서 더 높은 연봉을 제안하면 돈을 따라 이직해버린다. 그러면 그동안 해오던 훌륭한 일은 갑자기 그만두게 된다. 그러다가 돈이 다 떨어지면, 직장도 돈도 없는 상태가 된다. 자신이 훌륭한 일을 하고 있거나 양질의 포트폴리오를 만들었다면, 그것은 언제나 인정받고 높은 보수를 보장해 줄 것이다. 그런데 돈만 많이 벌었다는 사실 외에는 내세울 것이 없다면 어떻게 할까? 사실 돈을 많이 벌었다는 사실은 포트폴리오에 넣을 만한 내용이 아니다.

그러므로 돈은 부산물이지, 최종 산물이 될 수 없다. - QED.

74

상대에게 공감하는 게
우선이다

1985년 스팅은 '러시안'이라는 노래를 발표했다. 냉전이 한창이던 시절이었고, 그 노래는 핵전쟁 발발에 대한 두려움을 고스란히 표현했다. 프로코피예프의 불길한 인트로로 시작된 이 곡은 가사 중에 '나는 러시아인들도 그들의 아이들을 사랑하길 바라'라는 표현이 있다. 또 이런 가사도 있었다. '흐루쇼프는 우린 당신들을 묻어버릴 거라고 했지' 바로 이 부분 때문에 30년간 핵전쟁이 터질지 모른다는 두려움이 엄습했다. 그러나 흐루쇼프의 말은 그런 의도가 아니었는데, 사람들에게 잘못 전달된 것이 문제였다.

1956년 흐루쇼프는 서방 국가 외교관들에게 연설하면서 "My vas pokhronim."이라고 말했다. 당시 통역을 맡은 빅토르 수호드레프는 "우린 당신들을 묻어버릴 거야."라고 전달했다. 그날 연설에서 이 표현은 서방 언론의 헤드라인을 장식했다. 이런 상황은 무려 30년이나 계속되었는데, 러시아는 그저 서방 국가에게 핵미사일을 퍼붓고 싶어서 안달이 났다는 뜻이었다.

전혀 다른 이데올로기 세계에 사는 사람들이 의사소통을 시도할 때 생기는 오해의 전형적인 사례였다. 흐루쇼프는 공산주의의 거품 속에서 살았다. 당시 문제는 국가 간의 갈등이 아니라 이데올로기의 갈등이었으며 노동자와 지배 계급의 갈등이었다. 흐루쇼프는 그런 분위기에 살고 있었으므로, 전 세계 나라들이 구 소련에 사는 사람들처럼 카를 마르크스의 저서를 잘 알 거라고 생각했다. 《공산당 선언》에는 다음과 같은 유명한 문구가 있다. '프롤레타리아는 자본주의의 장의사(무덤을 파는 사람)이다'. 흐루쇼프는 동방과 서방의 대립을 언급한 것이 아니라 노동자 계급과 지배 계급의 갈등을 언급한 것이었다. 그는 '모든 나라의 노동자들이 단결하여 공공의 적에 맞선다'는 구호를 언급하고 있었다.

하지만 《공산당 선언》을 읽어본 적이 없는 서방 사람들에게는 그의 말이 그런 의미로 이해될 리 만무했다. 그리고 자극적인 헤드라인을 찾고 있던 신문사들도 흐루쇼프의 말을 그런 식으로 사용하지 않았다. 흐루쇼프도 자기가 한 말이 서방 세계에서 큰 오해를 불러일으킨 것을 알게 되었으나, 때는 이미 너무 늦었다. 1963년 유고슬라비아에서 그는 말했다.

"예전에 '우린 당신들을 묻어버릴 거야'라고 말했다가 큰 오해를 받았습니다. 물론 우리는 삽으로 당신들을 묻어버리진 않을 겁니다. 당신들의 노동자 계급이 그렇게 하겠죠."

흐루쇼프의 말을 정확히 옮기자면 다음과 같다.

"당신들이 달가워하든 그렇지 않든 간에 역사는 우리 편이야. 우리는 당신들을 묻어버릴 거야."

2018년 <뉴욕타임스>의 번역가 마크 폴리조티는 이 문장이 단어 하나하나를 정확하게 번역한 것은 맞지만, 전반적인 의미는 잘못 전달되었다고 지적했다. 그보다는 '우리가 당신들보다 더 오래 지속할 것이다'라고 통역했다면 더 나았을 것이다. 여기에서도 배울 점이 있다. 통역가는 그저 단어의 뜻만 문자적으로 해석해서 전달하는 것이 아니다. 그보다는 여러 가지 상황, 다양한 경험, 기대치, 의미의 차이 등을 정확히 이해한 다음에 이를 바탕으로 통역해야 한다. 빅토르 수호드레프는 당대에 가장 뛰어난 통역관 중 하나로 인정받았다. 하지만 그는 임종을 앞두고 자신의 경력을 돌아보면서 말했다.

"그들이 모든 것을 규정했잖아. 난 있는 그대로 통역했을 뿐이야."

하지만 이 경우에는 누가 봐도 통역관이 잘못 이해한 것이었다. 통역관은 단어 하나하나의 의미를 문자 그대로 옮겼을 뿐, 전체적인 의미를 파악하지 못했다. 그의 실수로 상황이 악화하여 전쟁이 일어날 뻔했다.

다행히 우리가 하는 일은 그 정도로 심각한 결과를 초래하지 않는다. 그래도 우리는 빅토르의 실수에서 교훈을 얻을 수 있다. 우리와 의사소통하는 상대방의 마음에 공감하지 못하면 우리의 노력이 모두 쓸모없다는 것이다.

우리가 하는 일에서는 정확하게 말하는 것도 중요하지만 정확하게 전달하는 것도 매우 중요하다.

75

데이터에 의존하면
벌어지는 일

    1937년 로버트 맥나마라는 대학을 졸업했다. 그는 경제학, 수학, 철학 학사 학위를 취득했는데, 이는 위험한 조합이었다. 그 후 그는 하버드에서 MBA를 취득하고 회계학을 가르치며 가장 높은 연봉을 받는 최연소 조교수가 되었다. 1943년에는 육군에 입대하여 군인들에게 분석적 비즈니스 접근법을 강의했다. 그 후 그는 미 전쟁부 통계국에서 공군 대령으로 근무했다. 1946년에는 포드에 입사하여 계획 및 관리 제어 시스템을 운영했다. 그는 포드에 컴퓨터를 도입하는 데 주도적인 역할을 했으며 이 체제에 '과학적 관리'라는 이름을 붙였다. 맥나마라는 우수한 실력을 발휘하여 결국 포드 사장이 되었다. 그는 아주 뛰어난 사람이었으며, 데이터 분석만이 모든 문제의 답을 찾는 방법이라고 생각했다.

    그러다가 1960년 그는 케네디 대통령에게 발탁되어 국방부

장관을 맡았다. 그는 컴퓨터 모델링을 도입하여 스프레드시트, 도표, 동향 등의 작업을 처리했다. 그는 자료를 검토한 결과 베트남전이 승리로 끝날 것이라는 확신을 얻었다. 1962년 그는 "모든 정량적 자료를 통해 우리가 이 전쟁에서 이길 거라는 결론을 내릴 수 있다."라고 말했다. 그의 추측에 따르면 베트남전은 1964년에 끝날 것으로 보였다. 하지만 현실은 달랐다. 1965년에도 전쟁은 끝나지 않았고 미국이 전쟁에서 질 것처럼 보였다. 하지만 맥나마라의 데이터 분석 결과는 전쟁을 더욱 키우는 것만이 승리를 얻을 수 있는 유일한 방법이라고 지적했다. 정부 내에 '맥나마라의 전쟁'이라는 표현이 생겼다. 그는 숫자가 거짓말할 리 없다고 생각했다. 그래서 적을 더 많이 죽여서 사상자 수를 압도적으로 늘리면 미국이 승기를 잡았다는 점을 보여줄 수 있다고 생각했다.

이제 스프레드시트에서 '사상자 수'가 가장 중요한 요소가 되었다. 미국이 승전국이 될 거라는 점을 증명할 중요한 자료였다. 숫자는 거짓말하지 않는다는 것이 그의 굳은 신념이었다. 그에 따라 적군의 사상자 수를 가능한 한 많이 늘리는 것이 모든 부대의 주요 목적이 되었다. 하지만 컴퓨터를 사용하여 숫자를 계산하는 맥나마라의 정량적 스타일은 인간적 측면을 놓치고 있었다.

윌리엄 피어스 대령은 다음과 같이 기록했다. '적절한 리더십을 발휘하지 못하면 사상자 수 때문에 부대 간 경쟁이 일어날 수 있다. 특히, 야구 경기처럼 이러한 통계치가 부대 간 비교 자료로 사용되며, 사상자 수를 확인하는 방법이나 확인 담당자에 대한 엄격한 기준이 없으면, 상황은 심각해진다'. 사상자 수에 집착하다 보니 이 결과에 따라 장교들의 승진 여부가 결정되었다. 각 부대는 적군의 사상자 수를 부풀리기에 이르렀다. 병사들은 실제로 죽이지 않았는데도 자신이 적군을 죽였다고 주장했으며 장교들은 병사들이 보고한 사상자 수를 부풀렸다. 이런 식으로 명령체계 전반에 숫자를 늘리는 시도가 이어졌다. 최고 사령부는 수치를 요구하는 즉시 보고받을 수 있었다. 그들이 받은 자료는 아무런 쓸모가 없었는데, 전장의 현실과는 거리가 멀었기 때문이다. 하지만 주변에서 뭐라고 하는 간에 맥나마라는 통계와 데이터에 대한 생각을 조금도 바꾸려 하지 않았다.

리처드 러셀 상원의원은 말했다.

"맥나마라는 우리가 아는 동료 중에서 가장 똑똑한 사람이다. 하지만 그는 너무 고집이 세고 자기 생각을 바꾸려 하지 않는다."

결국에는 맥나마라도 자신이 그토록 중시했던 모형과 각종 통계치가 '크게 잘못되었음'을 인정했고, '우리의 현행 방침이 철저한 패배를 가져올 뿐이라는 점을 잘 알게 되었다'라고 시인했다.

우리도 맥나마라처럼 지나치게 거만해져서 데이터와 컴퓨터에만 지나치게 의존하여 앞으로 세상이 어떻게 돌아가야 할지 판단한다면 그와 비슷한 실수를 범할 수 있다. 그 이유는 사람들이 언제나 시스템을 속이려 하기 때문이다. 어떤 시스템이 나와도 마찬가지다. 새로운 시스템을 만드는 것은 또 다른 속임수나 꼼수의 대성을 만드는 것이라고 해도 과언이 아니다. 속임수를 사용할 여지가 있다면, 언젠가는 분명히 속임수에 사용되고 말 것이다.

우리는 알고리즘이 곧 사람의 두뇌라고 착각해서는 안 된다는 교훈을 얻을 수 있다.

9장

잘 팔리는 아이디어의 비밀

CROSSOVER
THINKING

76

거짓말을 하지 않으면서
사람들을 속이는 방법

1997년 네이선 조너라는 학생은 과학 프로젝트의 일환으로 논문을 썼다. 제목은 〈우리는 얼마나 속기 쉬운가?〉였다. 그는 반 친구들에게 자기가 쓴 글을 돌려 보게 했다. 출발점은 미국의 모든 강, 하천, 호수, 저수지에서 발견되는 일산화이수소(이하 DHMO)라는 화합물이었다. DHMO를 실수로 삼키는 것 때문에 매년 수천 명의 미국인이 사망하는 것으로 알려져 있다. 기체 형태의 DHMO는 심각한 화상을 일으킬 수 있다.

그 밖에도 다음과 같은 위험이 있다. DHMO는 산성비의 주성분으로 자연 경관의 침식 원인이다. 이는 여러 가지 금속이 부식하거나 녹이 생기는 현상을 가속화한다. 전기 관련 고장을 일으킬 수 있으며 자동차 브레이크의 효율을 떨어뜨릴 수도 있다. DHMO에 의존하는 사람은 이를 완전히 중단하면 사망에 이를 수 있다. 네이선 조너는 DHMO가 존재할 만한 장소를 모두 열거했다. 원자력 발전소에서 산업용 용매니 냉각수로 사용되며 스티로폼 생산이나 난연제, 살충제 배포에도 쓰인다. 어떤 '정크 푸드'에는 첨가제로도 사용된다.

마지막으로 그는 반 친구들에게 설문지를 제시했는데, DHMO와 관련하여 어떤 조치가 필요한지 투표하게 했다. 50명 중 43명(86퍼센트)이 DHMO를 즉시 금지해야 한다고 응답했다. 그들은 과학을 전공하는 학생들이었고 부모는 현지에서 과학 관련 업종에서 일하고 있었다. 그들에게 직접 DHMO를 조사해 보고 교사를 찾아가서 물어보라고 격려했다. 하지만 아무도 그렇게 하지 않았다. 이는 사실 부끄러운 일이었다. 이름의 어원을 확인했다면 그것이 일산화이수소dihydrogen monoxide라는 것을 쉽게 알아냈을 것이다. 'di'는 숫자 2를 의미하므로 수소 2개를 가리키며, 'mono'는 1을 뜻하므로 산소가 1개라는 뜻이다. 이는 수소 분자 2개, 산소 분자 1개를 말한다. 다른 방식으로 표현하자면 H_2O, 즉 물이 된다.

결국 반 친구들은 물을 금지해야 한다고 투표한 것이다. 일반인보다 과학 교육을 더 많이 받은 학생들을 대상으로 이런 결과가 나왔다는 점은 매우 흥미롭다. 그들에게는 단순한 사실만 제시되었다. 그런데도 이들은 지구상의 생명체에게 절대적으로 필요한 한가지 물질을 금지해야 한다는 주장에 설득당하고 말았다. 논문의 제목이 〈우리는 얼마나 속기 쉬운가?〉라는 점을 기억하길 바란다.

고개를 홱 돌리며 이 논문은 속임수라고 말하는 사람이 있을지 모른다. 하지만 그에 앞서 우리가 매일 쓰는 표현도 크게 다르지 않다는 점을 생각해 보기 바란다. '이보다 더 좋은 버터는 살 수 없어요'. 이런 식으로 '최고임을 자부하는 주장'을 흔히 들어볼 수 있다. 자기가 최고라고 말하는 것 같지만, 가만히 생각해 보면 남들에게 뒤지지 않는다는 뜻에 불과하다. '칼로리를 제한하는 다이어트 일환으로서 체중 감량에 도움이 됩니다'. 사실 칼로리를 제한하는 다이어트를 하면, 다이어트 식단에 포함된 모든 음식이 체중 감량에 도움이 될 수밖에 없다. '설탕을 너무 많이 먹으면 안 좋다'. 맞는 말이다. 하지만 당근도 너무 많이 먹으면 분명히 안 좋을 것이다. 적당량의 설탕은 물론이고 어떤 음식이든 적당량을 먹어야만 몸에 이롭다. '우리 브랜드에서 최고로 손꼽히는 빵'. 우리가 만든 빵 중에는 최고일지 모르나 다른 브랜드의 빵보다 낫다는 의미는 아니다.

"이 세상에서 가장 멋진 사람들의 손에서 탄생하다."

일단 이 말이 진실인지 확인할 방법이 없기에 '과대광고'로 분류된다.

과대광고란 '사실이 아니라 의견을 제시한 것으로 광범위하고 과장되고 뽐내는 표현으로 구성되어 있으며 합리적인 사람이 보기에 문자 그대로의 사실을 표현한 것이라고 할 수 없는 것'이다.

우리는 거짓말을 하지 않으면서도 사람들에게 우리가 원하는 바를 추론하게 만든다.

77

중요한 건
흥미와 재미

찰리 쉰은 젊은 시절부터 마약과 섹스를 중심으로 쾌락을 추구하며 살았다. 그는 영화계에 진출한 지 얼마 되지 않았으나, 말 그대로 쾌락과 성에 빠져서 작품 생활은 뒤로 밀어놓았다. 그는 결국 법정에 끌려갔고, 뉴스에서도 그의 생활이 모두 폭로되었다. 이로써 영화배우로서의 경력도 거의 끝나다시피 했다. 마약과 난잡한 성생활은 단순한 스캔들로 간주할 수준이 아니었다.

법정에서 판사는 "그렇다면 당신은 이 여자들에게 성관계 대가로 한 달에 5만 달러는 주는 겁니까?"라고 물었다. 찰리 쉰은 "아닙니다. 성관계 후에 떠나는 대가로 5만 달러를 줍니다."라고 대답했다. 그의 아버지도 찰리의 생활 방식에 대해 증언했다. 아버지는 찰리가 인생은 샐러드와 같다는 점을 이해하지 못했다고 지적했다. 상추, 토마토, 오이 등이 샐러드에 들어가는데, 그런 재료만으로는 맛이 하나도 없다. 여기에 마요네즈를 넣어야 샐러드다운 맛이 완성된다. 아버지는 찰리가 샐러드 재료와 마요네즈를 혼동하고 있다고 말했다. 마요네즈가 맛있어서 샐러드 재료는 외면하고 마요네즈만 한 접시 가득 먹으려 한다는 것이었다. 한 마디로 찰리의 인생은 샐러드 재료는 하나도 없고 마요네즈만 잔뜩 뿌린 상태였다. 그것은 샐러드를 제대로 만드는 방법이 아니었다. 찰리는 바로 그 점을 깨달아야 했다.

광고업에 종사하는 우리도 마요네즈만 세팅하고 주 성분인 샐러드는 없는 결과에 봉착한다. 오래전 광고라는 것이 처음 시작되었을 때는 정보를 계속 반복해서 제공하려 했다. 드레싱을 뿌리지 않은 샐러드처럼 무미건조하고 아무런 맛이 없었다. 입맛이 돌게 하려면 드레싱을 약간 뿌려야 했다. 그래서 음악을 깔고 조명을 사용하고 편집하고 유명인을 광고 배우로 기용했다. 그런 다음 감정, 목적, 따뜻함, 사회적 책임을 추가했다. 그 위에 계획, 전략, 데이터, 알고리즘을 추가했다. 하지만 제품에 대한 내용이 아무것도 없다는 것을 알아차리지 못했다. 커다란 접시에 샐러드는 하나도 없고 마요네즈만 잔뜩 뿌려놓은 것과 같았다. 분위기는 있는데 콘텐츠는 없고, 감정은 풍부한데 이유가 없고, 심장은 있으나 두뇌는 없고, 브랜드는 있으나 제품이 없고, 다양한 취향이 있으나 실체가 없는 상태였다. 그런데도 우리는 광고가 효과를 내지 못하는 이유를 파악하지 못했다.

질 높은 음악, 촬영 기술, 성우를 동원하여 짧지만, 멋진 영화를 여러 편 제작했다. 평화, 사랑, 책임, 희망에 관한 내용을 언급했다. 제품이 무엇인지, 어떤 기능이나 효과가 있는지, 우리가 왜 이것을 판매하는지, 다른 제품보다 더 나은 점이 무엇인지 등 천박하게 들릴 수 있는 내용은 하나도 언급하지 않았다. 샐러드에 해당하는 부분, 즉 지루한 내용은 없애고 마요네즈처럼 맛을 내는 부분만 남긴 것이다. 광고를 제작할 때 샐러드처럼 채소와 마요네즈가 둘 다 사용해야 한다는 점을 이해하지 못했다.

광고는 일종의 전달 체계다. 정보를 전달하되, 흥미롭고 즐거운 방식으로 전달해야 한다. 그러면 사람들이 우리가 전달하는 내용에 귀를 기울이고 오래 기억할 가능성이 커진다. 전달해야 할 내용을 망각하고, 흥미를 주는 부분에만 집중하면 전달하는 행위 자체가 무의미해진다. 그것은 마치 텅 빈 상자를 고급 포장지로 포장하는 것과 같다. 포장된 상자가 보기에 좋을지 몰라도 정작 상자를 열면 아무것도 없는 상태일 것이다. 우리가 할 일은 텅 빈 상자를 전달하는 것이 아니다. 화려한 포장지를 내세워 상을 받는다고 해도 무의미하다. 물론 예쁘게 포장된 상자는 사람들의 관심을 얻기 쉽다. 박스를 예쁘게 포장하는 이유는 그들의 관심을 끄는 것이다. 사실 우리는 사람들의 초대를 받지 않았는데도 그들의 삶에 끼어든다. 처음부터 광고를 원하는 사람은 없다. 그래서 광고라는 경험에 즐거움을 가미해야 한다.

하지만 마요네즈만 뿌리지 말고 샐러드 재료를 반드시 사용해야 한다.

78

기억에 남는 것은
무엇인가?

    듀라셀과 에너자이저가 상표권을 두고 분쟁 중이라는 점은 잘 알려져 있다. 그런데 정작 가장 중요한 부분은 많은 사람이 모르고 있다. 이 문제를 간단히 정리하자면, 1972년 듀라셀은 알카라인 건전지를 출시했다. 그들은 장난감 드럼을 치는 토끼가 많이 등장하는 광고를 선보였다. 점차 듀라셀 건전지를 사용한 토끼만 남기고 다른 토끼들은 드럼 연주를 중단했다. 이 광고가 크게 성공하면서 듀라셀은 건전지 시장을 장악했다. 하지만 1980년대 초반, 듀라셀은 드럼 치는 토끼에 대한 저작권 갱신을 놓쳐버렸다. 에너자이저는 발 빠르게 움직여서 드럼 치는 토끼에 대한 저작권을 받은 다음 이를 패러디한 광고를 제작했다. 그들은 에너자이저 건전지가 더 오래 가기 때문에 기존의 듀라셀 광고에는 에너자이저 건전지가 언급되지 않았다고 지적했다. 이번에는 에너자이저 건전지를 사용한 것 외의 모든 토끼가 동작을 멈추고 말았다. 에너자이저가 저작권을 갖고 있었기 때문에 듀라셀은 이를 반박하는 광고에 토끼를 사용할 수 없었다. 여기까지 내용은 많은 사람이 알고 있다. 하지만 그 뒤의 상황은 잘 알려지지 않은 것 같다.

이 이야기는 우리가 살아가는 광고라는 세상의 오만함을 보여준다고 할 수 있다. 에너자이저에서 그 광고를 공개하자 에너자이저의 매출은 줄어들었고, 오히려 듀라셀의 매출이 증가했다. 드럼을 치는 토끼가 등장하는 에너자이저 광고는 경쟁 업체인 듀라셀의 매출을 '상승'시켰다. 어떻게 이런 일이 벌어진 걸까? 광고 업계에 종사하는 사람은 모든 광고를 아주 자세히 관찰하므로 누가 무슨 광고를 하는지 정확히 알지만, 일반 대중은 그 정도로 관심을 기울이지 않는다. 대중은 그저 듀라셀 광고에 드럼 치는 토끼가 등장한다는 것만 기억한다. 그래서 사람들은 새로 나온 광고도 듀라셀 건전지 광고라고 생각한 것이다.

그래서 사람들은 매장에 가면 듀라셀 건전지를 집어 들었다. 에너자이저는 이 문제를 즉시 파악했다. 광고는 인지도를 높이는 데 효과적이었으나 매출 상승으로 이어지지 않았다. 사람들이 가장 먼저 떠올리는 것을 손에 넣어야 매출이 늘어난다. 그래서 에너자이저는 건전지 포장지와 모든 매장에 드럼 치는 토끼를 내세웠다. 소비자는 드럼 치는 토끼가 어느 회사 제품인지 일일이 기억하지 않았다. 그저 제품 포장이나 매장 광고를 보고 건전지를 집어

들었다. 에너자이저의 매출은 급격히 상승했다. 이게 바로 내가 말하는 광고의 오만함이다.

사실 광고업계에서 상을 받고 싶어 하는 유능한 전문가들은 이런 방식이 저급하다고 생각하지만, 사실 그 방법이 제품을 움직이는 요소이다. 소비자가 실제로 제품을 집어 드는 지점에서 돈이 오가기 때문이다. TV 광고는 인지도만 높일 뿐이다. 따라서 TV 광고를 가장하는 브랜드 목적 선언문에 집중하는 것은 어리석은 짓이다. 광고를 만드는 사람은 사람들이 TV 광고에 집중하기를 바라는 마음이 크겠지만, 그렇게 하면 광고가 주는 감정만 기억할 뿐, 정작 브랜드 이름은 기억하지 못할 수 있다. 그런 태도는 숨 막히는 오만에 불과하며, 연계형 사고라고 볼 수 없다.

'연계형 사고'는 기존의 TTL을 가리킨다. 소비자와 직접 접촉하는 BTLbelow the line 마케팅과 TV, 라디오, 신문 잡지의 4대 전통 매체를 사용하는 광고인 ATLabove the line에 두 가지 방식을 통합한 것이 TTLthrough the line이다.

이에 대한 좋은 예로 미국의 프램Fram이라는 오일 필터를 들 수 있다. 〈브레이킹 배드〉에서 마이크 어만트라우트 역을 맡은 배우가 광고에 등장하여 "오렌지색을 사야지, 이 얼간이야."라고 말한다. 이것이야말로 TTL 광고의 대표적인 사례라고 할 수 있다. 제품명은 기억하지 않아도, 광고 문구는 기억에 남는다. 매장에서 오일 필터를 고를 때 오렌지색으로 된 제품을 고르기만 하면 된다. 그런데 이 광고 문구가 오래 기억에 남는 이유는 뭘까?

이 광고의 타깃은 자동차를 직접 수리하는 젊은 남성들인데, 그들이 평소에 저런 표현을 쓰기 때문이다.

79

어설픈 흉내 내기는
이제 그만

1991년 미국에서 스바루는 중소기업이었으며 이렇다 할 성장세를 보이지 못했다. 도요타나 닛산과 비교할 때 스바루는 뚜렷한 이미지가 없다는 것이 문제였다. 그래서 경쟁력을 갖추려면 비슷한 주요 이미지가 필요하다고 생각했다. 이건 아주 일반적이지만 상당히 어리석은 생각이다. 스바루는 도요타나 닛산이 자신과 비교도 안 될 정도의 대기업인데 그들을 따라 하는 것은 어설픈 흉내 내기에 불과하다는 것을 미처 깨닫지 못했다.

누군가를 흉내 내는 방법으로는 그 사람을 절대 이길 수 없다. 하지만 스바루는 대기업처럼 보이고 싶은 마음이 있었다. 그래서 자기 회사가 대형 주요 브랜드인 것처럼 보이게 만들어줄 광고를 원했다. 스바루는 이런 의도에 맞는 광고를 의뢰했다. 광고 에이전시마다 캠페인의 뼈대가 될 슬로건을 제시했다.

와이든+케네디는 '스바루: 왓투드라이브', DCA는 '스바루, 불완전한 세상에 적합한 완벽한 자동차', 워릭 베이커 앤 피오레는 '스바루, 뭐든 가능한 자동차'라는 표현을 소개했다. 조던 맥그라스는 '스바루, 모든 정답을 가진 차', W.B. 도너는 '정신 차리고 스바루를 사세요'라는 슬로건을 소개했다. W.B. 도너는 '절대 끝나지 않는 스바루 이야기'라는 두 번째 캠페인까지 선보였다. 레빈, 헌틀리, 슈미트, 비버는 '당신의 마음을 바꿀 자동차'라는 슬로건을 내걸었다.

이러한 슬로건은 모두 소비자 리서치의 결과였다. 스바루에 어울리는 운전자 유형을 파악하고 이를 토대로 만든 슬로건이었다. 이치에 맞고, 실용적이었으며, 가식적인 것과 거리가 멀었다. 그들은 자동차를 고객에게 맞추는 것이 아니라 고객에게 맞춘 자동차를 생산했다. 그들은 고객이 곧 브랜드라고 생각했다. 고객이 자신에게 맞춤형으로 제작된 브랜드를 구매하게 해준 것이다. 하지만 이 방법에는 한 가지 큰 문제점이 있었다. 도요타나 닛산 광고처럼 느껴져 고객에게 따뜻한 느낌을 주지만, 그게 바로 문제였다. 다시 말해 이 광고는 누구에게나 다 적용될 수 있었다. 스바루라는 이름만 지워버리면 도요타나 닛산 광고로도 손색이 없었다. 하지만 도요타와 닛산은 스바루보다 고객의 정신을 차지하는 비율이 몇 배나 크다. 따라서 이 광고는 시장을 조금도 바꿀 수 없었다.

스바루 광고는 와이든+케네디에서 따냈다. 하지만 광고는 실패로 끝났고, 와이든+케네디와의 광고 계약은 해지되었다. 스바루

마케팅 부서도 해고되었다. 새로 광고를 맡은 부서는 현실을 직시했다. 스바루는 도요타나 닛산처럼 대규모 시장을 겨냥한 브랜드가 아니었다. 기존 시장에 도전장을 내미는 브랜드답게 다른 접근 방식이 필요했다. 소비자 이미지, 브랜드 광고를 논하는 방법으로는 아무것도 바꿀 수 없었다. 제품이 이미지를 구축하고, 이미지가 브랜드를 구축한다. 그들은 스바루 자동차가 다른 브랜드와 어떤 차이가 있는지 소비자에게 알려주어야 한다고 생각했다.

그들은 텍사스에 있는 테멀린 맥클레인이라는 광고 에이전시를 고용했다. 여기에서 '스바루, 사륜구동의 아름다움'이라는 광고 문구로 스바루의 차별점을 강조하는 광고가 탄생했다. 포르쉐를 제외하고는 플랫 6엔진, 직선 대칭 구동계, 사륜구동을 갖춘 유일한 자동차라는 점을 크게 강조했다. 또한 AWD[상시 사륜구동 - 옮긴이]야말로 도로 접지력이 뛰어나서 안전성을 크게 높여준다는 점을 설명했다. 불과 1년 만에 스바루 스테이션왜건은 미국에서 가장 많이 팔린 왜건이 되었다. 10년 만에 스바루의 매출은 700퍼센트나 증가했다. 스바루에 새로 취임한 사장 조지 뮬러는 말했다.

"제품을 설계한 엔지니어의 입장으로 되돌아가서 그들이 왜 그렇게 설계했는지 고민했습니다."

브랜드 목적을 판매하는 것보다 실제 제품을 판매하는 것이 더 나을 거라고 생각해 보라.

조지 오웰은 이런 말을 남겼다.

"코앞에 있는 것을 보려면 끊임없이 노력해야 한다."

80

누가 가장
큰 바보인가?

2003년 스페인 출신의 두 형제가 25만 유로 상당의 고야 그림을 구입했다. 아주 저렴한 가격이었기에 두 사람은 2만 유로를 계약금으로 내고 이 그림을 손에 넣었다. 진품 증명서가 있었기 때문에 두 사람은 이 그림이 진품이라고 생각했다. 하지만 두 사람은 그림의 모조품을 만들 수 있다면, 진품 증명서도 위조할 수 있을 거라는 점을 미처 생각하지 못했다. 안타깝게도 두 사람이 바로 그 함정에 걸려들었다. 전문가의 감정을 받아보니 그림도, 진품 증명서도 모두 위조된 것이었다. 하지만 그들은 대다수의 사람보다 자기들이 더 똑똑하다고 여겼다. 자기들이 속을 정도로 감쪽같은 모조품이라면, 또 다른 사람을 속이는 것은 별로 어렵지 않을 거라고 생각한 것이다.

그들은 아랍 왕족 밑에서 일하는 남자를 만났다. 그 남자는 아람 왕족이 고야 작품에 관심이 있다고 했다. 그들은 그림의 가격이 4백만 유로였다고 말했다. 그 남자는 거래를 마련하는 비용으로 30만 유로의 수수료를 원한다고 했다. 그들은 토리노에서 만났다. 남자는 계약금으로 170만 유로를 담은 서류 가방을 준비해 왔다. 두 형제는 차를 몰고 스위스를 거쳐 집으로 돌아왔다. 그런데 프랑스 국경에서 여행 가방을 열어본 세관원들은 그 돈이 모두 위조지폐라는 것을 발견했다. 그들이 받은 170만 유로는 모두 위조된 수표였다. 프랑스 당국은 두 사람에게 아무 말도 하지 않고 스페인 당국에 이 사실을 전화로 통보했다. 두 사람은 스페인에 도착하자마자 위조 화폐를 몰래 들여온 혐의로 체포되었다.

중간 거래상에게 두 사람이 지불한 30만 유로의 수수료는 위조지폐가 아니었다. 사실 두 사람은 이 돈을 대출받았기에 이제 빚더미에 올라앉게 되었다. 형제는 애초에 모조품을 구매한 것부터 중대한 실수였다. 하지만 다른 사람도 그들처럼 어리석을 거라고 생각한 것이 더 큰 실수였다. 그들은 자신들이 다른 사람들보다 더 똑똑해서 누구든지 속일 수 있다고 믿었다.

금융시장에서는 이를 '더 큰 바보 이론greater fool theory'이라고 한다. 누군가가 주식을 사고는 종목 선택을 후회한 다음, 자기보다 더 멍청한 사람, 즉 '더 큰 바보'를 찾아서 주식을 되팔 수 있을 거라고 생각하는 것이다. 모든 사람이 이렇게 생각하면 거품 현상이 생긴다. 바보가 더는 나오지 않을 때까지 시장은 계속 성장하지만,

바보의 등장이 끝나는 순간 시장은 무너진다.

광고업계에 바로 이런 현상이 일어나고 있다. 지금 하는 광고가 거짓이라는 것을 알면서도 다른 사람이 모를 거라고 생각한다. 현재 마케팅 사고는 '브랜드 목적' 광고라고 할 수 있다. 거창한 표현처럼 들리지만, 사실은 무엇을 판매하든 간에 그것이 사람들의 삶을 바꿀 수 있다고 하면 사람들은 멍청하기 때문에 그 말을 믿어줄 것이라는 뜻이다. 하지만 우리조차 믿지 않는 것을 사람들이 왜 믿을 거라고 생각하는가?

광고 에이전시 직원 중에서 그 제품이 현재 순간을 발견하거나 꿈꾸던 삶을 실현하거나 진정한 자아를 실현하게 도와줄 거라고 굳게 믿는 사람은 단 한 명도 없을 것이다. 광고 에이전시는 자기들은 믿지 않는 말을 일반 소비자가 곧이곧대로 믿어주기를 바라는 것이다.

지미 카는 코미디언이 되기 전에 광고업계에서 일했다. 케임브리지대학교를 졸업한 후, 그는 광고 기획자로 일했는데 그 업무를 이렇게 설명했다.

"예전에는 광고가 제품에 집중했죠. 제품이 어떤 역할을 하는지 알려주면 사람들은 자기에게 필요한 것인지 아닌지 판단했습니다. 정말 간단했죠. 하지만 지금은 강조 대상이 달라졌어요. 보이지 않는 손이 개입한 거죠. 이제 광고는 사람들에게 욕망을 판매합니다. 권력, 성공, 마음의 평화 같은 것들이요. 이런 것 중 하나를 내세우면서 '당신이 이 제품을 사면 저것도 갖게 될 겁니다'라고 유혹합니다."

정작 우리 자신은 믿지 않는 것을 팔면서도 소비자가 우리의 말을 믿어줄 거라고 생각한다. 하지만 광고에 앞서 우리도 소비자의 입장이며 광고에서 하는 말을 믿지 않는다는 점을 기억해야 한다.

그렇다면 누가 가장 큰 바보일까?

81

빼앗으면
존재감이 살아난다

제프 굿비와 리치 실버스타인은 캘리포니아 우유 가공 이사회의 광고를 맡았다. 오랫동안 그들은 '우유는 몸에 좋아요'라는 광고 문구를 내세웠다. 하지만 표현이 너무 진부했다. 우유를 마시면 치아와 뼈에 좋다는 것을 모르는 사람은 아무도 없었다. 칼 앨리가 말했듯이 '광고란 새로운 점은 친숙하게 만들고, 친숙한 점은 새롭게 느껴지게 만들어야 한다'. 이 경우에 그들에게 필요한 것은 후자였다. 사람들이 우유를 재평가하게 만들어야 했다.

기획은 맡은 존 스틸은 브리프를 작성하기 전에 포커스 그룹을 몇 차례 실행했다. 그는 1주일간 참여자에게 우유를 먹지 말라고 요청했다. 그런 다음 1주일이 어떻게 느껴졌는지 물어보았다. 한 남자는 대답했다.

"아침에 내려와서 평소에 하던 대로 시리얼을 그릇에 담고 바

나나를 썰어서 그 위에 올렸죠. 그때 우유를 안 먹기로 한 것이 생각났어요. '어떻게 하지? 시리얼을 통에 다시 넣을까?'라고 고민했죠. 소다, 게토레이, 물을 부을 수는 없으니까요."

한 여성은 이렇게 요약했다.

"우유가 사라지니 그제야 우유의 존재감이 느껴졌어요."

존 스틸은 그 말을 브리프에 담았다.

피치pitch[광고 등의 제작을 위한 아이디어 프레젠테이션을 말함 - 옮긴이]에서 이 전략을 보여주기 위해 광고 에이전시 냉장고 안에 비디오카메라를 넣어두고 직원들이 냉장고에 우유가 없을 때 어떻게 반응하는지 촬영했다. 커피, 샌드위치, 케이크를 먹으려는데 우유가 없다는 것을 알게 되자 다들 시무룩한 표정을 지었다.

기획자가 어떤 제목을 원하는지 묻자, 제프 굿비가 말했다.

"음, 잘 모르겠네요. '우유 있어?'는 어떨까요?"

기획자는 말했다.

"아무래도 '우유 충분히 있어?'라고 하는 게 더 정확한 표현이 아닐까요?"

굿비는 고개를 저었다.

"그건 아닌 거 같아. 짧은 게 좋아. 그래야 입에 착 붙는 느낌이 들어."

피치를 하는 동안 굿비는 '우유 있어?'라는 표현이 제격이라고 생각했다. 피치가 끝난 후 그들은 클라이언트에게 그들의 생각과 광고 에이전시 직원들의 사진을 담은 책자를 내밀었다. 거기에는 직원들이 입술에 우유를 묻힌 채 찍은 사진이 들어 있었다. 물론 이 사진은 웃음을 주려고 일부러 준비한 것이었다.

기획자인 존 스틸은 말했다.

"유명 연예인이 이렇게 입술에 우유를 묻힌 모습으로 광고에 등장하면 히트 광고가 될 겁니다."

제프 굿비는 반박했다.

"아니야, 그건 우유가 꼭 필요한 음식이라는 아이디어와 안 맞아."

광고 에이전시는 피치에서 보여준 대로 광고를 진행했다. 우유가 없어서 피넛 버터, 쿠키, 초콜릿케이크를 못 먹게 된 사람들이 '우유 있어?'라고 말하는 장면이 주를 이루었다. 이 광고는 큰 성공을 거두었다.

그러자 우유 가공 교육 프로그램에서 전국 규모의 광고를 만들기로 했다. 보젤이라는 광고 에이전시가 입술에 우유를 가득 묻힌 연예인들을 광고에 등장시켰다. 그들은 '우유라서 깜짝 놀랐죠?'라는 광고 문구를 제시했다. 시각적 이미지는 큰 효과가 있었지만 광고 문구가 기억에 남을 정도로 강렬하거나 흥미롭지 않았다. 광고 클라이언트는 '우유 있어?'라는 문구로 바꾸도록 했다.

그러자 갑자기 해리슨 포드, 엘튼 존, 무하메드 알리, 성룡, 스파이크 리, 대니 드비토, 우피 골드버그, 심슨 가족, 개구리 커밋 등 유명인들이 앞다투어 입에 우유를 묻힌 모습을 사진에 담고 싶어 했다. 애니 레보비츠가 사진을 찍어주겠다고 나섰다. 이렇게 해서 20년이 넘는 기간 동안 70개의 TV 광고와 기타 형태의 광고 350개가 만들어졌다.

사람들은 이 광고 대사를 다음과 같이 응용하기도 했다. '케이크 있어?', '예수님 있어?', '베이컨 있어?', '부리토 있어?', '건포도 있어?', '근육 있어?', '공 있어?', '이가 남아 있어?', '가스 있어?', '포르노 있어?' 등과 같은 대사가 등장했다. 오레오는 쿠키에 '우유 있어?'라는 문구를 직접 새기기까지 했다. 광고를 만들기 전에 광고 기획자 존 스틸이 새로운 점을 발견했고, 그 점을 일반 대중도 알아차렸기에 이 모든 일이 가능했다.

일상생활의 일부가 된 어떤 것에 사람들의 관심을 집중시키려면, 일단 그것을 빼앗아보라. 그러면 사람들이 그것의 부재를 크게 느낄 것이다. 하지만 지나치게 진지해지지 말고 재미있는 방식으로 그렇게 해야 좋은 효과를 얻을 수 있다. 존 스틸은 《히트 광고를 만드는 소비자 조사와 플래닝 전략》라는 책을 냈는데, 이것은 베스트셀러 반열에 올랐다. 나는 그 책에서 '광고 기획자에게 최고의 자질은 유용하다는 것이다'라는 문구를 가장 좋아한다.

훌륭한 크리에이티브가 많지 않듯이, 훌륭한 기획자도 많지 않다.

82

개인 맞춤형 메시지의 힘

나의 파트너이자 아트 디렉터인 고든 스미스는 예전에 홍수가 난 시골 지역에서 운전하다가 자기가 아는 사람이 곤경에 처한 것을 보았다고 했다. 그 사람은 레인지로버를 타고 있던 WCRS의 ECD인 앤드루 크랙넬이었다. 앤드루는 자동차 엔진이 다 젖어서 시동이 걸리지 않는다고 했다. 고든은 앤드루가 가지고 있던 스파크 플러그에 WD40을 뿌린 다음 다시 꽂아주었다. 그러자 앤드루의 차에 시동이 걸렸다. 그 이야기를 듣고 나는 깜짝 놀랐다. WD40이 그런 효과가 있는지 미처 몰랐기 때문이었다. 고든은 WD40은 수분 제거 용액이라고 알려주었다. 이 용액이 물기를 제거해주기 때문에 젖어버린 스파크 플러그를 되살려줄 수 있다는 것이다.

WD40은 1953년 아틀라스 미사일이 녹슬거나 부식하는 것을 방지할 목적으로 개발되었다. 최근에 인터넷을 사용하다가 우연히 어떤 광고를 보았다.

"머리에 껌이 붙었을 때 WD40으로 떼어 보세요."

'와, 이거 정말 신기하군.' 그때까지만 해도 머리에 껌이 붙으면 머리를 자를 수밖에 없다고 생각했다. 잠시 후에 또 다른 광고 문구가 눈에 들어왔다.

"WD40을 사용하면 더는 앞 유리에 김이 서리지 않습니다."

진짜 멋진 방법이라고 생각했다. 아침마다 자동차 유리의 살얼음을 긁어내느라 고생하지 않아도 되니 말이다. 잠시 후에 또 다른 광고가 눈에 들어왔다.

"WD40으로 자동차에 묻은 페인트나 긁힌 자국을 지워 보세요."

예전에 인터넷에서 리퀴드 스크래치 리페어 키트를 한 병 샀지만 별로 효과가 없었다. 그런데 자동차의 긁힌 부분에 WD40을 뿌리고 나서 문질렀더니 긁힌 자국이 감쪽같이 사라졌다. 그 후에 또다시 WD40 광고를 보고 클릭했더니 WD40의 용법을 58가지나 알려주는 사이트로 연결되었다.

변기의 얼룩을 지우는 것은 물론이고 아이폰 화면에 생긴 크랙을 수리하고, 카펫에서 불에 타거나 얼룩진 부분을 지우고, 벌집을 부수고 초강력 접착제를 닦아내며 BBQ 그릴을 청소하고 커피나 와인 얼룩, 벽에 묻은 크레용 자국, 차량 진입로의 오일 자국을 지울 수 있었다. 가죽 소파를 보호하고 손가락에 꽉 낀 반지를 빼며 냉장고 고무의 수명을 늘려주고 손을 씻을 때도 사용할 수 있다.

여기에 몇 가지 칭찬할 만한 점이 있다.

첫째, 모든 사람이 집이나 창고 등에 WD40을 1통 정도 가지고 있다. 다들 WD40을 사고 나서 녹이 슬거나 꽉 끼어버린 것을 빼는 데 겨우 한 번 사용했을 것이다. 이걸 다 써야 새것을 살 텐데, 평소에 전혀 쓰지 않으므로 양이 줄어들지 않는다. 하지만 이 방법을 사용하면 사람들이 집에 있는 WD40을 새로운 용도로 사용해보려고 생각하게 되며, 결국 새것을 하나 사게 된다. 이러한 접근 방식은 고관여 소비자에게 매우 효과적인 광고가 된다.

둘째, WD40을 한 번도 사지 않은 모든 사람에게 호소력이 있다. 이 제품이 그냥 오일이 아니라 매우 다양한 쓰임새가 있다는 점을 알려준다. 58가지 다양한 용도는 십 대 청소년부터 중년 부인까지 모든 사람에게 적용된다. 저관여 소비자에게도 매우 좋은 광고였다.

마지막으로 미디어가 더할 나위 없이 완벽하게 맞아떨어졌다. TV를 통해 브랜드 광고를 내보내지 않고 온라인 미디어를 사용했기에 사용자에게 융통성과 편재성을 제공했으며, 아주 저렴한 비용으로 30초짜리 TV 광고보다 훨씬 많은 정보를 전달했다. 다른 미디어가 할 수 없는 모든 작업에 온라인 미디어를 사용하기 때문에, 정말 지혜로운 방법이라고 할 수 있다.

온라인에서 TV 광고를 5초 후에 건너뛰는 프리롤pre-roll로 사용하는 대신 말이다. 이런 방식을 사용하면 쿠키로 소비자를 추적할 수 있으므로 개인 맞춤형 메시지를 보낼 수 있다. 이런 광고는 관심이 생긴 사람이 딱 10초만 투자하면 내용을 확인할 수 있도록 구성되어 있다. 이것이 차곡차곡 쌓이면 유용한 정보로 가득 찬 장편 광고와 같은 효과를 낸다. 이렇게 하면 꼭 알아야 할 정보를 실제로 원하는 사람과 소통하게 된다. 이와 같은 감정적 구축은 강력한 브랜드 광고가 된다.

그것은 바로 다른 미디어에서 결코 할 수 없는 무언가를 해내기 위해 온라인을 활용하는 것이다.

83

원하는 것과
필요한 것의 차이

큰누나는 나와 11살 차이가 난다. 1950년대 큰 누나는 십 대 소녀였다. 십 대 청소년이 다 그렇듯 누나도 토요일 밤이면 친구들과 놀러 나가곤 했다. 아버지는 경찰이셨는데 매우 엄한 분이었다. 특히 딸들에게 더 엄격했다. 그래서 큰누나가 나가려고 하면 어디 가는지 꼭 물어보셨다. 셜리 누나는 아버지에게 일포드 팰레에 춤추러 간다고 말했다. 누나는 무릎을 덮는 길이의 분홍색 치마 아래 풍성한 페티코트를 입고, 푸들이 수 놓인 분홍색 앙고라 카디건을 걸친 모습이 요조숙녀 같았다.

하지만 집을 나선 후, 그녀는 바킹 지하철역 여자 화장실로 향했다. 거기서 누나는 몸에 딱 붙는 검은색 레깅스, 검은색 폴로넥, 검은 펌프스로 갈아입고 짙은 색안경을 썼다. 그녀는 지하철을 타고 소호로 가서 지하 재즈 클럽에 들어갔다. 거기에서 켄 콜리어,

시 로리, 크리스 바버와 같은 재즈 밴드 음악에 맞춰 춤을 췄다. 집에 올 때는 바킹 지하철역에 내려서 원래대로 옷을 갈아입었다. 그래서 집에 도착할 때 그녀는 아버지가 보았던 귀여운 분홍색 옷차림이었다.

아버지는 셜리 누나가 일포드 팰레에서 안전하고 재미있는 시간을 보냈다고 생각하여 만족해했다. 셜리 누나는 소호에 있는 지하 재즈 클럽에서 즐거운 시간을 보냈기에 아주 기분이 좋았다. 모두가 만족했고, 말다툼을 벌일 필요가 없었다. 각자 원하는 바가 충족되었기 때문이다.

최고의 광고 에이전시에서 최고로 손꼽히는 광고 기획자라면 바로 이런 역할을 해야 한다. 모든 사람이 원하는 바를 얻게 해주는 것 말이다. 한번은 폴 시먼스가 나에게 이런 말을 했다. "클라이언트는 자기가 뭘 원하는지 알아. 에이전시는 클라이언트에게 뭐가 필요한지 알고 있어. 그래서 광고 기획자의 역할은 클라이언트가 자기에게 필요한 것을 원하게 만드는 거지." 클라이언트의 역할은 광고가 아니라 마케팅이다. 클라이언트는 여러 가지 업무를 처리해야 하는데, 광고는 그중 하나에 불과했다. 그래서 광고에만 100퍼센트 전념하는 사람만큼 광고를 잘 만들 수 없었다. 클라이언트에게 광고는 여러 가지 할 일 중 하나에 불과했기에, 많은 경우에 그들은 광고가 실패하지 않으면 된다고 생각한다.

가장 안전한 방법은 같은 분야의 다른 광고를 최대한 흉내 내는 것이다. 이렇게 하면 위험을 감수할 필요가 없다. 하지만 그런 식으로 접근하면 비슷한 광고에 묻혀서 사람들의 이목을 끌 수 없다. 시장 책임자라면 이것은 문제가 아니다. 시장 책임자가 아니라면 돈을 낭비하는 것이다. 클라이언트에게는 모든 광고에 차별성을 부여하고 눈에 확 띄게 만들기 위해 세세한 점에 주의를 기울일 시간이 부족할 것이다. 그래서 실력 좋은 광고 에이전시를 찾아서 광고 제작을 전적으로 위임하는 것이다. 물론 해당 업계의 다른 광고와 너무 달라 보인다는 이유만으로 결과물이 당장 마음에 안 들지 모른다.

클라이언트는 자기 삶을 편안하게 만들어주는 결과물을 원한다. 그것이 충족되어야 클라이언트는 마음을 놓을 수 있다. 그러나 당신이 원하는 것, 당신의 삶을 편하게 해주는 것이 브랜드에 가장 좋은 것이라고 말할 수 없다. 실제로 브랜드 홍보에 효과적인 것은 당신을 불편하게 만들 수밖에 없다. 그러므로 브랜드에 가장 유리한 것은 결코 당신이 원하는 것과 겹치지 않는다. 따라서 최고의 광고 기획자가 할 일은 자신의 불편함을 감수하면서 광고 클라이언트가 편안하게 느끼도록 해 주는 것이다.

결과가 나왔을 때 실제로 중요한 것은 매출 현황이다. 매출 현황이야말로 광고 클라이언트가 광고를 판단하는 최종 기준이 된다. '그 광고는 내 마음에 드는가?'라고 생각할 것이 아니라 '그 광고는 효과적이었는가?'를 따져봐야 한다. 마거릿 대처는 팀 벨에게 이렇게 말했다고 한다. "나는 그 광고가 마음에 들지 않아요. 하지만 당신들이 전문가니까, 당신들이 권하는 대로 따라가는 게 좋다고 생각해요."

그런 태도를 보였기에 대처와 사치 앤드 사치는 3선에 성공한 것이다.

84

이야기 형태로 포장된
광고만이 살아남는다

1950년 라디오는 여가 시간이나 오락을 즐길 수 있는 가장 주된 매개체였다. 그야말로 모든 가족이 라디오에 귀를 기울였다. 가족 단위 시청자가 가장 많이 듣는 라디오 프로그램은 저녁 6시 45분에 방송되는 〈딕 바턴 스페셜 에이전트Dick Barton Special Agent〉였다. 전형적인 서스펜스로 모든 에피소드는 주인공 딕 바턴이 죽기 일보 직전의 상태에서 끝났고, 다음 에피소드는 기적적으로 위기를 넘기는 장면으로 시작했다.

동 시간대 BBC에서는 농부를 겨냥한 라디오 프로그램을 편성했다. 이 프로그램은 〈파머스 위클리 앤 스톡 브리더Farmer's Weekly and Stock Breeder〉라는 오프라인 잡지와 같았다. 주요 내용은 가격 변동, 곡물, 시장, 새로운 기술 등에 대한 특별 뉴스였다. 농부들 외에는 아무도 관심이 없을 것 같은 무미건조하고 전문적인 정보만 가득했다. 하지만 BBC는 공영방송이므로 모든 사람이 들을 만한 프로그램을 만들어야 했다.

갓프리 베이슬리는 농부와 관련이 있지만 농부가 아닌 사람들이 보기에도 너무 지루하지 않은 농업 전문 프로그램을 만들라는 지시를 받았다. 그는 농부들을 직접 만나서 이 문제를 논하려고 미들랜드로 갔다. 링컨셔 출신의 헨리 버트라는 농부는 블랙커런트와 종자 작물을 주로 재배했다. 그는 뇌우 한 번이면 자기 농작물 전체가 못쓰게 된다며 농사는 지루한 일이 아니라 절벽에 매달린 것 못지않게 극도의 긴장감에 시달리는 작업이라고 표현했다.

헨리 버트가 "딕 바턴 쇼와 비슷한 농업 프로그램을 만들어야 할 겁니다."라고 말하자 모두 배꼽 빠지게 웃었지만 갓프리 베이슬리는 웃지 못했다. 헨리 버트의 말대로 하면 전무후무한 새로운 방송 프로그램이 나올 것 같았다. 베이슬리는 농사와 스릴러물을 하나로 만들지는 못해도 농업 정보와 평범한 농촌 사람들의 생활은 연결할 수 있다고 생각했다.

그는 농작물에 관한 구체적인 조언 10퍼센트, 일반적인 농업이나 원예 관련 정보 30퍼센트, 시골 사람들의 생활 이야기 60퍼센트로 구성된 라디오 쇼를 기획했다. 초반에는 세 가족의 도움을 얻었다. 가난하지만 현대적인 방식을 따르는 농부, 가난하고 전통적인 방식을 고집하는 농부, 부유하고 농사를 크게 짓는 사람을 소개했다. 이렇게 해서 1951년 1월에 〈아처스The Archers〉의 첫 번째 에

피소드가 만들어졌다. 농업 관련 정보와 구체적인 실생활 사례가
적절히 조회를 이루었다. 이렇게 정보와 실생활 사례를 혼합하는
방식은 효과가 있었을까? 70년이 지난 지금, 〈아처스〉는 2만 번째
에피소드를 맞이했다. 가장 인기가 많을 때는 청취자가 2천만 명
이나 되었다. 지금도 청취자는 500만 명이나 된다. 인터넷 청취자
만 해도 약 100만 명이다. 〈아처스〉는 라디오로만 방송되는데도
〈코로네이션 스트리트〉의 400만 명 시청자나 〈이스트엔더스〉의
270만 명 시청자보다 청취자가 훨씬 많다.

이렇게 보면 대중은 정보와 실생활 사례를 혼합한 방식을 좋
아하는 것 같다. 사람들이 정규 프로그램보다 광고가 더 낫다고 말
하던 전성기의 광고는 이런 식이었다. 당시 1950년대 광고는 사람
들에게 정보를 끊임없이 들어붓는 방식을 고수했다. 이후 빌 베른
바흐의 영향으로 수십 년 동안 광고는 엔터테인먼트의 형식을 빌
려 정보를 전달했으며 사람들에게 좋은 반응을 얻었다. 그러다가
약 20년 전의 광고는 정보를 빼버리고 오로지 감정적인 면을 강조
하기 시작했다. 사람들의 이성적 사고를 우회하여 그들을 조종하
려는 비열한 전략이다.

광고가 이렇게 변하자 어떤 결과가 있었을까? 소셜 미디어 관
리 플랫폼인 훗스위트에 따르면 일종의 광고 차단 기능을 사용하
는 사람이 영국에서만 42.7퍼센트나 된다. 그렇다면 이 문제를 어
떻게 대처해야 하는가? 사람들이 원치 않는 정보를 더 많이 쏟아

부어서 그들을 숨 막히게 해야 할까? 그보다는 최장수 라디오 프로그램에서 교훈을 얻을 때가 된 것 같다.

사람들은 정보를 엔터테인먼트나 이야기 형태로 잘 포장한 경우에만 이를 기꺼이 받아들인다.

85

동의를 얻으려고
하지 마라

1936년 유럽 주요 국가에는 파시스트 정부가 있었다. 독일에는 히틀러, 이탈리아에는 무솔리니, 스페인에는 프랑코. 오스월드 모즐리 경은 영국에도 파시스트 정부가 들어서기를 원했고, 영국 파시스트 연합을 설립했다. 그들은 다른 파시스트처럼 '검은 셔츠단'으로 알려졌다. 주요 플랫폼은 반공산주의와 반유대주의였다. 그들은 〈데일리 메일〉이라는 일간지를 운영하는 로더미어 남작의 후원을 받았다. 당시 〈데일리 메일〉에는 '검은 셔츠단 만세'라는 헤드라인의 기사가 등장했다. 자신들의 힘을 과시하기 위해 검은 셔츠단은 런던 이스트엔드 중심부까지 대규모 행진을 준비했다. 행진 일자는 1936년 10월 4일이었다.

파시스트 정치인 윌리엄 조이스는 나중에 이렇게 말했다.

"나는 이스트엔드를 잘 아는데, 그곳에는 더러운 유대인과 촌

놈들이 살지. 그들은 겁에 질린 토끼처럼 자기 굴로 도망갈 거야."

로더미어 남작과 〈데일리 메일〉의 모즐리 경은 '검은 셔츠단'을 보호하기 위해 중산층으로 이루어진 경찰 6,000명을 파견했다. 그러나 이스트엔드의 상황은 예상과 다르게 흘러갔다. 트럭 한 대가 전복되어 바리케이드로 사용되었다. 유대인, 이방인, 항만 노동자, 공산주의자 등 25만 명이 나서서 파시스트들이 런던 동부로 행진하는 것을 막아섰다.

케이블 가에서 치열한 전투가 벌어졌다. 폭력 수위가 높아지자 이를 견디지 못한 '검은 셔츠단'은 경찰을 남겨두고 전장을 빠져나갔다. 시위대는 버려진 트램을 바리케이드로 사용했다. 경찰은 말을 타고 곤봉을 휘둘렀으며, 시위대는 막대기, 벽돌, 책상다리, 내용물이 가득 찬 변기 등 손에 잡히는 것은 무엇이든 휘둘렀다.

전투가 끝나고 150여 명이 체포되었다. 부상자가 170명이나 되었고 경찰도 70명이나 부상을 입었다. 하지만 이 사태 때문에 '1936년 공공질서법'이 서둘러 통과되었다. 이 법에 따라 누구든 정치적인 유니폼을 입고 공공장소에서 행진하는 것은 불법이 되었다.

노동당 상원의원 허버트 모리슨은 그 사태로 인해 "검은 셔츠단은 철저히 패배했으며, 이 나라의 파시즘이 힘을 잃기 시작했다고 생각한다."라는 의견을 제시했다. 역사학자 윌리엄 J. 피시먼은 말했다.

"수염이 덥수룩한 유대인과 아일랜드 출신의 가톨릭 교인인 부두 노동자들이 모즐리를 막으려고 봉기한 모습을 보고 눈물이 났다. 내 평생 노동 계급이 파시즘의 악에 맞서 똘똘 뭉친 모습은 결코 잊지 못할 것이다."

현대 반파시즘 운동에서는 "그 사건은 영국 파시즘이 결정적인 패배를 당한 것으로 여겨진다."라고 평가한다. 〈뉴요커〉의 다니엘 페니는 "현대 반파시즘 집단의 대다수에게 케이블 가는 신화의 중심지로 여겨진다. 파시즘과 백인 우월주의에 맞서 싸우는 문제에서 유럽은 물론이고 미국 전역에서 북극성과 같은 역할을 한다."라고 말한다. 현재 케이블 가의 전투는 이렇게 평가되며 이를 기념하는 300제곱미터 크기의 벽화도 있다.

물론 당시 사람들은 그 사건을 이렇게 보지 않았다. 〈더 타임스〉는 반파시즘 운동을 반대하면서 다음과 같이 언급했다.

"이런 종류의 폭력 행위는 반드시 끝을 내야 합니다. 경찰 당국이 특별히 지속적으로 노력을 기울여서라도 근절해야 합니다."

찰리 굿맨이 21세에 감옥에 있을 때 유대인위원회의 프린스라는 사람이 찾아왔다. 프린스가 그에게 무슨 죄명으로 갇혀 있냐고 묻자, 그는 '파시즘과 맞서 싸운 것' 때문이라고 대답했다. 그러자 프린스가 말했다.

"당신 같은 유대인 때문에 우리의 평판이 나빠지는 겁니다. 유대 민족의 어려움을 가중하고 있잖아요."

이 이야기의 요점은 우리가 옳다고 생각하는 일을 하되, 남에게 동의나 칭찬을 얻으려 하지 말라는 것이다. 고마워하는 사람이 있을 거라고 기대하지 말고 옳다고 생각되는 일을 하면 된다. 후에 테레사 수녀는 말했다.

"당신이 친절하면 사람들은 이기적인 동기를 숨기고 있다고 비난할지 모릅니다. 그래도 친절한 태도를 보이세요. 솔직하고 정직하면 사람들이 당신을 속일지 모릅니다. 그래도 솔직하고 정직하게 처신하세요. 당신이 여러 해 공들여 쌓은 것을 누군가 하룻밤 사이에 무너뜨릴지 모릅니다. 그래도 계속 쌓아 올리세요. 오늘 선을 행해도 사람들은 내일이면 잊어버릴지 모릅니다. 그래도 선을 행해야 합니다.

결국 그건 당신과 하느님 사이의 문제입니다. 결코 당신과 사람들 사이의 문제는 아닙니다."

KI신서 11724

크로스오버 씽킹

1판 1쇄 인쇄 2024년 1월 22일
1판 1쇄 발행 2024년 2월 7일

지은이 데이브 트롯
옮긴이 정윤미
펴낸이 김영곤
펴낸곳 ㈜북이십일 21세기북스

정보개발팀장 이리현 **정보개발팀** 이수정 강문형 박종수
해외기획실 최연순
디자인 THIS-COVER
교정교열 이보라
출판마케팅영업본부장 한충희
마케팅1팀 남정한 한경화 김신우 강효원
출판영업팀 최명열 김다운 권채영 김도연
제작팀 이영민 권경민

출판등록 2000년 5월 6일 제406-2003-061호
주소 (10881) 경기도 파주시 회동길 201(문발동)
대표전화 031-955-2100 **팩스** 031-955-2151 **이메일** book21@book21.co.kr

ⓒ 데이브 트롯, 2024

ISBN 979-11-7117-412-6 03320

(주)북이십일 경계를 허무는 콘텐츠 리더

21세기북스 채널에서 도서 정보와 다양한 영상자료, 이벤트를 만나세요!
페이스북 facebook.com/jiinpill21   포스트 post.naver.com/21c_editors
인스타그램 instagram.com/jiinpill21   홈페이지 www.book21.com
유튜브 youtube.com/book21pub

서울대 가지 않아도 들을 수 있는 명강의! 〈서가명강〉
유튜브, 네이버, 팟캐스트에서 '서가명강'을 검색해보세요!